21 世纪全国高职高专新闻传播类规划教材

新闻传播理论概要

刘建勋　主　编

周秦玉　副主编

北京大学 出版社
PEKING UNIVERSITY PRESS

内 容 提 要

本书简明系统地阐述了传播理论、新闻理论、新闻传播心理分析、受众接受与沟通理论以及中外新闻传播历史知识。是将新闻学、传播学、新闻心理学、中外新闻传播史等有关学科领域的知识，针对高职高专特点全面扼要、突出重点、深入浅出的整合。通过学习，使学生全面简括地掌握新闻传播理论与发展历史等有关的基本知识。本书力求理论明晰、知识全面、重点突出，使学生在学习后具有初步的理论素养，为进一步深造和业务学习打下良好的基础。

本书可作为高职高专新闻传播类专业的教材，也可作为新闻及文化传播工作者基础性的学习用书。

图书在版编目（CIP）数据

新闻传播理论概要/刘建勋主编. —北京：北京大学出版社，2007.8
（21世纪全国高职高专新闻传播类规划教材）
ISBN 978-7-301-12655-4

I. 新… II. 刘… III. 新闻学：传播学—高等学校：技术学校—教材 IV. G210

中国版本图书馆 CIP 数据核字（2007）第 129949 号

书　　　　名：	新闻传播理论概要
著作责任者：	刘建勋　主编
责任编辑：	郭　芳　梁　勇
标准书号：	ISBN 978-7-301-12655-4/G·2168
出 版 者：	北京大学出版社
地　　　址：	北京市海淀区成府路 205 号　　100871
电　　　话：	邮购部 62752015　发行部 62750672　编辑部 62765013　出版部 62754962
网　　　址：	http://www.pup.cn
电子信箱：	xxjs@pup.pku.edu.cn
印 刷 者：	北京飞达印刷有限责任公司
发 行 者：	北京大学出版社
经 销 者：	新华书店
	787 毫米×980 毫米　16 开本　13 印张　320 千字
	2007 年 8 月第 1 版　2011 年 3 月第 2 次印刷
定　　价：	23.00 元

未经许可，不得以任何方式复制或抄袭本书之部分或全部内容。
版权所有，侵权必究
举报电话：010－62752024；电子信箱：fd@pup.pku.edu.cn

21 世纪全国高职高专新闻传播类规划教材

编　委　会

主　任：刘建勋

副主任：马彦群　贾行宪

成　员：雒长安　周秦玉　庞万红　张念贻

　　　　杨致远　阎晋英　王菊荣　李　婧

　　　　韩苗苗　叶　颖　李梁愿

前 言

进入 21 世纪后，中国新闻业迅猛发展，从业人员需求随之增加。新闻教育、新闻培训都在不断扩大。培养理论够用、实践操作能力强、广泛适应新闻与传播业务部门从业人员的高等职业教育，已成为我国高等新闻传播教育的重要组成部分。

根据教育部《关于全面提高高等职业教育教学质量的若干意见》和《教育部关于以就业为导向，深化高等职业教育改革的若干意见》等文件精神，我们从教材改革入手，对新闻传播专业高等职业教育在教学内容、教学方法等方面进行全面改革。编写《新闻传播理论概要》的初衷即是充分适应教学的需要，从传播理论、新闻理论及新闻传播历史方面为学习者提供理论积淀，便于他们在实践操作性环节上的学习更为主动。同时，编写集新闻传播理论与历史发展简要知识为一体的简编本教材，也为满足需要掌握这方面知识的读者的需要。一本在手，史论知识概要尽在其中，这是新闻传播领域专业人士必须掌握的基础。

本书在编写中力求具有以下特点。

（1）体例规范，结构完整。基于体例即是质量、选择即是质量、结构即是质量的认识，编写首先在体例与结构上合理设置，为内容的表述打下良好的基础。

（2）内容简明，重点突出。高职高专教育要求基础理论教学要以应用为目的，以必需、够用为度。因此，我们努力在理论简明扼要，知识线条清楚，内容重点突出上狠下功夫。

（3）着眼知识素质的提高，面向操作应用能力的培养。理论知识和历史知识基本属陈述性知识层面，而高职人才的培养要注重秩序性知识的掌握。因此，我们在编写过程中，配备了足够的新闻业务教师，使教材的编写始终与新闻传播业务知识的掌握保持内在的联系。这样，理论的传授，就不至于成为无源之水，无本之木。

本书由西安欧亚学院刘建勋教授组织编写，刘建勋、雒长安、周秦玉、杨致远、李鹏进行修改、统稿和定稿。参加本书初稿编写的老师有刘建勋（引论），杨致远（第一、二、三、四、八章），韩苗苗（第五、六、七章），叶颖（第九章），王菊荣（附录）。

编写新闻高职高专的理论教材，可资借鉴的经验较少，《新闻传播理论概要》的编写，是我们在教学改革道路上迈出的探索性的一步。在编写过程中，我们参阅了许多著作和教材，汲取了众家之长，在此谨表谢意。限于学术水平和教学经验，书中的错讹之处在所难免。敬盼专家、学者和广大读者提出宝贵意见，以便再版时修正。

编 者
2007 年 7 月

目 录

引论 1
第一章 传播的定义与传播方式 8
第一节 "传播"概念的界定 8
第二节 自我传播与人际传播 10
一、自我传播 10
二、人际传播 12
第三节 群体和组织传播 14
第四节 大众传播 16
思考与练习 19
第二章 人类传播的历史及其影响 20
第一节 人类传播的发展历史 20
一、口头传播 20
二、文字传播 21
三、印刷传播 22
四、电子传播 23
五、网络传播 25
第二节 传播媒介对人类社会的影响 27
一、媒介革命对人类社会发展的意义 27
二、传播的社会功能 28
思考与练习 30
第三章 传播学的创立及发展 31
第一节 传播学的奠基 31
一、传播学的出现原因及研究对象 31
二、传播学的四位先驱及其理论贡献 33
第二节 传播学的创立 35
第三节 传播学的发展 36
一、经验学派 37
二、批判学派 38
三、发展传播学 39
第四节 传播理论的主要模式 40
一、模式及对模式的评价 40

二、大众传播学经典模式 41
　第五节　传播学与新闻学的关系 47
　思考与练习 50
第四章　传播过程各环节的分析 51
　第一节　传播者分析 51
　　一、个人层面的传播者 51
　　二、媒介组织传播者 53
　　三、社会传播制度 55
　第二节　传播内容分析 56
　　一、信息 56
　　二、符号 57
　　三、内容分析 59
　第三节　传播媒介分析 61
　　一、媒介发展及分类 62
　　二、媒介理论介绍 63
　第四节　受众分析 66
　　一、受众及其特征 66
　　二、受众研究的主要理论 67
　　三、受众的心理选择过程 69
　第五节　传播效果分析 71
　　一、效果及其特点 71
　　二、效果研究的四个阶段理论 72
　　三、大众传播的社会宏观效果理论 74
　第六节　传播效果的反馈 76
　　一、反馈及其意义 76
　　二、忽视反馈的原因 77
　　三、如何开发反馈资源 79
　思考与练习 80
第五章　新闻传播活动 81
　第一节　人类传播活动 81
　　一、古代传播活动 81
　　二、现代新闻传播 82
　第二节　新闻的定义和要素 83
　　一、新闻的定义 83
　　二、新闻要素 86

第三节　新闻传播的特点 87
　　　　一、真实性 87
　　　　二、客观性 88
　　　　三、公正性 90
　　　　四、时效性 91
　　第四节　新闻传播过程 93
　　　　一、新闻传播主体 93
　　　　二、新闻传播受众 94
　　　　三、新闻传播媒介 96
　　　　四、新闻传播反馈 98
　　思考与练习 99
第六章　新闻传播事业 100
　　第一节　新闻事业的性质 100
　　　　一、新闻事业的性质 100
　　　　二、社会主义新闻事业性质 101
　　第二节　新闻事业的功能与效果 102
　　　　一、传递信息 102
　　　　二、引导舆论 103
　　　　三、传播知识 104
　　　　四、服务生活 104
　　第三节　新闻事业的组织机构 105
　　第四节　社会主义新闻事业的工作原则 106
　　　　一、党性原则 106
　　　　二、真实性原则 107
　　　　三、群众性原则 109
　　第五节　社会主义新闻事业的管理 110
　　　　一、新闻事业宏观调控 110
　　　　二、新闻事业微观管理 113
　　第六节　新闻事业经营运作 115
　　　　一、报刊发行 115
　　　　二、节目播放 116
　　　　三、广告经营 117
　　　　四、多元经营 117
　　思考与练习 118
第七章　新闻工作者 119

第一节 树立马克思主义新闻观 119
　一、树立科学的马克思主义新闻观 119
　二、用发展的眼光观察马克思主义新闻观 120
　三、用马克思主义新闻观指导新闻实践 121
第二节 新闻工作者的素质修养 121
　一、政治素质 121
　二、理论素质 122
　三、业务素质 123
　四、作风素质 125
第三节 新闻工作者的职业道德 126
思考与练习 128

第八章 大众媒介与社会、政治、经济、文化 129
第一节 大众媒介与社会 129
　一、大众媒介作为社会的信息系统 129
　二、社会呈现与媒介环境 130
　三、大众媒介的社会作用 130
第二节 大众媒介与政治 131
　一、政治对大众媒介的制约 131
　二、大众媒介的政治功能 132
第三节 大众媒介与经济 134
　一、经济是大众媒介发展的决定性力量 134
　二、大众媒介对经济的促进作用 135
第四节 大众媒介与文化 136
　一、大众媒介与大众文化 136
　二、大众媒介的文化影响 138
思考与练习 139

第九章 大众传媒受众心理 140
第一节 受众心理产生的条件和受众心理功能 140
　一、媒介刺激与受众心理 140
　二、受众主体的内在因素：需要、动机、兴趣 140
　三、受众心理功能 141
第二节 受众的群体心理 142
　一、接受暗示心理 142
　二、从众心理 143
　三、逆反心理 143

四、受众的心理承受力 144
　第三节　影响受众态度改变的因素 145
　　　一、传播者 145
　　　二、新闻信息自身的传播方式 147
　　　三、新闻受众自身的因素 149
　　　四、新闻传播的情境 149
　第四节　网民心理 150
　　　一、网络媒体分析 150
　　　二、网民使用网络的心理需求 151
　　　三、网民接受信息的心理特点以及舆论控制的应对 153
　思考与练习 155

附录　中外新闻事业史 157
　第一节　新闻报刊的出现及我国两次办报高潮 157
　　　一、近代报刊的出现 157
　　　二、第一次办报高潮 158
　　　三、第二次办报高潮 160
　第二节　民国时期的新闻事业 164
　　　一、民国初年的新闻事业 164
　　　二、"五四"时期的新闻事业 167
　　　三、大革命时期的新闻事业 168
　　　四、十年内战和抗日救亡运动中的新闻事业 172
　　　五、抗日战争和解放战争时期的新闻事业 175
　第三节　新中国成立以后的新闻事业 179
　　　一、改革开放以前的新闻事业 179
　　　二、改革开放后的新闻事业的改革 179
　　　三、网络媒体的兴起 180
　第四节　欧洲、美洲的新闻事业 182
　　　一、欧洲、美洲的新闻事业概论 182
　　　二、欧洲的新闻事业 183
　　　三、美洲的新闻事业 187
　第五节　世界其他地区的新闻事业 192
　　　一、概述 192
　　　二、亚洲的新闻事业 192
　思考与练习 193

参考文献 194

引　论

　　人类正在进入一个新闻与信息传播大众化的时代。

　　大家知道，社会越发展，信息资讯产业越活跃，新闻及传播业在社会发展中的地位也就越显得重要。而在促进一个国家健康发展与维护社会稳定方面，有效信息的传播是一个值得高度重视的因素。现代社会是媒介社会，新闻传媒无时无刻不在影响着人们的思想、生活和行为。无数事实已经告诉我们，在当今社会，人们已经越来越倚重于通过报纸、广播、电视、网络等大众媒介，掌握新闻信息，获取各种知识，了解公共事务，甚至得到精神上的享受和业务上的提高。著名传播学家威尔伯·施拉姆在《传播学概论》中曾提供资料显示：美国人每天花在大众传媒上的时间，已经成为他们自由支配时间的主要部分，其中仅看电视就占去三分之一。近年来，我国学者也有调查资料显示，在我国城市人口中，业余支配时间为传媒所占比例，与上述情况相差无几。然而，在接受、掌握和运用有效信息方面，发达地区与欠发达地区，呈现着较大的差距；文化程度高与文化程度低的人群之间，也存在着明显的不同。这些差异和不同还突出地表现在对新闻学知识和新闻业务的了解和熟悉程度上。事实上，消息、通讯、调查报告、评论、综述、专访、典型报道、报告文学甚至广告等，都是新闻信息的载体，是新闻信息的具体化和样态化。熟悉它，就会把握其精要，不懂得它，就会影响对其内涵的理解和领会。依此而言，当今社会又是一个新闻传播知识应当得到普及的社会。这又应了我国著名新闻学家、我们的前辈邵飘萍先生的一句话："新闻知识应列为国民普遍知识之一。"

　　邵老的话讲于20世纪20年代，离现在已经80多年了。80年来，我国的新闻教育经历了翻天覆地的变化。从1918年开始涉足，举步维艰；到1949年终于前进，又历经曲折；直到1978年改革开放后，才得以逐渐发展。应该说，我国新闻教育在其结构上，长期来基本上是单一的。从普通本科教育一种形式向多学科、多专业、多层次发展，才是80年代及其以后的事情。新闻教育在其内容上，长期来也保持着一种陈旧的格局，沿袭原初的报学，培养的是报纸采编人员。所谓新闻系，在实际上只是报学系。广泛涉猎广播电视、广告、传播学、管理学、媒介经营、受众研究等，开办真正意义上的新闻传播教育，也是在90年代才有了迅速的改变。改革开放前，我国新闻学界连"大众传播"这一名词，都几乎无人理解或者不易接受。而在短短十几年里，新闻学研究领域从印刷媒介向电子媒介迅速扩展，从新闻学延伸到大众传播学。1997年，经教育部批准，新闻传播学提升为一级学科，在中国社会科学学科体系中的地位，得到应有的确认和加强。

　　然而，从新闻教育史的研究中我们发现，不仅学者们有论，新闻工作者不可能从速成培训中培养出来；而且，在历来的高等教育中，也较少有专科层次的新闻教育的持久发展。20世纪20年代成舍我创办的新闻专科学校，顾执中成立的民治新闻专科学校，以及1958年后人民大学增办的新闻专修科，"文革"中，北大、复旦等校的新闻系曾招收几届工农兵学员。这些，都没有留下新闻专科教育可资借鉴的经验。当然，我党成立之初到延安时期，曾有新闻培训机构，但由于战争年代的奔波，也没有留下更多的教育资料。改革开放后，浙江、湖北、广东等省成立了广播电视学校，后来有的提升为大专。在新闻教育中，为广播电视方面的普通专科教育，提供了一些借鉴。然而，其办学规模和专业范围，都显得偏小、偏窄。当然也没有条件满足像今天这样大众化高等教育和职业教育的需要。

新时期新闻传媒专业大专层次以及高等职业性质的教育，兴办于2000年前后。它与我国高等教育大众化的历史相伴随，也几乎与新闻教育的大众化研究视角的起始相吻合。是历史将机遇赋予了我们，时代将重任交给了我们。我们能在社会经济文化变革的大潮面前，尤其是在为此变革提供人才资源的高等教育的历史大变革面前，裹足不前吗？

从上个世纪末开始的我国高等教育改革，包括教育思想转换，教育结构调整，教育资源重新配置以及教育理念、教育方法、教学内容和课程设置的改革等，至今仍在继续深化着。当然这种改革没有过去那样自上而下采取运动的方法进行。在很大程度上是社会变革、经济发展，尤其是社会主义市场经济带动下的一种连锁式的互动。这种变革触及教育领域和教育工作者心灵的程度是不同的，变革程度的深浅也是有层次的。甚至某些地区和单位，变化只是一种表面的进行，人们内心深处仍然触动不深。但这也只能是暂时现象。因为谁都不可能在历史的变动面前守旧如初。

基于这种认识，我们在实践中学习，在学习中实践。首先理清以下几种关系。

第一，继承与革新的关系。十年树木，百年树人。教育的传统与规律具有长期积淀的特点。因此，其改革不仅难度大，而且态度和方法上也应该既积极，又稳妥，不可采取一蹴而就的方式进行。马克思说，人们自己创造自己的历史，但并不是随心所欲地创造，而是在直接碰到的、既定的、从过去继承下来的条件下创造的。这说明传统的力量是强大的，它在历时性上表现为历史经验，甚至形成规则或规律性；在共时性上则表现为风俗、习惯、文化或社会氛围，甚至成为人的习得性常识和做法，制约着人们的思想和行为。就新闻教育而言，几十年中国本科教育的历史经验和传统，我们必须重视，并尽可能地继承。特别是建国后，我国高等新闻教育的历史经验，应当成为我们的宝贵财富。同时，我们一定得面向世界，面向未来，面向现代化。对过去也得进行必要的反思和重新审视。不然，教育思想的转换就是一句空话。在新形势和新任务面前，在高职新闻教育没有前人经验可借鉴的情况下，一定要有摸着石头过河的勇气。一开始就以足够的认识，拉开与本科教育不同的档次，给高职新闻传播专业以明确的专业定位、就业层次定位和业务方向定位，大体测定和把握其社会角色和职业岗位群。只有明确高职人才的专业定位，革新的道路才不至于盲目。只有勇于为新闻高职人才培养创路子，革新的决心和动力才会持久。也只有认识大众化教育与精英教育的不同，我们的革新才不至于迷失方向。

第二，教育与市场的关系。我国改革开放，实行社会主义市场经济后，市场的观念逐渐深入人心。事实上，教育需求也从过去的计划原则向教育消费规律转换。所以，高等学校能否提供教育"市场"以优质、适用的教育产品和服务，已成为高校办学者思考问题的重心。应当说，这是与国际接轨的表现，是历史进步的产物。我们高职教育应当首当其冲，对此进行理论的研讨和实践的探索，迈出坚实的步伐。几年来我们的新闻教育一直关注招生规律，研究就业市场，千方百计与市场接轨，就是出于上述认识。但是与此同时，决不能忽视教育中长远的、带有非功利性的目的：它是在造就人，提高大众的素质，塑造民族的灵魂。这才是作为国民教育的亘古不变的规律。即使单从提高智力角度考虑，现代教育学说的研究也表明，人的智力不是一个孤立发展的环节，它与性格、情感、意志和兴趣等人格因素一起，形成了一个发展链条，在协调互补、相互制约、相互促进地进行。由此出发，必须把加强校风、系风教育，加强社会责任意识教育，加强学生人格培养，放在十分重要的位置。这样，不仅能在专业知识与能力养成、适应市场需要方面发挥作用，而且，即使不从事与专业有对应关系的工作，也能在人的素质积累上，适应国家高等教育的目的和要求。正如前边所说，今后社会生活无处不用到新闻传播方面的知识，这个带有基础性的专业毕业生，肯定会在更多的部门，更广的领域，社会工作和社会生活的方方面面发挥作用的。关键在于我们的以专业为根基的职业教育，是否是全面的、合理的、有远见的和成功的。

第三，理论与实践的关系。无论从教学或研究层面来讲，新闻传播作为一门新兴学科，在所有人文社会科学学科门类中，都是实践性很强的一种。本科生和研究生教育，都非常强调它的实践性。假若说，本科和研究生教育，必须以完整的理论体系去指导实践和业务知识，那么，作为强调动手能力，要求以知识的应用见长的高等职业教育，新闻传播实践才是专业培养中的重中之重。正如教育部在《加强高职高专人才培养工作的意见》中所提出的："教学内容要求突出基础理论知识的应用和实践能力的培养，基础理论教学要以应用为目的，以必需、够用为度，专业课教学要加强针对性和实用性"，"实践教学要改变过分依赖理论教学的状况，探索建立相对独立的实践教学体系"。据此，我们在一段试验的基础上，再度学习、研究和总结，对我们的教学工作和实践，进行全方位的重新审视。我们越来越清晰地认识到，现代教育的核心，不应该再是生硬的知识灌输，培养能力比传授知识更具有现实的和长远的意义。知识向能力的转化，实践是必经的桥梁。学生只有在实践中摸爬滚打，才能使知识被充分地吸收，技能得到牢固的掌握和切实的提高。我们提出新的教学内容目标定位：理论要求到位，知识必须优先，技能绝对突出，视野适当放宽。这样，也可能在处理理论与实践的关系上，处理必要的知识层面的轻重缓急上，会有一种较为适当的度的把握、量的选择和质的要求。

多年以来，高职新闻传媒专业在高校招生中属热门专业，全国开办这一专业的院校也不在少数。如何把这个专业的学生培养成社会行业有用的人才，是大家所共同关注和探索的焦点、难点问题之一。近年来，大多数学校都在加强实践环节，加强技能训练，注重校内、校外实训、实习等方面做了一些探索，取得了明鲜的效果，得到用人单位的好评。甚至有些媒体觉得高职生动手能力强、好用，一个栏目组同时就招聘同年级多名毕业生。但是，这种情况仍然不能说明我们的改革就可以就此停步。多年以来，高职新闻类专业生源一直看好，但就业状况在所谓专业对口率上，也一直不如人意。

到底高职新闻传媒专业教学改革的路在何方？我觉得，要回答这个问题，首先必须关注以下社会事实和时代新情况：

1. 信息社会的到来，传媒业在社会组织、公民生活中的作用越来越大。做为传媒业的从业人员，在社会人群中的重要性也越来越彰显出来。所以，考生报考志愿热的居高不下，绝不能简单地看作是青年人的盲目追风。这其中更多地包含着社会经济、文化发展趋势的吸引和青年学生的职业志向所求。

2. 与信息采集、传送、收集、使用等密切相关的社会行业越来越呈现增加趋势，许多高职专业，例如汉语言文学、信息技术等都与该社会行业有关，但就行业业务范围而言，新闻传播专业作为以文科招生为主的专业，它的培养目标定位、毕业生的参与功能、角度、密切性、关联性等，都是更直接的，有着不容忽视的专业特点。

3. 文化产业的兴起更是世界范围内的事实，也是做为发展速度很快的最大发展中国家——中国的最大行业潜力。一切传播都是文化的传播。新闻传播专业在较少有传播类其他专业分流的情况下，怎么能不看好呢？

4. 商品经济在流通时间的提速和流通空间的扩展上，越来越依靠信息传播技术。而在有效信息的把握、选择和应用上，新闻传播学专业的学习，能够给人以学养与智慧，这也是不容争辩的事实。

5. 从发达国家的教育经验和社会发展事实得知，社会越发达，传媒越普及，传播教育越应当尽快成为社会普及化的知识教育之一，甚至包括基础教育、青少年社会知识教育等。而新闻传播是首当其冲的社会信息传播流，它永远处于社会信息、文化传播的中心地带。并且始终受到社会政治、经济、文化等领域各界人士、全体公民的高度重视，其内容具有充分的社会分享和公众利用的性质。

从这些思考和认知途径出发，我们不仅可以充分认识到新闻传播类专业担负的国民教育责任之重大，更可以为其教改的方向带来许多新考量，新思路。

根据教育部《关于全面提高高等职业教育教学质量的若干意见》和《教育部关于以就业为导向，深化高等职业教育改革的若干意见》等有关文件精神，我们认为在目前情况下，中国高等教育中，如果说，就学人数最多的本科，教改的方向和重点是在坚持和重建学科体系，面向社会经济建设的主战场，进一步提高教学质量和社会适应性的话，那么，就学人数将进一步扩大的高职教育，必须打破传统的高等教育学科体系，以关注社会行业为切入点，充分体现职业教育的特点，进行全方位、多角度的教学改革。而就这种改革的长期过程而言，新闻传播类专业目前最佳的教学改革切入口，应该是课程模块化改革和建设。只有这样，才能够应对上述社会事实和时代发展带来的新情况、新变化，就教育教学改革的规律而言，也比较积极而稳妥。

高职新闻传播专业课程模块化改革，必须以解决小新闻与大传播的关系为着重点。不能一味固守就新闻而谈新闻的囿见，更不能把思维的缰绳缩短在新闻的采、写、编、评的小半径之内。我们课程模块化改革的目的很明确，其基本思路如下。

1. 瞄准市场定位。即为基层新闻媒体、企事业文化宣传领域、文化创意产业、社区文化传播、网络及新媒体应用部门，培养应用型、操作型人才。

2. 避免与极端饱和的新闻本科教育争市场，寻找差异化发展新途径。总体上要明确高职新闻专科教育是比本科教育低一个档次的教育，但在应用上、操作上、技能上不可向本科教育示弱，而要在本科教育尚未顾及到的相关领域拓展空间。

3. 要有东边不亮西边亮的战略准备。给学生打好文化传播知识基础，教给他们应对市场的多种技能。面对社会经济及媒体、文化的快速发展，不求高精，只求我能。而且要注意培养好学生在求职入行之后，还能有深钻和应对变化的能力。

鉴于此，我们的课程改革将呈现如下特征。

1. 思想政治与公共基础课，大体保持不变。这样有利于学生按照国家统一规定和专业基本要求，掌握必需的思想政治课和公共基础课知识。

2. 将原来课程设置中人文科学与理工基础课、专业基础课、专业课、专业选修课等课程设置，改为基础课、专业基础课、专业模块化课程及适量选修课和讲座。我们将其称作"X 加 Y 模块化课程改革试验"。X 是指以理论知识够用为度，将新闻概论、传播学等课程整合成的高职新闻传播理论概要，将新闻采、写、编、评、制作等整合成高职新闻传播业务基础，以及现代传播技术、公共关系基础等多门课程。Y 是指根据行业和社会需要设置的报刊编辑发行、广播节目编辑、电视节目制作、网络编辑制作、广告设计制作、企事业文化宣传等多个课程模块。专业模块化课程主要在实验室和实训场地进行，以讨论教学、案例教学和模拟演练的方式，使实践操作技能得到强化，知识得到验证和巩固。

3. 除此之外，不可缺少的是以拓宽知识面、扩展知识视野、增加应用创新能力为目的的多种选修课，以及丰富多彩的第二课堂活动、学术知识讲座等。这是高等教育其所以为高等教育的重要特点。绝不能在此放松要求，或者因为课时量的限制而任意有所压缩。

需要说明的是，模块化课程与以往专业方向的开设不同。每个模块都有 3 至 5 门课程做支撑。众多的模块化课程，根据年级情况或班级学习基础状况而开设。凡开设的课程，要求学生必修。目的是让每个学生都能学到应对社会行业需要的多种技能。这是从就业、择业、职业变换和可持续发展等多种途径，综合考虑的，绝不可与专业方向的开设混为一谈。

我们知道，高等职业教育是随着改革开放，社会经济快速发展而活跃于高等教育领域的。这种教育的不容置疑的特点是面向实际、适应具体职业岗位群的需要。职业方向性、职业定位特点，决定了它必须以职业能力培养为主线，以毕业生顺利就业为导向。我们的课程模块化改革中，课程模块的设置是密切关注社会行业，积极针对职业需要，紧密结合市场需求的，这是其一。其二，高等职业技术教育并不是为职业岗位培养一线工人这样一种单向需要为直接目的，必须全方位考虑人才的动手能力、实践能力、综合应用能力和可持续发展能力。特别是作为精神产品操作者和制造者的新闻传播专业学生，在掌握理论教学以应用为目的，必需、够用为度的同时，应当更加顾及职业教育与就业、创业教育的密切结合。所以，在基本理论知识教育和拓展视野为目的的选修课、讲座课的安排上，应当有针对性地加强。甚至将过去文科教育中较少涉猎的课程，如创意、策划等都应当根据实际需要，灵活开设。其三，这种课程模块化改革的最大优点，是下大力气加强了新闻传播人才培养过程的整体优化性特点。我们将模块化课程试验概括为"X 加 Y"的用意，也在以不能够过份弱化基础理论、基本知识为目的，而是使其如何更好地成为职业模块化课程的基石和应用开发能力培养的推动力。其四，我们在设计模块化教学改革方案时，也注重了人才培养方式的灵活多样性特点，在对学生进行普遍的、基本的、共同的知识技能教育，使之符合标准的情况下，大力提倡个性化、差异性，尊重学生的特殊爱好和专长。所以在模块化课程的设置上，坚持同一标准，也配合开设具有深度、富有特点、开发思维的选修课程。这样业务尖子容易冒出，专业天才能够凸现。我们为专业人才培养了业务规范，为行业天才提供了发展空间。教育教学的根本目的达到了，职业教育的效果也才更好、更佳。

该书是为了适应新闻传播类高等职业教育而编写的基础性课程的教材。我国新闻史研究专家方汉奇教授说过，新闻教育质量的高低，起决定作用的，主要是两个因素：一个是师资，一个是教材，而两者之间，教材的作用更大。这是因为，师资的多少和良窳，往往受办学主客观条件的限制，而教材一旦完成，就可以直接嘉惠于学子，甚至风行四海，无远弗届。我们深知教材编写责任之重大，一开始，就曾反复研究，强调体例选择、内容定位、结构规范等对教材编写质量的重要性。特别是在内容方面，我们强调前瞻性、实用性、简明性三原则。

所谓前瞻性，就是必须充分认识人类所处环境在时空关系上的重大变迁。信息化时代的到来，已经使人们感知世界的方式，无论在时间的纵向度上还是空间的横向度上，都大为缩短。以高新科技为代表的传播技术产业和从事新闻及信息产品生产的媒体产业，成为信息时代重要的产业支柱。而新闻传播类专业课程的学习，与这两大领域的联系越来越紧密，并且成其为知识基础。我们必须着眼在坚持马克思主义新闻观，密切联系我国经济社会和文化发展实际，借鉴世界新闻及传播事业发展的历史经验的基础上，培养具有前瞻性眼光、创新性思维的新闻、信息及文化传播人才。并且为他们的工作前程和后续发展，打下良好的基础。

在这套教材中我们强调实用性，主要指的是要针对高等职业教育的特点，在讲清关于"是什么"的陈述性知识的情况下，着重讲深、讲透关于"怎么做、怎么办"的程序性知识。兼顾知识、技能、能力和素质等方面培养的要求。根据"案——讨——练"教学方法的需要，多充实鲜活案例，使案例教学和案例分析的比重适当增加。改变传统教材中一叙到底的表述方式。分层次、分类型、分案例、分知识点进行逐条叙述和讲解，使理论概要和业务基础,既成为该专业人才培养要求中最基础的专业入门课,又成为新闻与传播人才技能训练、能力提高、素质拓展的基本知识。

简明性是教材编写的基本要求。我们强调它,是基于教学活动有效性的思考。随着社会的发展,科技的进步,人类文化传播中的前喻、中喻、后喻文化现象同时并存得越来越明显。站在课堂上,面对四、五十个同学,老师再也不能以知识(信息)唯一占有者的面目出现了。所以,好的教材,必须给讲授活动中的教师,在透彻分析和生动表述方面打下基础,又为其浓墨重彩、增添新例或举一反三、展开讨论节余空间。简明性同样也是针对同学在教学活动中主动、自觉、积极的主体行为的。它必须给同学阅读、理解、消化、复习以及加深思考、开启想象、诱发创新留下余地。没有这些,教学活动中为人才提供学业规范,给天才创造发展空间的最佳目的,也就会成为一句空话。

最后,我们想再次强调,面对社会经济和科技文化的新发展,今天的"知识",在内涵上较前已经发生了重要而深刻的变化。这种变化的特点即是它的综合性。与传统意义上的"知识"相比较,知识、能力、素质等要素业已成为一种知识的综合体,相互依存,密不可分,在知识经济时代发挥着重要的作用。而新闻传播专业培养的学生毕业后所从事的工作,大都具有社会前沿的性质。因此,作为该专业的知识传授者和接受者,对此,都应该有更加清楚的认识。

第一章 传播的定义与传播方式

第一节 "传播"概念的界定

要学习有关传播的知识,首先应对"传播"这一基本而重要的概念有较为清晰的认识。《现代汉语词典》中,对"传播"一词是这样解释的:广泛散布。但是我们很快就会看到,这一定义对人类社会中很多传播现象是不能适用的,传播学意义上的"传播"更是超越了这一定义。汉语的"传播"一词对应于英语的"communication"一词。而"communication"在英语中有"传播、通信、交流、会话、交通、交往"等丰富的含义,不难发现,这一单词与"community"(社区)一词有着共同的词源"communis",来源于拉丁语。因而二者的含义有着紧密的联系,正如著名传播学者威尔伯·施拉姆所说:"没有传播,就不会有社区;同样,没有社区,也不会有传播。使人类有别于其他动物社会的主要区别是人类传播的特定特性"[1]。

从词源学角度的探究无疑为我们理解"传播"提供了一个很好的角度。而要为其下一个科学而一致公认的定义,也实属不易。据统计,仅国外学者给"传播"这一概念所下的定义,就有近百种之多。归结起来,大致可以分为以下几个大的方面[2]。

1. 强调传播是信息的共享。此定义所关注的正是"communication"与"community"有共同的拉丁词源。社区是人与人所组成的共同的生活空间,传播则是人与人交往中所发生的普遍性的行为。二者所共有的特征便是"共同、共享"。如:"传播就是使原为一个人或数人所独有的化为两个或更多人所共有的过程","可以给传播下一个简单的定义,它即是对一组告知性符号采取同一意向"。而我们必须清楚,这里的共享有两方面的含义,一方面是指符号的共享,共享的符号是交流的物质性基础,没有符号,人与人之间便谈不上交流、传播;另一方面是意义的共享,因为符号总是蕴含着一定的意义,而符号的意义由于民族、地域、社会阶层的文化差异也必然会不尽相同。如"龙"这样一个符号在一个中国人和一个外国人那里,所唤起的内心情感可能是完全不同的。

2. 认为传播应是有意图的影响。不难发现,人的有些行为是带有某些意图而有意做出的,这些行为就包含了行为者某种影响的愿望,如父母对孩子的训斥。而有些行为则是人

---

[1] 〔美〕威尔伯·施拉姆,威廉·波特:《传播学概论》,北京:新华出版社,1984年,第3页。
[2] 〔美〕塞弗林、坦卡特:《传播学的起源、研究与应用》,福州:福建人民出版社,1985年,第6—7页。

无意识做出的，他们可能不会对别人产生影响，也可能产生影响。有些学者则认为，一切传播都应该具有一个基本性质：劝服别人的意图。诸如以下定义："传播是某个人（传播者）传递刺激（通常是语言的）以影响另一些人（接受者）行为的过程"；"所有传播行为都旨在从特定人物（或一群人）引出特定的反应"。这种定义为判定一个行为是否是传播行为提供了一个很好的依据：即此行为是否对传播者产生了影响。然而，有时这种影响是很难判断的，并非所有的传播行为都能收到立竿见影的效果。如"耳濡目染"这个成语所指出的，人的行为改变往往是一个长期而缓慢的过程。还有，有的行为带有一定的传播意图，而单纯因其没有产生任何效果，便判定不是传播行为，也是值得讨论的。

3. 认为传播包含了任何一类的影响或反应。这种定义从最广泛的层面上去理解传播。如：传播是"一个心灵影响另一心灵的全部程序"；"传播是个人或团体通过符号向其他个人或团体传递信息、观念、态度或情感"；"从最普遍的意义上说，传播是一个系统（信源），通过操纵可选择的符号去影响另一系统（信宿），这些符号能够通过连接他们的信道得到传播"[①]。从这种角度来看，一个传播过程，是传播者使用各种手段、利用各种符号去影响接受者的过程，无论有无效果，也无论效果是明显的还是隐含的，即刻的还是长期的。

4. 认为传播是一个双向的交流过程。以上定义几乎都包含着这样一种认识：传播是一个传播者有意去影响接收者的单向的行为过程。而一些学者认为，传播行为并非止于接收者对于信息的接收，而应该包含接收者向传播者发出的信息反馈过程。如："传播可定义为通过讯息进行的社会的相互作用"。更有甚者，有学者主张要区分一次次单独的传播行为是不可能的，因为传播是一个传播者影响接收者，接受者反馈传播者，传播者根据反馈调整传播，再影响接收者，如此往复的一个无尽的循环过程。这样的认识虽然不无极端，但也有一定的道理。

可以看出，由于关注点的不同，对"传播"这一概念所得出的认识也会有所差异。不同定义各有所长。如第一类定义所关注的是传播发生的时空，而第二类定义所着眼的是传播的影响。因而，我们便能从更多的角度去对传播行为进行认识，进而加深对传播行为、传播过程的理解。尽管无法给"传播"下一个统一的定义，但通过以上分析，我们可以看出"传播"概念具有以下内涵：传播是一个信息流动的过程，由甲到乙，由乙到甲，到丙……正是信息的不断流动，才形成、建立了人与人之间的关系；传播必须在一个共享的空间内进行，共享包括符号和意义两方面的共享，有了这样一个共享的空间，符号才能流动，意义才能扩散，人与人之间才能形成交流；传播必须建立在一定的社会关系之上，人与人的社会关系是产生传播行为的根源，而不断进行的传播行为又在不断塑造、产生着人与人之间新的社会关系；传播是一个双向互动的行为。以往的研究总是关注传播者在传播行为中的主动地位，忽略或者弱化接收者对传播过程的影响，自从有学者开始重视接收者的信息反馈对传播行为的重要作用，更多的人越来越倾向于把传播看作是一个双向的互动行为，

[①] 〔英〕丹尼斯·麦奎尔，温德尔：《大众传播模式论》，上海：上海译文出版社，1987年，第5页。

而且是一个螺旋式的前进过程，一次传播行为总是能够诱发下一次的传播行为，这一点在两个人的谈话中表现得最为突出。如果甲的谈话能够在乙那里得到共鸣，那么他们的谈话将越来越融洽；反之，如果乙对甲的谈话总是置之不理，那么两人之间的谈话将无法再进行下去。此外，信息接收者也越来越被重视，因为他们在传播过程中不再被认为是处于绝对的被动地位，他们甚至决定着整个传播行为的进展。我们从这些年报纸、电视开设越来越多的读者（观众）参与节目就可以感受到这种观念的转变。

至此，可以给"传播"概念做出这样的界定：

传播是建立在一定社会关系之上的、在一定的共享空间中的人运用各种符号（图像、文字、声音等）与他人进行的信息的双向的交流过程。

有了这样一个大致的认识，下来我们进入对人类传播行为的认识。

第二节　自我传播与人际传播

人类传播活动多种多样。从不同角度入手，可以划分为不同的传播类型。例如从传播媒介的角度可以分为口语传播、文字传播、视觉传播、电子传播等；从传播者的角度可以分为人际传播、组织传播等；从传播效果的角度可以分为强效果传播、弱效果传播等。这些传播类型只是人为区分的结果。事实上，同一个传播行为可以被划分为几种传播类型，而且，作为人类传播活动总系统的组成部分，这些传播类型又呈现出相互交织、相互衔接的状态。

从传播者和接收者的角度划分，人类传播方式大致可以划分为自身传播、人际传播、组织（群体）传播和大众传播四大方式。其中，大众传播将是我们关注的重点。

一、自我传播

自我传播又可称为内向传播、人内传播或自身传播，它指的是个人接受外部信息并在人体内部进行信息处理的活动。人体生理学、心理学知识告诉我们，每个人都是一个处理信息的有机系统。我们每天都通过眼、鼻、口、耳、皮肤从外界接收到形形色色的信息，然后通过神经系统，将这些信息传到大脑这个信息处理中心，再由大脑分析、处理，以对外界做出反应。如这样的一个过程：

1. 一件事发生了……
2. 这一事件刺激 A 先生的眼、耳朵或其他感觉器官，造成……
3. 神经搏动到达 A 先生的大脑，又到他的肌肉和腺线，这样就产生了紧张，未有语言之前的"感觉"等等，

4. 然后，A 先生开始按照他惯用的语言表达方式把这些感觉变为字句，而且从"他考虑到的"所有字句中，

5. 他"选择"，或者抽象出某些字句，他以某种方式安排这些字句，然后

6. 通过声波和光波，A 先生对 B 先生说话，

7. B 先生的眼和耳分别受到声波和光波的刺激，结果

8. 神经搏动到达 B 先生的大脑，又从大脑到他的肌肉和腺线，产生紧张（张力）、未讲话之前的"感觉"等等，

9. 接着 B 先生开始按照他惯用的语言表达方式把这些感觉变成字句，并且从"他考虑过的"所有字句中，

10. 他"选择"，或抽象出某些词，他以某种方式安排这些字词，然后 B 先生相应地讲话，或做出行动，从而刺激了 A 先生——或其他某人——这样，传播过程就继续进行下去……[①]

这是一个很好的例子，可以让我们观察和理解信息是如何在一个人自身进行传播的，同时为我们后面将要分析的人际传播提供了一个基础模式。无论是 A 先生还是 B 先生或者任何一个人，他们对从外界获得的信息的处理方式都是基本相同的，将处理的结果转化为下一步行动的指令。这样一个从接收刺激到做出行动指令的过程，就是我们所说的自我传播。

人的身体是一个信息传播系统。而按照系统论的看法，任何系统都必须与外界其他系统进行信息交流才能维持自身的存在，而且系统本身必须能够对外界信息进行处理。人的感觉系统是接收信息的装置，神经系统是信息的传输装置，大脑是信息的储存和处理装置，肌肉神经及声带等器官又可以作为信息的输出装置，人作为社会性的存在，又必须处在同他人的一定的社会关系之中，因而人必定总是处于与外界、他人的不断的信息交流过程中。这就是人的自我传播的基本结构和过程。

自我传播确立了人类思维的绝对优势。动物从外界获得刺激，通过简单的信息分析并对之做出行动反应，但那只是在简单的生存适应层面上进行的。人则具有更高级的意识、分析能力，并能控制自身意志力，发挥出其主观的能动性，从而达到改造外在世界的目的。

"从辩证唯物主义观点来看，人内传播不外乎个人内部的意识、思维或心理活动。这个过程是由以下几个主要环节或要素构成的：

1. 感觉——分为视觉、听觉、嗅觉、味觉、触觉等等。……

2. 知觉——即感觉的集合，或在感觉的基础上对事物的分散的个别信息属性进行的综合。知觉的过程，就是对事物整体的感性信息进行综合把握的过程。……

3. 表象——记忆中保存的感觉和知觉信息在头脑中的再现。……

4. 概念——对同类事物共同的、一般属性的认识。……

---

① 〔美〕威尔伯·施拉姆，威廉·波特：《传播学概论》，北京：新华出版社，1984 年，第 55 页。

5. 判断——对事物之间的联系或关系进行定性的思维活动，它是在驾驭表象和概念进行分析的基础上产生的。……

　　6. 推理——从已知的事物属性和关系中推导出未知的属性和关系的思维活动。……"[①]
以上是人的认识发展的一般过程，这个过程的每一个阶段无不是建立在人的自我传播基础之上的。此外，人的内心还具有丰富的情感活动，并对人的理性认识产生着重要的影响。

　　国外的社会心理学家还从自我传播的角度对人的自我意识、社会意识的形成作了非常有意义的探索。例如，美国学者米德认为，每个人的自我都可以分为相互联系、互为作用的两方面：一方面是作为意愿和行为主体的"主我"（I），我们可以透过它认识外在世界；另一方面是作为他人的社会评价和社会之期待的代表的"客我"（ME），也就是说，每个人都通过自己的社会实践认识到自己与他人共同且平等地生活在这个世界上，与他人时刻发生着不同的社会交往。人的自我意识就是在"主我"与"客我"的不断产生中形成的。换句话说，人的心灵在不断地进行着"内部的对话"，一边从事着社会活动，一边又不断地对自己的行为进行着分析与评价。

　　另一个很有影响的理论是戏剧理论。该理论认为，人的生活空间和戏剧的舞台有着很大的相似性，每个人都在自己的生活舞台上扮演着自己的角色，而且一个人所扮演的会是很多不同的角色。例如一个已婚中年男人，面对妻子，他是丈夫的角色；面对儿女，他是父亲的角色；面对父母，他是儿子的角色；面对同事和朋友，他也是同事和朋友的角色，等等。不同的环境会要求不同的角色，而不同的角色又被赋予了不同的表现期望。自我的表现很大程度上就是对自我印象的控制。

　　自我传播对个人的重要性由此可见一斑。经由自我传播，个体的人得以不断地认识着世界、他人，并通过认识以达到对世界、他人的理解，最终结果是走向自我理解，体现出人生存的本质特性：通过物质的交往达到更高层面的精神交流。

二、人际传播

　　前面所举的例子及论述实际上已经涉及到人际传播。人际传播的前提就是自我传播，因为每个人都是一个微观的信息处理系统，个体与其他个体进行信息的交流，就产生了人际传播。

　　可以说，人际传播是人日常生活中最常见、最频繁、最直接的传播现象。例如，谈话、打电话、信件来往、甚至课堂讲课都是人际传播的具体表现形式。社会生活的丰富性决定了人际传播的多样性与普遍性。对于很多人来说，没有什么比与他人保持或建立良好的、有意义的联系更为有趣和重要的事情了。我们常说的人际关系指的就是这样一种有意义且较为持久的联系。而传播正是所有关系的共同点。通过人际传播，我们不仅建立和保持着

[①] 郭庆光：《传播学教程》，北京：中国人民大学出版社，2001年，第76—77页。

一份关系,同时也可以收回或结束一份关系。

那么,人与人为何要建立相互间的关系呢?也就是说,人际传播行为的动机是什么?

社会是人与人生存的共同体,并给生活于其中的个体提供饮食、居住等生存的基本需求和安全等基本保障。与此同时,社会这个共同体的维持又需要每个社会化的个人去付出自己的努力,例如为社会创造价值和财富,与他人和平相处,遵守社会的伦理规范、法律准则等等。马斯洛的心理需求理论告诉我们,每个人都有从低到高不同层面的需求,从生存的物质层面到精神层面,大致可以分为生理的需要、安全的需要、归属与爱的需要、尊重的需要、求知与理解的需要、美的需要和自我实现的需要七个层次[1]。可以说,正是这些需要决定了人与人之间交往的发生与持续。

每个人所处的社会关系都不尽相同,因而拥有着不同的社会资源。要获取更多的需要,个体的人必须与他人建立关系以交换进而共享这些资源。也就是说,"人们倾向于在能发展自我利益的情况下,同某些人发生某些传播行为"[2]。与他人的交流是一个人生存、发展的必然选择。尤其在当今社会,人们对信息的需求越来越大,对其依赖也越来越强,人每天的生活、生产、社会交往都决定了人与人之间要发生错综复杂的关系。

与他人建立长期而良好的协作关系,也是人际传播的重要动机。前面说过,社会是人组成并生存其间的共同体,这一共同体的维持、发展需要人与人之间进行生产协作,例如社会行业的划分和社会职业的差异,任何一个行业都无法在孤立中发展,都必须与其他行业保持形形色色的联系。这种联系主要是通过人际传播进行的。

归纳起来,人际传播具有以下特点:

1. 传播行为的随机性。人的日常生活丰富多彩,势必要与很多人产生联系,无论是熟识的还是陌生的。因此,在任何社会场合,都会有人际传播行为的发生,而且具有极大的随机性。

2. 传播的快捷、及时。人际传播是人与人之间面对面进行的,传受双方处于一个同时的空间里,而且主要是通过口语和体态表情进行,这些传播符号转瞬即逝,意义容易流失,因此人际传播过程必须快捷、及时地进行,才能保证意义的完整传递。

3. 反馈迅速。由于传播过程的迅捷,传播者很快就能通过言语答复、面部反应等方式收到从受传者发出的信息反馈。例如,两个朋友之间的谈话,如果甲总是在滔滔不绝地讲一些自己感兴趣的话题,而乙表现得兴致不高,心不在焉,虽然没有说什么,甲还是可以透过乙的反应感到自己的传播不够成功。

4. 传播过程易于控制。由于反馈的迅速,使得传播者不断有机会检讨传播的效果,并对自身的传播行为进行改正、调整,如此才能维持传播的持续进行。对于受传者来说也是如此。

---

[1] 欧阳仑,王有智:《新编普通心理学》,西安:陕西师范大学出版社,1998年,第371—372页。
[2] 〔美〕罗洛夫:《人际传播——社会交换论》,上海:上海译文出版社,1997年,第3页。

第三节　群体和组织传播

人总是生活在一定的群体之中。例如一个家庭、一座村庄、一个公司、一个政府部门等等都可以称之为群体。"群体是人的集合。但是群体又不是随机地把各个独立的人集合在一起就可以了。相反,它是由一群通过语言或非语言进行交流、彼此都扮演着某种相关角色,为了一个既定目标而合作的人们组成的。"①

在群体内部,每个人都与他人形成较稳定的交往关系,在目标的取向上有某种共同性——如共同的利益、关系或兴趣;其次,群体内的个人都有某种共同的主体意识,主要体现为"我们",如"我们城里人"、"我们公司同事"这些言语,体现了群体具有心理上的认同机制,只不过不同群体内这种认同的强弱有别罢了。

群体是介乎个人与社会之间的联系纽带。它是社会的组成部分,并在一定程度上具有社会的特征,一个人必定归属于特定的群体,在群体中,个人得以完成其社会化的过程,也即完成对社会的认识,并使自己形成社会规范和行为准则。此外,群体还通过内部的角色分工促进人际传播的不断进行,以培养人与人之间的团结、协作,给人提供生存的物质需求、心理上的安全感以及人的社会归属感。

组织与群体有些相似,但也有所差异。可以说,所有的群体都有一定的表现形态,根据这种表现形态,可以将群体分为组织群体和非组织群体两大类。与群体一样,组织也是社会系统中的中观系统,其规模大于个人而小于社会。人都处于一定的群体之中,但不一定属于某一个组织。

既然有组织群体和非组织群体的差异,那么什么是组织呢？

广义上的组织是指"任何由若干不同功能的要素按照一定的原理或秩序相组合而形成的统一整体",例如细胞组织、人体组织等,而我们所使用的是狭义上的组织概念,它指的是"人们为实现共同目标而各自承担不同的角色分工,在统一的意志之下从事协作行为的持续性体系"②。相较于非组织的群体,组织的结构秩序更为严密,内部结合更加紧密,整个组织也具有更加明确的目标、制度规范,其成员之间的分工更加明确,联系也更为频繁和稳定。我们可以以村庄和公司为非组织群体和组织群体的代表,观察、思索二者的诸多差异。

无论是群体与群体、群体与成员之间,还是组织与组织、组织与成员之间,都在进行着信息的传播、互动,这就是群体传播和组织传播。这两种传播在很多方面有着相似性,因此我们可以对这两种传播行为进行综合考察。总的来看,二者都可以分为内传播和外传播两个大的方面。

---

① 〔美〕特里·甘布尔,迈克尔·甘布尔:《有效传播》,北京:清华大学出版社,2005年,第251页。
② 郭庆光:《传播学教程》,北京:中国人民大学出版社,2001年,第99—100页。

1. 外传播。外传播是指群体与群体、组织与组织之间的传播。从社会结构组成来看，大的社会系统是由无数小的群体和组织共同组成的；从社会的发展进程来看，现代社会生产的高速发展所带来的一个重要后果就是社会分工越来越细，使得不同组织、部门之间的联系越来越紧密，这就要求任何群体和组织必须不断地与其他群体和组织进行信息交流，一方面可以保证自身在越来越激烈的市场竞争中得以生存，另一方面也可以在整体上去促进社会的发展。例如，封建社会中的一位农夫，他可以从事农业生产过程中任何一个环节——从播种谷物到将谷物磨成粮食，他自然不需要与其他人发生太多的联系，而如今，同样的整个过程早已被细分为很多环节，如购买种子、租机器播种、收割、将粮食出售、用换来的钱去满足其他生活需求等。每个环节都意味着与他人的紧密联系。

群体和组织都具有重要的社会功能，是将个人与社会联系起来的中介，它们有助于社会秩序的维持和稳定。因此，群体和组织的外传播活动具有重大的社会意义。具体说来，有如下几个主要方面：

促进个人群体、组织意识的发展。群体和组织的建立基于其内部成员的共同意识，在与其他群体和组织进行信息传播时，内部成员会因为需要密切接触和合作而得到某种程度的满足，进而对其所属的群体和组织产生认同感。

建立规范，保持群体、组织的稳定。规范是指群体、组织成员在活动中必须遵守的规则，它可以协调成员的活动、规定成员的角色和职责，通过规范的贯彻执行保证群体、组织的整体稳定，同时可以将群体内的意见分歧和争论限制在一定范围之内，并保证群体、组织活动的效率。

沟通信息，维持稳定。这是相对于社会范围所说的。社会生产的专业化程度越来越高，生产过程不断细化，导致越来越多行业群体、组织的出现，信息的传播成为必须，通过信息传播，整个社会结构得以维持着稳定。

2. 内传播。内传播是指在群体、组织内部所进行的传播。任何群体、组织都有一定的结构，如群体成员有相对近似的行为方式、价值观念等，组织内部有专业化的部门分工，不同成员的职务分工及岗位责任以及组织系统的层级制或等级制。群体、组织的任何活动都与一定的信息传播活动相联。例如，一个公司内部从上至下有工作任务的传达，从下至上有信息的汇报、反馈，部门与部门之间还有信息的横向流动，这几种传播渠道的通畅与否直接关系到群体、组织的统一性和运作效率，这些现象都属于内传播。

群体、组织的内传播最主要的作用就是保持群体、组织的内部协调，以此保证群体、组织结构的稳定。由于群体、组织内部会有成员的角色分工并且存在着系统的层级制，每个部门和岗位都执行着一定的信息处理职能，各环节通过信息的传达和反馈相互衔接，形成一个整体。

其次，群体、组织的内传播能够发挥指挥管理，决策应变的作用。社会永远处于运动和变化之中，这决定了群体、组织也必须不断在运动变化中应对随时会出现的新问题。有新的情况出现，群体、组织就应对其进行监督、检查，并采取一定的实施方法，应对外界的变化。

此外，内传播还能促进成员间的团结，加深成员的群体认同，形成共识。共识的形成本身就是群体、组织内不断进行传播互动的结果，而成员间的共识是维持群体、组织结构稳定的重要基础，这一点前面已有所论述。

相较于人际传播，群体传播和组织传播呈现出诸多特点。归纳起来，有如下几个方面：

规范性。前面提到，人际传播的发生具有很大的随机性。群体、组织由于具有一定的结构等级，因此，群体、组织的信息传播有极强的规范性。每个成员都从属于特定的群体、组织，承担着某种组织任务，因此必须遵守一定的行为规范、价值准则，甚至道德观念。

组织性。组织性是与规范性紧密联系在一起的。群体、组织的传播活动都是为了维持群体、组织的结构稳定，同时，在其成员间所唤起的共同意识也有利于群体、组织的稳定。

传播形式的多样性。群体、组织传播可以通过书面媒体如文件资料、报告、公告等进行，还可以通过各种会议、群体、组织内媒体如报纸、电台、电视台、局域网络等进行，传播方式多种多样，可以视具体情况而定。

第四节 大 众 传 播

大众传播是现代社会最为重要的传播现象，对社会生活产生着巨大的影响，也是我们学习传播学知识要关注的重点。报纸、书刊、杂志、广播、电视、互联网是大众传播的主要表现形式。大众传播活动渗透到了社会的各个角落及社会生活的方方面面，极大地塑造着社会生活的存在面貌。

要认识大众传播现象，首先需要对大众传播的定义有一个较为清晰的认识。对此，学者们也给出了各种各样的定义。具有代表性的如下：

大众传播是"人类社会信息交流的方式之一，职业工作者（记者、编辑）通过机械媒介（印刷媒介、电子媒介）向社会公众公开地、定期传播各种信息的一种社会性信息交流活动"[1]；

大众传播"指特定的社会集团通过文字（报纸、杂志、书籍）、电波（广播、电视），电影等大众传播媒介，以图像、符号等形式，向不特定的多数人表达和传递信息的过程"[2]；

"大众传播，就是在现代化的印刷、银幕、音像和广播等媒介中，通过公司化的财务、产业化的生产、国家化的官职、高科技、私人消费化的产品等形式，向某种未知的受众提供休闲式娱乐和信息的过程与产品"[3]。

---

[1] 刘建明：《宣传舆论学大辞典》，北京：经济日报出版社，1992年，第290页。
[2] 沙莲香：《传播学》，北京：中国人民大学出版社，1990年，第145页。
[3] 〔美〕约翰·菲斯克：《关键概念》，北京：新华出版社，2005年，第158页。

通过以上几种定义,我们可以看出,大众传播与前几种传播方式最主要的区别之处,在于一个信息中介机构——大众媒介(报纸、杂志、广播、电视以及互联网)——的出现。而"当我们谈到大众媒介,通常指的是中间插进了用以重复或传布信息符号的机器和由编辑人员的诸如报纸或电台之类的传播组织的传播渠道"[1]。因而,大众媒介成了判断大众传播行为的重要标准。大众传播也由此被视为"一种普遍现象的特殊形态,在其中,发送者、讯息和接受者等要素具有独特的性质与意义"[2]。

由于大众传播的极大发展,当今社会呈现出更大的复杂性。信息也相较以往占据了越来越重要的地位。要对大众传播有一个更深入全面的认识,仅仅通过简单的定义是不够的,我们还必须从大众传播的特点上去把握它。

总的来说,相较于其他传播方式,大众传播具有如下特点。

1. 存在着有组织的信息传播中介机构,如报社、出版社、电台、电视台以及网站等。这些传播机构主要从事信息的生产——从采集到发布传播的全过程,其从业人员经过专业的训练,应该掌握一定的信息生产传播技巧——如采访、写作、新闻制作等,从事组织有序的传播活动,并且遵循特定的组织传播目标,将信息产品作为商品出售,从中获得利润,维持自身的生存发展。而我们前面看到的人际传播以及群体传播活动中,不存在这样的专业传播机构。

2. 通过特定传播媒介进行的大规模生产、复制的传播活动。前几种传播活动的传播媒介也可以多种多样,如书面印刷媒介、口头声音媒介等,但传播信息多出于特定目的,多为一次性传播,传播范围也很有限;大众传播主要运用印刷媒介、电子媒介进行,有很高的技术要求,如报纸的激光排版、电脑编辑,电视的非线性编辑制作以及有线电缆、无线通讯卫星传播,互联网的技术要求就更不用说了,这是基于技术的充分保证,大众传播的信息可以被大量的生产和无限的复制,进而达到广泛的传播,从速度、规模和速率上都远远超过前几种传播方式。

3. 信息接受者具有多、杂、散、隐匿等特点。信息接受者在传播学术语中被称为"受众"。从理论上讲,对大众传播媒介来说,传播出去的信息会被社会中各种各样、各个阶层、组织、集团的人所接收到,他们的成分极其混杂,难以捉摸,受众的多寡还是衡量传播活动成功与否的重要标准。而人际传播及群体、组织传播的传播对象一般较少,而且传播对象要明确的多。

4. 呈现出很强的单向性。人际传播、群体、组织传播大都目的明确、对象明确,而且信息接收者一般在场,因此这几种传播的信息反馈会很快被传播者所接收到。大众传播也存在信息反馈,但这种反馈通常比较慢,并非即时的、直接的,随着技术手段的不断提高,如今大众媒介都在加强信息的反馈采集,如通过发短信、打电话等方式。另一方面,受众

---

[1] 〔美〕威尔伯·施拉姆,威廉·波特:《传播学概论》,北京:新华出版社,1984年,第122页。
[2] 〔英〕丹尼斯·麦奎尔:《大众传播模式论》,上海:上海译文出版社,1987年,第1页。

只能在大众媒介所提供的信息范围之中接受信息,体现出一定的被动性,也使得大众传播具有信息传播的单向性。

5. 是一种制度化的传播活动。制度化包含有两方面的含义,一是指大众传播媒介传播活动的制度化。每天的特定时刻,不同的大众媒介组织都会将信息传播出来,节目设置比较固定,内容上大体相近,媒介组织都具备一定的传播制度;一是指大众媒介及其活动与社会生活之间的关系。大众媒介在现代社会中扮演着极为重要的角色,对社会大众、国家政府部门都产生着强大的影响,因此"无论在哪个国家,都会把它纳入社会制度的轨道"[①]。对于任何一个社会来说,大众传播都与政治、法律、经济、文化等制度结构一道成为整个社会不可或缺的组成部分。这一点,我们可以从不同国家规定有不同的大众传播制度(如对新闻媒体属性的规定等)看出来。

以上五点分析可以促进我们对于大众传播的准确认识,在第五点我们还谈到了大众传播活动对现代社会具有极为重大的作用。那么,对大众传播活动的功用的介绍无疑对理解大众传播同样大有裨益。

传播功能指传播行为所具有的能力及其他对人和社会所起的作用或效能。自从传播学诞生以来,有很多学者都对他的功能进行评说,其中最早的当属美国学者拉斯韦尔,在1948年发表的《传播在社会中的结构与功能》一文中,他认为传播有三种明显的功能[②]:

(1)监视环境:人生存于社会之中,只有及时了解、掌握、适应外在自然及社会环境的情况,人才能更好地生存,同时,国家政府也需要通过掌握信息以掌控社会各方面的运转。

(2)协调社会:现代社会社会分工不断加剧,各组织部门之间的依赖、联系也在加深,信息越来越起着在社会各组成部分之间进行沟通协调的桥梁作用。

(3)文化传承:人类社会的不断发展建立在对前人遗产的继承和创新之上,无论是社会的物质生产还是民族的精神文化,继承与创新都要通过一定的传播活动进行。

拉斯韦尔的研究为大众传播功能的研究奠定了基础。后来的学者正是在他的基础上对之进行补充丰富,如赖特的四功能说——环境监视、解释与规定、社会化功能、提供娱乐;施拉姆更是从经济功能、政治功能及一般社会功能三个方面对大众传播的功能做出了全面的解说。

我们认为,大众传播的功能主要有如下几个方面:

1. 提供信息:大众传播媒介的出现就是为了满足社会日益增长的信息需求,因此,提供信息是大众传播活动的主要功能。

2. 环境监控功能:对于个人和国家政府来说,都需要通过获取信息以认识社会,实施

---

① 郭庆光:《传播学教程》,北京:中国人民大学出版社,2001年,第112页。
② 〔英〕博伊德—巴雷特,克里斯·纽博尔德:《媒介研究的进路》,北京:新华出版社,2004年,第111—112页。

调控。

　　3. 沟通功能：大众传播为社会各部门、行业间提供各种信息，互通有无，加强彼此间的联系。

　　4. 教育功能：这主要体现为大众媒介及其传播活动对人的成长、学习有着重要的作用，例如儿童的社会化越来越通过大众媒介进行。

　　5. 娱乐功能：娱乐也成为近些年大众媒体关注的重要方面，这不仅体现为娱乐内容在大众传播信息中占据着越来越大的比重，而且表现在对新闻信息的趣味化处理上，从中可以反映出大众对娱乐的普遍追求，大众传播能很好地满足受众的这方面需求。

思考与练习

1. 什么是传播？它的内涵有哪些？
2. 人类传播行为有哪几种方式？其各自特点有哪些？
3. 结合具体的日常生活思考大众传播的多方面功能，举例说明。

第二章　人类传播的历史及其影响

这一章主要从人类历史发展的角度来认识人类传播活动的几种存在形态。从语言的发展到今天互联网的快速发展，人类依次经历了口头传播、文字传播、印刷传播、电子传播以及互联网传播等几个主要阶段。这几个阶段的出现、发展是和人的不断取得突破的创造能力紧密相连的，体现着人类对于自身及外在世界的不断探索。不同的传播形态相互叠加，丰富着人类的传播手段和传播能力。下面对人类社会的这几种传播形态进行分别论述。

第一节　人类传播的发展历史

一、口头传播

人类在漫长的历史发展过程中，不仅通过劳动改造了自然以为自身服务，而且在劳动的过程中改造了自身，提高了自身的各种能力，其中非常重要的一种能力便是创造语言的能力。语言的产生，代表着人与动物的根本差异，意味着人类社会文明的开始。从传播学角度讲，语言的产生，则标志着从动物传播到人类传播的重大飞跃。由此，人类社会进入了口头传播时代。

在有语言之前，人类传播与动物传播几乎没有本质的区别，是靠一些简单的表情、动作、叫喊来表达有限的含义。语言的出现，突破了诸多限制，极大地丰富了人们表情达意的手段和内涵，这些都得益于人类语言的特性。

首先，人类语言具有超越历史时间和空间的能力，它不仅能够表述现在，而且能够表述过去和未来；不仅能够表述眼前的事物，而且能够表述在遥远空间发生的事情。

其次，人类语言具有无限的灵活性，可表达任何具体的、抽象的甚至虚构的事物，在表达内容上几乎无任何限制。

还有，人类语言具有发音的经济性，以有限的几十种元音和辅音，配之以声调变化，能够组合成数十万以上的语音单词。如此，用语言可以指称世界万物，表达复杂的内心情感。

人类语言具有巨大的能动性和创造性。动物只能靠有限的声音和特定的物理信号进行传播。而人类可以不断创造出新词语、新概念、新含义和新的表达方法，加之长期的使用经验积累，语言符号与特定意义之间形成固定的关系，这样，丰富多彩的意义就能够通过声音语言进行传播。

最初的语言意义只能通过口头声音表达,人与人之间的意义交往体现为口头传播。而且,在人类不断认识和改造世界的社会实践中,口头语言逐渐发展成为一种能够表达复杂含义的声音符号系统。

同时,口头语言的发展也大大促进了人类思维能力的提高。许多文化人类学者都认为,语言与人的思维是密不可分的,人的意识、情感、思维无一例外都要通过语言来表达,在某种程度上,语言甚至不是外在于人的某种工具,而就是人的思维本身。

由于语言的诸多特性,使得口头传播成为人类最主要、最基本、最灵活多变的传播方式,直到今天依然如此。口头传播体现为以下两个主要特点:

传播的快捷性。由于声音转瞬即逝,口头传播通常发生在人与人面对面的情境中,所以其传播速度快捷。

传播的双向性。口头传播多体现为人际传播,要求传、受双方都在场,因此信息的传播很快能从接收者那里收到反馈信息,传播过程双向互动。

但是,口头传播的特性也反映出口头传播的某些局限性,具体说来,一方面,口语传播距离过短,很容易受到环境因素(如噪音)的干扰;另一方面,人的口语声音转瞬即逝,不利于对事物信息、意义的保存,只能依赖于人的记忆能力,如此会造成理解的障碍和混乱。所以,口头传播受空间和时间的限制很大,它较适用于小规模、近距离的信息传播。

随着人类技术的进步,口头传播也在借助新媒介(如电话和互联网等媒介)的优势克服传播时空方面的局限性,仍然在人们的社会交往中发挥着重要的作用。

二、文字传播

大约在公元前4000—3500年,在古埃及和中国就已出现了最早的"图画文字"和"形象文字",这标志着文字语言的发明,人类社会由此实现了第二次传播革命:进入文字传播时代,人类文明也进入一个更高的发展阶段。正如英国历史学家巴勒克拉夫所评价的:"文字发明,是文明发展中的根本性的重大事件。它使人们能够把行政文献保存下来,把消息传递到遥远的地方,也就使中央政府能够把大量的人口组织起来,它还提供了记载知识并使之世代相传的手段"[①]。

文字起源于图画、符号,也是人类口头语言发展到成熟阶段的必然产物。由于口头语言的局限性,人们要记录事件、传播信息,必须将口头语言转换成文字符号体系,才能使意义得以保存,并被不同的人们反复接受而不会损耗。

文字传播是指以文字语言为传播符号的传播行为。文字是在口头语言的基础上发展起来的,相较于口头语言传播,其优势体现在如下几个方面:

第一,文字传播能够克服声音语言的转瞬即逝性,相反,它能用文字符号使信息、意

---

① 转引自郭庆光:《传播学教程》,北京:中国人民大学出版社,2001年,第31页。

义获得物质性的保存方式,极大地突破了人记忆力的有限性、局限性,为人类知识经验的保存、积累提供了有力的保障。

第二,文字传播能突破口头语言的空间局限性,借助一定的介质——如纸、龟甲、竹简、皮革等等,把信息传递到遥远的地方,拓展了口头语言的传播距离,使人类社会大范围内的物质、文化交流成为可能,从另一方面来看,也使得政府对社会的控制成为可能。

第三,文字传播比较好地消除了口头传播中意义的变异性,例如,"以讹传讹"这个成语就表明了口语传播的局限性,文字传播使文化价值、道德观念等等比较抽象的人类财产的传承有了比较确切可靠的依据,文化的历史性、完整性得以保存。

文字传播虽然很好地弥补了口头传播的不足,但仍然存在着传播上的局限性。首先,文字传播没有从根本上提高人类传播的效率,传播的规模比较小,而且成本高。例如,书籍著作的创作、流传多靠人工抄写,会耗费大量时间和人力。其次,要掌握文字语言必须经过一定阶段的教育,这对古代的普通民众来说是一件不太可能的事,普通民众大多不能识字读书,所以文字传播基本上还属于政府、官吏以及统治阶层的特权。

在对传播介质的使用上,文字传播的媒介从经历了石头、泥土、龟甲、竹简、兽皮向丝帛、纸张的转变,尤其是纸张的出现,更是为后来的印刷技术奠定了坚实的基础。如今,文字传播借助于电子技术、互联网络等科技手段,其效率得到了极大的提升。

文字传播虽然为人类社会的大范围传播奠定了重要基础,但真正使人类社会进入大众传播时代的是印刷技术的发明及印刷传播的出现。

三、印刷传播

早在公元 7 世纪初期的唐代,我国就已出现了雕版印刷技术;到了北宋庆历年间,毕昇发明了活字印刷技术,先后出现过泥活字、木活字和铜活字;大约 14 世纪中下叶,我国的印刷术沿着"丝绸之路"逐渐传向了西方世界;到 15 世纪中叶时,德国的铁匠古登堡经过长期的摸索研究,发明了铅活字和手压印制设备,并在 1456 年首次用此技术印成了《圣经》;伴随着近代社会技术的飞速发展,到 15 世纪末 16 世纪初,几乎全欧洲的所有城市都有了印刷所,印刷业开始蓬勃发展起来。

印刷术的发明对人类社会产生了巨大的影响,从整体上使人类的生活面貌产生了翻天覆地的变化,它标志着人类可以对信息进行大量的复制生产,极大地扩张了信息传播的范围和速度,塑造着社会的政治、文化及教育状况,推进着社会经济的发展。例如,欧洲的文艺复兴、工业革命以及资产阶级革命,如果没有印刷术的繁荣是无法想象的。正如施拉姆所指出的:"书籍和报纸同十八世纪欧洲启蒙运动是联系在一起的。报纸和政治小册子参与了十七世纪和十八世纪所有的政治运动和人民革命。"[1]

---

[1] 〔美〕威尔伯·施拉姆,威廉·波特:《传播学概论》,北京:新华出版社,1984 年,第 18 页。

由于印刷传播的出现，人类社会真正进入了大众传播的时代。随着社会生产力水平的不断提高，整个社会的经济活动规模越来越大，生产分工越来越精细，人与人之间的依赖进一步加强，这就需要社会中专门采集信息、发布信息的机构的出现。社会的进步导致了民众受教育面的扩大，更多的人能够读书识字，也为大众传播奠定了读者基础。正是这几方面主要因素的综合作用，加之印刷技术的有力支持，人类社会最早的新闻事业逐渐产生了。

印刷传播主要表现为报纸、杂志和书籍。利用印刷技术，人类社会的文化传播更加密切，文化信息更能够得到完整的保存，人与人之间相互隔绝的障碍更加减小，不仅社会的组织形态和功能发生了重大改变，而且现代人的精神面貌和心理结构也因为大众传播而改变。

时至今日，印刷传播仍然是大众传播的主要组成之一，是人们获取信息、知识、娱乐的主要渠道之一。随着印刷技术与电子信息技术的结合愈加紧密，印刷传播自身也面临着一场新的变革。

四、电子传播

近代物理学、化学等学科的快速发展是电子信息传播的前提和基础。对声音、光、电、电磁等物质的深入研究导致了电子技术的飞速发展。1837 年，美国人塞缪尔·莫尔斯发明了第一台实用电报机。1844 年，美国第一条电报线路开通，莫尔斯本人从华盛顿向巴尔的摩发出了人类历史上第一条电报，电报内容是："上帝，你究竟创造了什么！"

这条电报显示了人类的骄傲。人类的确应当为自身的能力感到骄傲。在之后不到一个世纪的时间里，电影、无线电广播、电视图像接收机等一系列电子传播媒介相继发明：1895 年电影诞生；同年俄国的波波夫和意大利的马可尼分别制成了世界上最早的无线电接收机；1906 年圣诞前夜，美国匹兹堡大学教授费森登成功进行了无线电广播；1920 年 11 月 2 日，美国匹兹堡西屋电器公司开办世界上第一座广播电台；1921 年，法国人肃尔兹发明一种可以将动态图像传送出去的电视装置；1935 年电子电视试验成功，电视从机械发展到电子时代；1936 年 11 月 2 日，英国伦敦市郊的亚历山大宫开办了世界上第一座电视台……科技手段的进步极大提高着人类的信息传播速度。因此，以 1844 年电报线路的开通为标志，人类进入了崭新的电子传播时代。

毫无疑问，电子技术最重要的贡献在于它以前所未有的力量突破了信息传播的空间限制和速度限制，这得益于光、电飞快的传播速度。信息不再仅仅依赖于书、报等物质载体的运输而传播，而是可以通过电子技术在瞬间将信息传至千万里之外，创造了一条快捷、高效、省力的信息传播通道，信息不仅可以跨地区传播，还可以跨国传播，全球传播也已经成为现实。

此外，电子技术的重要意义在于它形成了人类体外化的声音信息系统和体外化的影像信息系统。在文字传播和印刷传播时代，人类只能对文字语言进行记录，却无法对人类声音信息和影像信息进行记录，电子技术（录音、摄像和录像技术）的出现则解决了这一难题，而且实现了声音和影像信息的大量复制和保存。

电子技术对声音和图像的保存还使真正意义上的大众传播成为可能。前面提到，掌握文字并进行阅读在古代社会只是很少一部分人才能享受到的特权，这在一定程度上阻碍了信息的广泛传播。而电子传播的声音信息和影像信息相较于抽象的文字语言更为直观，更为真实，内容也更为丰富，理解起来更加容易，因而使人类知识经验的积累和文化传承的效率和质量产生了新的飞跃。罗杰斯因此说电子传播是"在没有识字需要的情况下，为人类提供了超越识字障碍、跳入大众传播的一个方法"①。

自从诞生之日起，电子传播就以其快速成长对传统的印刷传播形成了强有力的挑战。但由于它们各有优势，一种媒介传播方式很难完全取代其他传播方式，因此相互之间互补互助，共同发展，取彼之长补己之短，时至今日仍然保持鼎立之势，一起组成了人类的传播事业。

新闻通讯社是社会新闻流通的重要渠道，是各种新闻媒介以及许多企事业单位的重要新闻来源，人们常称之为消息的总汇、供应新闻的大动脉。新闻通讯社传播新闻的方式是报刊、广播电视等媒介采用后再向广大公众传播，直接向订户传送文字、图片、图像或其他信息资料②。

19世纪中期，工业革命带来了经济的飞跃发展，近代报业大为发展，报纸开始注重新闻，电信事业的兴起为通讯社的产生提供了物质条件。法国的哈瓦斯社、德国的沃尔夫社、英国的路透社、美国的纽约港口新闻社开始建立，这是世界上首批通讯社。19世纪50年代起，哈瓦斯、沃尔夫、路透三家通讯社就有过一些交换股票行情的双边协定，协议交换新闻，并规定各以本国为发新闻的范围。后来业务跨国，为确认既成事实和各自垄断范围，1870年1月17日签订了联环同盟协定。该协定以三大通讯社为主，美国的纽约联合新闻社虽然也参加，但不能插足美国以外地区，这就是著名的三社四边协定③。以后，很多的国家国内通讯社一般以采集和发布本国新闻为主，国外新闻是向国际通讯社订购。

国际通讯社，也称世界通讯社。它们在世界范围内采集和发布新闻，在许多国家设有分社或派驻记者，向遍及全世界的订户大量发稿。世界上主要的国际通讯社有美国的美联社、合众国际社，英国的路透社，法国的法国新闻社，俄国的塔斯社，中国的新华社，德国的德意志新闻社，意大利的安莎社，西班牙的埃菲社，日本的共同社。前五家称为五大通讯社。20世纪末期，世界新闻通讯事业的业务范围呈现明显的扩大趋势，不论从新闻通讯事业的总体上看，还是从某个通讯社的个体来看，业务范围都在不断拓宽，服务项目在不断增多。前景最为广阔的业务是经济信息和广播电视新闻（声像新闻）。

1920年11月2日，美国西屋电气公司办于匹兹堡的KDKA电台开播。这是第一个向

---

① 转引自邵培仁：《传播学》，北京：高等教育出版社，2001年，第41页。
② 转引自邵培仁：《传播学》，北京：高等教育出版社，2001年，第261页。
③ 张允若：《外国新闻事业史》，武汉：武汉大学出版社，2000年，第268页。

政府领取营业执照的电台，一般认为它的开播标志着世界广播事业的诞生。广播事业大约在20世纪20年代是它的初创阶段；20世纪三四十年代，是它的大发展阶段；第二次世界大战以后，广播事业在全世界趋于普及；20世纪90年代，广播事业开始了新的飞跃。

电视的诞生过程稍微晚于广播，但是发展极其迅速。电视传播样式不断发生变化，这是电视媒介不断从低级向高级、从单一向多样化发展的进步。最早的时候，首先是彩色电视，后来就出现了卫星传播、卫星直播、有线电视、数字电视、电脑电视（多媒体电视）等。未来的电视发展方向数字技术、多媒体技术、网络技术化。目前电视的发展主要有几种体制类型：国有国营，国有公营，社会公营（社会各界或某个公众团体经办并经营管理），私有私营，公私合营。

五、网络传播

以1946年埃克特等人研制成功的世界第一台电脑主机"埃尼阿克"为标志，后来又开始了第五次传播革命的新纪元：网络传播时代或称数字传播时代。此后，苏联于1957年发射了第一颗人造卫星；美国于1969年实现电脑对接，又于1980年结成互联网络；1994年各发达国家纷纷提出"信息高速公路计划"，20世纪末，电脑网络在中国逐渐发展起来，短短十多年时间，网络技术突飞猛进，网络得到大范围的普及，基本上保持着与世界的同步水平。近些年，电脑的更新换代越来越快，外观体积越来越小，造价越来越低，功能反而越来越多，性能越来越好，操作也越来越简便。如今，电脑网络已经走进千家万户。无可否认，网络深刻地改变着整个世界的面貌，人类社会已经进入了"信息时代"。

电脑网络传播是通过电子计算机网络所进行的信息传输和交流。这是一种以地空合一的信息高速通道作为传播渠道，以功能齐全的多媒体电脑作为收发媒体的极具开放性的传播活动。

电脑网络的实现，有赖于三个方面的技术发展：计算机技术，通信技术，网络技术。电脑网络传播信息的方式有网络浏览，电子邮件，电子论坛。

电脑网络的特点首先是高度的综合性。它的传播符号是把文字、口语、音响、图表等汇于一体。它的传播方式是把人际传播、群体传播、组织传播、大众传播等传播形态集于一身。其次是高度的交互性，既是传播者又是受传者。再次高度的灵活性。随时随地接收传送信息。第四就是高度的渗透性。信息极多，传播面广，不受时空限制。

网上专门传播新闻的新闻传播者有两类，专门提供网络新闻的网站或网上刊物；在网上设站的传统大众媒介。

电脑网络的国际传播存在着很大的矛盾和问题，比如说世界上电脑网络建设的发展极不平衡；在促进国与国之间信息和文化交流的同时，甚至加剧了政治思想领域的摩擦和冲突；网络传播极具开放性，给种种有害信息传播带来极大方便。这些都有待于新闻界和传播界正视和解决。

网络传播是指"以电脑为主体、以多媒体为辅助的能提供多种网络传播方式来处理包括捕捉、操作、编辑、存储、交换、放映、打印等多种功能的信息传播活动"[①]。电脑的出现是其关键因素，它意味着人类拥有了除人脑之外的另一个能够进行信息接收、处理、储存的强大系统，而且其传播速度更快，效率更高，容量更大。而且，网络传播实现了电子信号由模拟向数字的发展，这也使得信息的传送更加简便，更加准确，更加高效。因此，网络传播也被称为数字传播。

网络传播对人类信息传播产生了革命性的影响。这种影响表现在：

1. 信息的海量。网络中的信息多体现为超文本，超文本有能力使信号成为各种媒介符号属性的综合，包括文本、图片、声音、视频录像等等，信息内容极为丰富；

2. 网状传播。超文本之间呈现为超级链接的关系，受众可以很自由地从一处网站进入另一处，网站不再像传统的媒体那样是信息的一个"过滤器"，而是与其他网站共同组成了巨大的信息之网；

3. 传播直接瞬时。网络技术能更有效地突破时间、空间的限制，使信息自由联通，全球化的信息传播已经成为现实；

4. 对传统传播媒介的全新整合。网络传播技术充分利用了各传统媒介——文字的、声音的、图像的、视频的，各种媒介将在发展中有机地组合、集成为一体化多功能的多媒体电脑，而各大传播机构（如邮局、报社、电台、电视台、电影公司、图书馆等）也将有序地聚合成一种超级信息传播系统，形成了立体化的传播态势，网络传播的传播优势是其他任何单一的传播所无法比拟的。

与此同时，网络传播还催生了新的传播方式和理念。

首先，网络传播变以前单向、双向的传播为双向的、多向的传播。信息传播不再是点对点或点对面的，而是多点对多点、面对面的交互传播。其次，与多向传播相应，网络传播使传统意义上的信息传播者、接受者的概念、身份也发生着转变，以往，受众对传播的参与和交流程度极低，互动传播则要求人们有很高的个人参与性，即不仅要主动地选择、寻找、索要信息，而且要积极地向"信息高速公路"输送信息，或者通过"电子信箱"交流信息。因而，每个电脑用户都能够成为信息的生产者和传播者，信息不再仅仅是单向的传播，而呈现出双向、多向自由的流动。第三、网络传播表现出虚拟与真实的交融。由于使用者的匿名型，网络世界为人类建立了一个巨大的虚拟的信息世界，真实世界的人可以在其中任意转变自己的角色、身份，信息传播的真实性与虚拟性相互交杂。最后，网络传播实现了宽播和窄播的融合。之前，通过声音媒介和文字媒介所进行的人际传播和群体传播都体现为窄播，通过印刷媒介和电子媒介所进行的大众传播体现为宽播，网络传播则实现了宽播和窄播的有机融合，不仅信息海量，而且能够通过对信息的不断细分，为使用者提供专门化的信息服务，这正是网络受到越来越多人欢迎的重要原因。

[①] 邵培仁：《传播学》，北京：高等教育出版社，2001年，第41页。

第二节　传播媒介对人类社会的影响

一、媒介革命对人类社会发展的意义

前面，我们从媒介技术发展的角度回顾了人类传播发展的历史。不难发现，每一次新的传播方式的出现都对社会进步具有重大的推动作用，将人类社会带进一个新的发展境界。语言传播使人类可以交流信息、积累知识，从而使人类区别于动物世界，由野蛮时代进入文明社会；书写传播使人类可以将事件和自己的经历、见闻、思想固定或记录下来，并超越时间和空间的限制进行传播；印刷传播打破了少数人的传播特权，导致了文化和教育的普及，使人类由窄播时代进入大众传播时代；电子传播则进一步拓展了大众传播的范围、效率和质量；网络传播是将以往的各自独立的单一传播转变为综合传播，将单功能的媒体转变为多功能的媒体，人类社会也由工业社会进入了信息社会。可见，每一种传播科技的出现与发展都在缩短着时间和空间，消解着文化差异，扩展着思想观念，同时有效地提高了人类的传播能力，从物质到精神都给人类带来巨大变化。

总体来看，人类传播的历史发展呈现出四方面的特点：

1. 人类传播发展的步伐一直呈加速状态。从动物传播进化到人类的语言传播用了 140 万年，从语言传播进入文字传播用了 9.5 万年，从书写传播跨入印刷传播花了约 4 千年，而从印刷传播迈进电子传播只用了 1200 年，从电子传播进入互动传播的时间只有 102 年，而网络传播发展至今只有 50 年。

2. 传播媒介、技术呈叠加发展状态。也就是说，一种新的更快捷方便的媒介技术的发明不会淘汰旧的传播媒介，而是对之进行有机的整合。例如，文字传播并未淘汰口头传播，电子传播并不排斥印刷传播，而网络传播的出现也没有使其他传播方式立刻消亡。

3. 信息传播呈现整合状态。如电话是对口头传播和电报传播的整合，广播是对电话和唱机的整合，电视是对广播与电影的整合，而电脑又将其他传播手段整合为一体，使之互动互助，充分发挥各自优势。

4. 信息传播革命加速了人类信息、知识的增长和积累。据统计，图书馆的规模每 14 年增加一倍，每一世纪增加 140 倍。科学知识的增长愈来愈快，过去每隔 10～15 年人类知识就要翻一番，而如今 3～5 年就要翻一番。还有人统计，人类全部科技知识总量的 80% 以上都是 20 世纪产生的。在这些飞速增长的背后，如果没有一次次传播革命的发生，那是无法想象的。

由此引出了一个问题：传播媒介技术到底对社会发展有哪些影响？二者之间是怎样的一个关系？加拿大著名传播学者麦克卢汉曾经提出一个著名观点：媒介即是讯息。他认为："一切媒介都要重新塑造它们所触及的一切生活形态"，"媒介作为我们感知的延伸，必

然要形成新的比率"①。这一方面说明传播媒介会对社会生活产生重大的塑造作用，另一方面说明传播媒介在不断改变着人们对现实的心理感知结构。因此，媒介是社会发展的基本动力，每一新媒介的产生都开创了人类交往和社会生活的新方式。如果我们把媒介和媒介技术理解为社会生产力的重要内容，那么媒介的进步对社会变革的巨大影响是无可否认的。

媒介发达带来的社会结果是信息量急剧增加，信息爆炸所产生的信息洪流以前所未有的力量冲击着社会政治、经济和文化，改变着人类社会的结构和形态，信息成为社会中的主导生产力因素。例如在信息社会中，产业社会经济的主体由制造业转向以高新科技为核心的第三产业，也就是说，信息和知识产业占据主导地位；劳动力主体不再是机械的操作者，而是信息的生产者和传播者；贸易不再主要局限于国内，跨国贸易和全球贸易将成为主流交易；交易结算不再主要依靠现金，而是主要依靠信用。

可以看到，上世纪90年代以来传播媒介领域一个最明显的变化，就是不同媒介的功能出现融合的趋势。信息高速公路这一综合的信息传播系统将过去由分散的媒介系统所执行的不同功能综合起来。可以说，人类的社会信息系统已经超越了独立分化阶段，迎来了重新统合的多元发展时代。

二、传播的社会功能

传播的社会功能是指"传播活动所具有的能力及其对任何社会所起的作用或效能"②。应该说，自传播学研究出现以来，众多学者就一直对传播，特别是大众传播的社会功能特别关注。而随着传播学科的发展和人类传播实践的不断变化，对大众传播的功能认识也一直处于发展过程之中。

1948年，传播学的创立者之一、美国学者拉斯韦尔在《传播在社会中的结构和功能》一文中认为，传播有三个明显的功能：环境监视功能，社会协调功能，社会遗产传承功能。

之后，美国社会学家赖特继承了拉斯韦尔的"三功能说"，并在此基础上提出了"四功能说"：环境监视；解释与规定——大众传播并不是单纯的"告知"活动，它所传达的信息中通常伴随着对事件的解释，并提示人们应该采取什么样的行为反应；社会化功能——大众传播在传播知识、价值以及行为规范方面具有重要的作用，也称之为大众传播的教育功能，与拉斯韦尔的"社会遗产传承"功能相对应；提供娱乐的功能。

美国传播学者施拉姆则认为，传播的社会功能可以分为政治功能、经济功能和一般社会功能，每种功能都包含不同的方面。总的说来，传播功能有以下四点：社会雷达功能；控制功能；教育指导功能；娱乐功能。而且每一种功能都包含内向功能和外向功能两个方

---

① 〔加〕埃里克·麦克卢汉，弗兰克·秦格龙编：《麦克卢汉精粹》，南京：南京大学出版社，2001年，第270页。
② 邵培仁：《传播学》，北京：高等教育出版社，2001年，第57页。

面。

综合以上几种较有影响的说法,我们认为,传播的主要社会功能主要表现在以下几个方面:

1. 守望环境功能。这主要是通过向社会成员提供准确和最新的信息来实现的,是传播活动最基本的社会功能。

2. 社会调适功能。这是指媒体使原来区域性的传播互动从日常生活场景中抽离出来,在社会整体的层面上进行重组,以克服社会系统之间的分离,从而维持社会系统的动态平衡。

3. "祛魅"功能。指大众传媒为促进公民之间的自由交流、形成民主社会机制奠定了现实基础,有效地祛除了曾长时间被社会特权阶层所把持的宗教解释权和道德权威。

4. 社会再造功能。每一个新的传播媒介的出现都在一定程度上重新塑造着社会的面貌,改变人们的社会生活方式,使人类社会进行重组和飞跃前进。

5. 文化传递功能。人类通过传播活动获知和储存以往社会的实践经验并将之传递给社会上的新成员,在继承中创造着新的文明成果。

6. 娱乐功能。在现代社会,人们的物质生活水平和精神文化水平不断提升,人们对娱乐的需求也越来越多,大众传播成为向社会成员提供娱乐的重要渠道。

以上是对传播的社会功能的几点认识。然而可以看出,上面的功能基本上都是着眼于传播对社会所产生的积极作用上,是传播的正面功能。而事物都具有两面性,传播对于社会的功能也是一样的,既有正面的功能,也有负面的功能。下面,我们来看看传播(尤其是大众传播)的负面功能。

著名社会学家赫伯特·布鲁默曾主持过一项研究,旨在找出电影对儿童成长的影响。他们经过调查后认为,电影应该对美国青年的坏思想、坏道德和坏行为负责;1960年社会学家班杜拉在实验之后证实,电影和电视中的暴力节目会直接影响到儿童的侵犯他人的行为,此外,电视还缩短了儿童的学习注意力,并限制了他们运用语言的能力。甚至快速连续的电视播放速度,会使人们对问题的思考越来越快速和肤浅。尤其是当今互联网飞速发展,更是给社会及个人带来了诸多负面影响,时常成为公众讨论、批判的对象。

总体而言,大众传播给社会带来的负面功能有可能体现在以下方面:

1. 剥夺了人们的独立思考的能力。大众传播媒介每天持续不断地通过传播大量信息宣传某种意识形态立场,使人们在不知不觉中丧失了独立思考的能力和客观的辨别力,从而不假思考地顺从现实,顺从媒介所提供的思维方向和行为模式,认同媒介的价值取向。

2. 降低审美能力和文化水准。大众传播的商业属性决定其产品必须尽可能多地吸引大众,必须为社会大众提供非常通俗的产品,容易理解,方便接受,久而久之,人们的审美情趣越来越通俗化、大众化,没有个性色彩。同时,大众媒介产品——尤其是视觉信息产品——的接受不需要文化水平的支撑,这在一定程度上会使大众的文化学习热情渐渐下降,文化水准也会随之下降。

3．剥夺了人们的自由时间。施拉姆说，大众传播媒介是"时间的窃贼"。它们提供大量的通俗产品，让社会成员沉溺于其间，在偷窥他人、猎奇和消遣娱乐中，浪费大量的时间。

4．剥夺人们行动的乐趣和能力。大众传播媒介每天提供了天南地北的、无所不包的信息，使人足不出户就能了解外界的众多事情，从而产生了幻觉，逐渐消磨了人们亲自参与事务的热情，损害了人们行动的能力。这也就是很多思想家所担忧的：人类发明了技术，技术反过来却控制了人类。

除此而外，除了以上提到的正面和负面功能，还有学者提出了他们的功能观。其中，美国社会学家拉扎斯菲尔德和默顿特别强调大众传播的以下两种功能：

1．**社会地位赋予功能**：例如，任何一种问题、意见、商品乃至人物、组织或社会活动，只要得到大众传媒的广泛报道，都会成为社会瞩目的焦点，获得很高的知名度和社会地位。

2．**社会规范强制功能**：大众传播媒介通过将偏离社会规范和公共道德的行为公诸于世，能够唤起普遍的社会谴责，将违反者置于强大的社会压力之下，从而起到强制遵守社会规范的作用。

因此，传播无论是对社会的政治、经济，还是社会文化、结构变化，无论是对社会个人行为、心理结构，还是对人的社会化过程，都起着重要的作用。不可避免地，大众传播也带来了很大的负面作用，对社会和个人产生了不利的影响，这应是我们在以后的传播实践中所注意和避免的。

思考与练习

1．人类的传播历史经历了哪些传播形态？各自的特点有哪些？
2．从人类传播发展史中思考媒介变革对人类传播行为的影响。
3．传播的社会功能有正负之分，分别体现为哪些方面？

第三章 传播学的创立及发展

本章将首先回顾传播学作为一门科学学科所经历的发展过程：它的奠基、创立以及发展，传播学领域中的重要学者以及他们的主要理论贡献。接着，是对传播学主要理论模式的介绍和简单评价。最后，通过传播学与新闻学关系的探讨，进一步理解传播学作为一个社会科学基础学科的重要作用，以及传播学对新闻学学习的重要意义。

第一节 传播学的奠基

一、传播学的出现原因及研究对象

传播学是研究人类社会信息传播活动的科学，它的任务是对人类一切形式的传播行为及其规律进行探索，对传播与人和社会的关系进行系统的梳理，是一门涉及行为科学和信息科学的交叉学科。传播学作为一门独立的学科诞生于20世纪40年代的美国。它是人类信息传播研究进入到成熟阶段、能够利用自己的学术范畴、研究方法进行全面、系统而深入的科学研究的结果。人类社会是建立在人们利用符号进行互动的基础上的，虽然人类的传播活动与人类的文明历史一样古老，但人类对其自身的信息传播的研究直到20世纪20年代左右才初步开始。

传播学的出现有深刻的社会、时代背景，一些重要因素直接促成了传播学研究的展开。

第一，大众传播事业的迅猛发展形成了传播学研究的方向。到20世纪初期，西方世界报刊、电影等大众传播已经高度普及，大众传播对社会起着越来越重要的作用，广播作为新的传播媒介也越来越受到重视，许多社会科学学者开始从各自学科出发，把大众传播作为一种重要的社会现象加以研究。

第二，政治动荡和战争频繁的时局确定了传播学研究的内容。20世纪初期，是世界范围内经历着战争和革命的时代，尤其是两次世界大战中，战争双方都充分利用各种传播媒介进行战争宣传，信息宣传对人和组织的心理影响开始受到人们的关注，传播效果研究因此成为早期传播学研究的重点内容，这也使得后来美国主流传播学的经验学派带有明显的实用主义倾向。

第三，商业竞争的需要为传播学研究的迅速发展提供了经济推动。许多报纸和广播电台为了获得更多的经济利益，都极力赞助传播学研究，以为自身的管理、经营提供决策。

除此而外，传播学的出现还是社会学科自身发展的必然结果。

诸多相关学科的发展为传播学研究奠定了基础。社会学科的产生与社会发展有密切的关系。从19世纪中期到20世纪初，西方社会发生了极大的结构变革，与此相应，社会学科和人文学科都获得了极大的发展，如19世纪发现的三大学说——进化论、能量守恒定律以及细胞学说、现代心理学（尤其是巴甫洛夫的条件反射理论和奥地利精神分析学家弗洛伊德的心理分析法）、现代社会学、政治学、文化人类学以及19世纪末建立的新闻学等等，这些学科都不同程度上为传播学的建立奠定了基础。尤其是新闻学，更是直接促成了传播学的出现。关于二者的关系，后面还要专门进行论述。

因此，传播学具有多学科综合而成的特点，这种多学科交叉性，使传播学成为边缘学科。它既属社会科学，又被视为人文科学，而且带有自然科学的痕迹；它既有传播学自己的理论范畴、学术话语，又更多地借用了其他学科的理论范畴。因此，不同学科的学者都可以从自己的角度研究传播学，从而使传播学的研究成果异彩纷呈、各成体系。

传播学是自改革开放后被引入我国的。整个80年代，中国学者们都在介绍西方的传播学说，直到90年代初开始，出现了将西方传播学说与中国现实相结合的学术研究。传播学得到了本土化的实践，并取得了很多成就，传播学在中国开始了一个新纪元。

传播学的研究对象，大体可以分为三个部分：

第一，人类传播行为的发生与发展。也就是说，研究人类传播的历史。人类从蛮荒年月进化到高科技时代的今天，其传播活动的产生、演化、进步对我们社会进程和文明积累是重要的、不可或缺的。这是传播学研究的中心议题之一。对人类传播发生、发展的历史研究设计的范围非常广泛，其中重要的包括传播思想的发展、传播实践的发展、传播技术的发展等等。我们可以对整个人类传播的各组成员要素进行这种历史研究和文化分析。

第二，人类的各种传播形态。传播形态是指人类传播活动的不同类型，也就是我们前面所提到的人际传播、群体和组织传播、大众传播几种。它们对社会生活发挥着不同的功能。因此，传播学必须研究这些传播形态的结构、功能及传播特点等。到目前为止，已有相当多的学者对各种传播形态进行过研究。例如传播形态的研究（即人们的内向交流、人际传播、群体传播、组织传播、大众传播）、跨文化传播以及新闻、舆论、宣传、广告、公关、营销等研究。

第三，人类传播的过程（结构）。所有人类传播活动都可以视为一个动态的过程或稳定的结构。从普遍意义上，对人类传播活动的过程进行研究，是传播学的深化研究，即深刻地研究传播活动的本体运动。

对传播活动过程进行研究，就是探讨传播的本质。从人类传播的内在机制和外在联系以及各种传播要素的相互关系中，探索和揭示人类传播的本质和规律，将整个传播现象作为理论研究的基本对象，发展传播理论，这是我们界定传播学研究对象的根本目的，也是我们进行传播学研究的目标。

二、传播学的四位先驱及其理论贡献

在传播学的创立过程中,有四位重要的先驱人物,他们以自己的研究活动从不同方面共同促进了传播学的成立。他们分别是:哈罗德·拉斯韦尔、库尔特·卢因、卡尔·霍夫兰和保罗·拉扎斯菲尔德。

1. 哈罗德·拉斯韦尔(1902—1978),美国著名政治学家,社会学家,传播学者。1926年他在芝加哥大学获得博士学位,1927年出版了他的博士论文《世界大战中的宣传技巧》,该书描述和分析了第一次世界大战中各个交战国所使用的宣传技巧和效果,认为宣传能产生很大的社会影响力,对当时的宣传研究影响很大,此书也成为传播学领域的经典著作。1935年,他与人合写了《世界革命的宣传》和《宣传与推行》两本书,对宣传的功能和社会效果进行科学的研究。1946年他还在《宣传、传播和舆论》一书中第一次明确地使用了"大众传播学"概念,并分别阐述了传播过程中"渠道"、"传播者"、"内容"和"效果"等关键要素,为他后来对传播过程的研究奠定了基础。拉斯韦尔一生共发表六百多万字的著述,还有《世界历史中的宣传与传播》。

他的理论贡献中最为人所熟知的莫过于他对传播过程中五个环节(要素)的分析,以及他对传播的三项重要社会功能的总结。他在其1948年发表的《传播在社会中的结构与功能》一文中,最早以建立模式的方法对人类社会的传播活动进行了分析。他认为对任何传播行为的分析都可以概括为一句话:"谁(who)?说了什么(what)?通过什么渠道(which channel)?对谁(to whom)?取得了什么效果?(what effect)"[①]这五个方面是任何一个传播行为所应当具备的,而且,从中可以引申出控制分析、内容分析、媒介分析、受众分析和效果分析五大研究课题,界定了传播学的研究范围和基本内容,对传播学研究产生了深远的影响,上面的那句话也被人称为"拉斯韦尔公式"或"5W"模式。关于他对传播的社会效果的分析,前面已有所提及。

2. 库尔特·卢因(又译作"勒温")(1890—1974),德国犹太人,著名的社会心理学家。他原在柏林大学任社会心理学教授,1933年为躲避法西斯的迫害逃往美国,1944年在麻省理工学院创立了群体动力研究中心,群体力学及群体传播因此成为他研究的重点领域,例如群体归属关系和群体规范对个人态度和行为的制约问题,独裁的和民主的领袖对运作效率的影响等重要问题,由此,开创了群体传播中的经典试验。

他认为,人的行为环境是一个相互依赖、相互作用、影响的动力整体,整体中的每个人的心理态度、行为方式都不可避免地受到其所处情境群体整体的强烈影响。他还将心理学知识引入传播学研究,用以研究群体生活的方式、途径,以及群体对个人的观念、动机、愿望、行为和情绪的影响。

除此之外,卢因对信息传播研究的重要贡献便是提出了"把关行为"和"把关人"概念。在第二次世界大战期间,美国政府鼓励公众食用动物内脏,卢因通过研究后发现,家

[①] 〔英〕丹尼斯·麦奎尔,温德尔:《大众传播模式论》,上海:上海译文出版社,1987年,第16页。

庭主妇对其家庭成员的食物摄取,扮演着犹如足球运动的守门员角色:她们会决定是否将动物内脏推销给她的家人。以此为出发,他在《群体生活的渠道》一文中指出,在信息的传播过程中也存在类似的情况,大众媒介在新闻信息的流通过程——选择、加工、制作和传播环节——中所扮演的正是"把关人"的角色。这个理论后来成为揭示新闻或信息传播过程中的内在控制机制的一种重要理论。

3. 卡尔·霍夫兰(1912—1961),出生在美国芝加哥,1936年在耶鲁大学获得博士学位后,在该校从事心理学教学,是著名的实验心理学家。第二次世界大战爆发后,霍夫兰受聘于美国陆军新闻与教育署心理研究室主任,运用实验测验法主持研究了一系列军内教育电影对战争宣传与美军士气所起的作用和效果,例如利用《我们为何打仗》、《英国之战》等宣传影片对美国陆军的2000多人进行了"士气"效果的调查研究。霍夫兰的态度改变研究发现了一些说服与态度改变之间的关系的规律。这是采用心理实验方法进行大众传播研究的最早范例。战后,他将研究成果整理为《大众传播实验》一书出版。

1953年,霍夫兰又与人合著出版了《传播与说服》一书,此书主要论题是关于说服理论,其中涉及一系列命题,引发了传播学更加广泛深入的研究,直接影响了传播研究对传播社会效果的重视。其中包括:信息来源的信誉特征:包括权威性、专业性、知名度、接近性等方面;信息是诉诸感情更有效果还是诉诸理性更有效果;是说一面理更有效果还是说两面理更有效果。他通过研究后发现,两种方法都有效果,不同的是,对原来持反对意见的人,讲正反两面道理,有助于使他改变看法;对有知识的人,讲两面道理比讲一面道理更容易说服他们;对毫无知识的人,用讲一面道理的方法则更有效。

霍夫兰对传播学研究的贡献在于,一是将心理实验方法引入了传播学领域,二是他的效果研究揭示了传播效果形成的条件制约性和复杂性,这些开拓性的研究结论对后来的效果研究产生了十分重要的作用。

4. 保罗·拉扎斯菲尔德(1901—1976),奥地利裔美籍犹太人,著名社会学家。1925年毕业于维也纳大学,获数学博士学位,后来对社会心理学和传播研究产生了浓厚兴趣。1935年,他流亡美国,主持了普林斯顿大学的广播研究所的研究工作,进行了一系列的听众调查和研究。1939年该所迁往纽约哥伦比亚大学并改名为"应用社会研究所",他的研究也由广播研究转向更广泛的传播学研究。

拉扎斯菲尔德是传播学四大先驱中对传播学发展影响最大的一位。其主要理论贡献在于提出了"二级传播"理论和"舆论领袖"概念。1940年,拉扎斯菲尔德和贝雷尔森等人在美国俄亥俄州伊犁县就总统竞选宣传进行了传播效果研究史上著名的"伊犁调查"。研究发现,大众传播并非像先前人们想的那样具有左右人们选择的重大作用,决定选民投票决定的有众多因素,如先前的政治倾向、受众对不同媒介或信息内容的选择接触情况、"舆论领袖"在人际传播中的重要作用等。根据这项调查,他们还提出"二级传播"理论,认为大众传播要想发挥影响,必须通过"舆论领袖"这一传播中介,"二级理论"后来还发展为"多级理论"。这次调查研究是传播效果分析的里程碑。1944年,他们根据调查出版了《人民的选择》和《选举》两篇研究报告。

在研究方法上，拉扎斯菲尔德也做出了重要贡献。他更多地用实证和应用方法对传播学进行研究。他开创社会调查的数学模型，可以有效地进行社会传播的潜在结构和定量分析，不断改进抽样调查技术和量化分析方法，使传播学研究向着科学、客观不断靠近。

通过以上简单介绍可以看出，四位传播学的先驱由于不同的学科背景而形成了特定的研究视野，并提供了科学的研究方法，为传播学研究对象和方法的建立奠定了坚实的基础，也给我们带来启示：作为多学科交汇的传播学，只有不断吸取其他学科的先进成果和科学方法，才能不断推动自身研究的深入。

第二节　传播学的创立

经过四位传播学先驱的努力，到了20世纪40年代后期，美国数学家香农和维纳分别建立了信息论和控制论两门学科，又为传播学研究提供了新的学科支持，此时，传播学作为一个特殊的研究领域已经充分发展起来。

信息论由美国工程师香农提出。他认为，信息不是单纯的物理信号，而是适用于自然界和一切社会领域的一个普遍概念。所谓信息，也就是"在人们需要进行决策之际，影响他们可能的行为选择的概率的物质——能量的型式"。简单地说，信息就是能够消除我们认识上不确定性的东西。只有获得了信息，我们才能做出正确的行为决策。

通过对一个具有普遍意义的信息概念的界定，信息论使传播学者感受到了传播的普遍性，从而使人认识到，作为社会科学的传播学的任务，就是在考虑到人类的社会传播与其他形态的传播的共同规律的同时，研究和揭示人类传播的个性和特殊规律。这种认识大大开拓了传播学的研究视野。此外，香农还与他人共同提出了一个传播过程的基本模式（本书后面将要讲到），也给传播学研究以有益的启示。

控制论是关于系统内部秩序维持的一般法则的科学。按照其创始人维纳的观点，任何系统都是按照一定的秩序运行的，由于系统内部以及环境中存在着许多偶然和随机的扰乱因素，因此任何系统都具有从有序向无序、从确定状态向不确定状态的变化倾向。控制论的目的就是为了维持系统的有序和确定状态。为达到控制的目的，重要的方法就是信息反馈。也就是说，系统不断输出的信息反映了系统的内部状态，把这些输出信息的全部或一部分作为反馈信息回送到系统中，并对系统的运行进行再调整，就能起到系统控制的目的。

控制论思想对传播学研究产生了重大影响。例如，传播学中的制度与规范，传播法规、政策与管理，受众研究与传播效果研究等所有研究领域中，无不渗透着控制论的观点。而且，控制论对信息反馈的重视也对认识人类传播过程的双向性和互动性产生了积极的意义。

在这种背景下，美国新闻工作者威尔伯·施拉姆综合汇总了众多学者的传播研究成果，并致力于传播学的研究与教育，创立了真正意义上的传播学，成为传播学的集大成者，在传播学史中发挥着关键的作用。他曾经说过："传播学的研究就像一个十字路口，人来人往，非常热闹，但没有一个人留下来。"施拉姆留了下来，也因此成就了传播学这一新兴学科。

威尔伯·施拉姆 1907 年生于美国俄亥俄州，早年在艾奥瓦大学获得博士学位，后来在该校讲授文学创作。二战期间，他曾应聘到美国国防部战争情报室工作，在那里开始与拉扎斯菲尔德和霍夫兰等人接触。1947 年，施拉姆在伊利诺伊大学创办了世界上第一个传播学研究所，同时开设了硕士和博士学位教育课程。1950 年，世界上第一个传播学博士学位在伊利诺伊大学获得通过，施拉姆成为该校传播系主任。到了 1956 年，他又创办了斯坦福大学传播学研究所。他曾于 20 世纪 70 年代末 80 年代初数次访华，是最早向中国介绍传播学理论的外国学者之一。1987 年 12 月 27 日他在夏威夷檀香山逝世，享年 80 岁。

他参与编写了近三十部论著，其中著名的有《现代社会的传播》、《大众传播学》、《传播过程与效果》、《传播学概论》、《大众传播媒介与国家发展》和《报刊的四种理论》等，其中 1948 年出版的《现代社会的传播》是传播学领域的第一本教科书；1949 年出版的《大众传播学》的出版标志着传播学的正式诞生。这些著述均被大量引用。他撰写的关于电视的 6 本著作和许多论文也是重要的著述，其中 1961 年发表的《电视对于少年儿童的影响》尤其广受欢迎。

作为传播学的奠基人和创立者，施拉姆对传播学所作的贡献是多方面的：

第一，整合和建立了传播学框架。他充分吸取了传播学四大先驱的研究成果，在此基础上经过整合，确立了传播学研究的基本框架。

第二，拓展了传播学学术领域。他提出了许多新的观点和见解，例如传播的直线性观点，阅读的"即时报偿"和"延缓报偿"的看法，教育传播中的"知识沟"问题等等，他还探讨过大众传播对儿童成长、社会教育、社会生活和国家发展的影响，这些都大大地拓展了传播学的研究领域。

第三，奠定了传播学教育的基石。这也许是施拉姆对传播学做出的最大贡献。他亲手创办了一个调查中心和四个传播研究机构，有力地推动了美国大学传播学系的纷纷建立；他招收、指导、培养了许多传播学研究生，其中包括第一位大众传播专业的博士生，许多人后来成为传播学研究的重要人物，影响极大。

第三节　传播学的发展

传播学建立之后，许多学者都开始从不同角度出发进行研究，并且纷纷提出自己的理论主张,共同推进了传播学的发展。20世纪50年代是诸多传播模式建立的鼎盛时期。尤其是关于传播效果的研究,动摇了早先的"魔弹论",出现了传播的"有限效果论"。

六七十年代是传播学研究突破传统局限,拓展范围,深化内容的时期。一方面,这时的传播学研究已从早期的对传播效果研究拓展到对传播过程的各个方面的研究:包括传播产生的长期的社会、文化和意识形态效果;媒介组织及其同社会和受众的关系,受众对信息的选择和反应的社会基础和心理基础;特有的内容形式(尤其是新闻)的构造因素等。另一方面,由于传播学研究在世界范围影响的日益增长,世界不同地区开始出现不同的派别。西方发达国家的传播学得到大幅度发展,第三世界国家也开始照搬和模仿以美国为代表的西方传播学研究。

80年代以来,传播学研究进入当代发展时期,这一时期的传播学研究继承了70年代传播学研究领域扩大的传统,将传播学研究扩展到了政治、经济、文化等各个领域,相关的研究机构相继成立,科研队伍不断壮大,研究方法灵活多样,成果显著,传播学领域的研究专著大量出版,学术刊物纷纷创办。与此同时,传播学研究中的派别分流日益明显。在六七十年代开始出现的欧洲传播学派以其对社会文化的批判性备受人们的关注,被称为"批判学派",与注重实证分析、强调传播实践的美国传播学派相对峙,人们称后者为"经验学派"。

一、经验学派

经验学派主要是指以美国学者为代表的主流传播学。该学派主张从经验事实出发,运用经验性方法研究传播现象,反对从观念到观念的对社会现象作纯主观抽象的说明,强调切实可靠的经验材料或客观观察、统计数据的重要性。经验学派赞同多元主义社会观,否认西方资本主义社会是阶级支配的社会,而认为其是一个由多元利益相互竞争、相互制衡的社会,因而传播学的研究目的便是通过改变传播机制来实现社会的管理和改良,而不是为了变革现存资本主义制度。这种主张决定了经验学派不可能从批判的立场去研究资本主义社会的传播现象,而是对社会中一些不合理、不适当的地方进行局部的、表面的修补。

早期的传播学研究大都属于经验学派研究的范围,主要关注于传播效果问题,如前面提到的伊里县调查,"二级传播"理论,还有"使用与满足"研究,"创新——扩散"传播过程研究,施拉姆等人关于电视对儿童生活影响的研究。经验学派研究主要集中在传播对人的行为影响方面,并为如何通过传播控制和修正人的行为提出解决对策,这都取得了很丰富的成果。

然而,经验学派也存在着严重的缺陷:

1. 社会现象和人的外在行为可以被观察,被测定,被量化,而人的许多精神和心理活动却是无法用具体数据能够说明的;

2. 经验研究所关注的是具体环境下小范围的传播现象和传播经验,而一旦涉及对宏观的社会结构和社会历史进行考察,则不具有很强的说服力;

3. 经验研究中的数据与结论之间的联系只是人为的理论假设,数据与数据之间的关系取决于观察者的理论视野，因此结论不具有绝对的确定性；

4．尽管声称科学性，经验研究还是有很强的人为主观性。

二、批判学派

正是针对经验学派的研究缺陷，60年代，在传播学界出现了与之相对立的"批判学派"，其影响迅速扩大，与经验学派一起成为现代传播学研究的两大学派。

从广义上讲，批判学派是以一批欧洲学者为主形成发展起来的重要社会科学学派，它与法兰克福学派是紧密联系在一起的。1923年，当美国开始传播的经验研究之时，一部分欧洲学者在德国的法兰克福建立了"社会科学研究所"，他们的目的是以马克思主义理论为武器，对资本主义社会进行批判性的分析研究。其代表人物有霍克海默、阿多诺、马尔库塞等人。后来，该研究所由于受到法西斯势力的迫害，被迫迁到美国，直至1949年才重新迁回法兰克福，成为批判思想的发源地和理论据点。

由于以马克思主义政治经济理论为基础，批判学派因此认为资本主义制度及其传播制度本身就是不合理的，大众传媒在本质上就是少数垄断资本对大多数人进行统治的意识形态工具，为垄断资本家服务。和经验学派着眼于对传播进行控制、对社会制度进行改良不同，批判学派是以资本主义制度本身的变革为对象的，这是截然不同的两种社会观和意识形态立场。

时至今日，批判学派发展、衍生出了以下主要流派：

1．政治经济学派。"法兰克福学派"的学者群中的M·霍克海默、T·阿得诺、J·哈贝马斯等树立起了一个以不断揭露资本主义社会本质为目标的广阔视角。他们试图暴露其背后的本质，并且通过意识上的革命为社会变革奠定基础。他们认为，大众传播是为垄断资本服务的，应该从所有制关系和经济结构上来揭示资本主义大众传播的内在矛盾。

2．"意识形态与霸权"研究。意大利共产主义者葛兰西把霸权（hegemony）概念与现代西方意识形态结合，把现代国家看作"强制性国家机器"（监狱、军队、法庭等国家机构）和"意识形态国家机器"（文化、宗教、伦理道德、艺术等）的融合，认为当代资本主义社会正是利用意识形态国家机器的不断运转来构建我们的思想，控制我们对现实的理解，而且意识形态作为社会中的主流观念几乎不曾受到质疑或审视。现代资本主义社会恰恰是主要通过大众传媒进行意识形态观念的霸权统治，从而维护资本主义制度，传播学家的任务便是揭露大众传媒的"虚假性"。

3．"文化研究"学派。该学派创始人是英国伯明翰大学当代文化研究所的S·霍尔、D·莫利等人，该学派继承了"意识形态与霸权"研究的观点，主张从社会上层建筑和意识形态的相对独立性出发来研究资本主义社会的大众传播。其思想核心是，大众传播通过新闻、娱乐和商业信息的选择、加工和传播活动，时时刻刻在为社会事物赋予各种"意义"，但是这被赋予的意义并不是中立的，而是有着利益和意识形态的驱动和决定。而且，大众对于大众媒介所宣扬的意识形态观念也不是完全被动地接受，相反，他们会从自身的社会地位、性别、种族、文化所属等因素出发，对信息进行多角度、多层次的积极的解读。"文化研究"成为当代批判学派中最有影响的流派之一。

4. 女权主义理论。该理论内部包括"自由女权主义者"、"激进女权主义者"、"马克思主义女权主义者"等女权主义流派。该流派认为，由古至今的社会制度都是父权制的，这种制度下的大众传播通常对女性进行"符号灭绝"，也就是说女性在信息传播中的形象、地位被严重忽视。而作为人类社会的重要组成，女性有自己观察世界和创造意义的独特方式。因而女权主义理论主张对整个社会制度进行变革，才能彻底地改变男性统治的现状，实现女性的传播权益。

三、发展传播学

除上述流派外，发展传播学也是当代传播学发展的重要领域。二战结束后，许多第三世界国家迫切希望加速国家发展，缩短与发达国家的差距。大众传播媒介就成为这些国家促进国家发展的重要工具，如何利用传播媒介推动国家发展成为发展传播学的重要问题。

美国社会学者勒纳1958年在《传统社会的消逝》一书中提出了关于大众传播与国家发展的基本理论模式。他认为，世界各国的发展道路都是从传统社会经过过渡性社会而进入现代社会的，在这个过程中，人类的传播形态是与社会发展水平相适应的，呈现出从口头的人际传播向社会的大众媒介发展的趋势。大众传播包含有以下发展的特征：传播媒介越来越依靠高科技手段；受众的广泛化和多样化；传播内容由以传达政令为主转变为以传递信息事实为主，信息来源不再是主要来自社会的特权阶层，而是来自专业化的传播组织。

勒纳还认为，大众媒介的普及是推动社会现代化进程的重要因素。大众传播媒介可以帮助人们突破地理的限制，开阔视野，培养发展现代性格，向广大的社会阶层传递新事物、新形象和新信息，介绍新观念，倡导新的生活方式，促使人们打破传统观念的束缚，积极投入社会的现代化变革。

之后，传播学者施拉姆比较全面地提出了关于第三世界利用大众传播事业促进社会发展的系统理论和发展建议。他认为，如果没有准确有效高速的信息传播系统，现代社会发展所需要的科技、教育、文化、政治、经济等各方面事业都无法得到顺利发展，而且发展中国家的传播事业与经济领域一样，处于不发达状态，这导致了全球信息流通的不平等状况。这是发展中国家面临的重大问题。

施拉姆还指出，传播事业在国家发展中具有守望、决策和教育的基本功能，这就为促进国家发展提供了有利的条件。发展中国家应当利用有限的资金和传播技术条件，培训专业化的传播人员，完善相关的法律法规，以争取最佳的社会经济效益。

在这种情况下，一些激进的学者侧重从社会的整体形态和结构、传播体系与政治、经济制度的关系、国际政治与经济秩序与传播秩序的关系等方面提出了新的见解。他们主张，任何国家的传播媒介都必须把本国的发展目标（经济的、政治的、文化的等）放在最重要的位置上，为国家发展提供帮助；传播媒介应当追求国家文化和信息的自主，而不应为了追求经济效益和商业利益损害这种自主；传播媒介应当通过信息传播支持国家的民主化进程，信息是一种国有资源，必须为深化国家目标服务。总而言之，媒介对社会、国家的责任优先于媒介自身的权利和自由。

此外，学者们还引发了关于"媒介帝国主义"的讨论。"媒介帝国主义"的主要表现在于，发达国家的媒介制造了大量的信息产品并向发展中国家传播，以获取经济利益；而发展中国家由于经济落后，生产的信息较少，且较少能够传播出去，由此形成了信息从发达国家向发展中国家的单向流动，伴随着信息的流动，西方的文化价值观念也不知不觉地被灌输到发展中国家，对发展中国家的经济发展和传统文化的延续都形成了巨大的威胁。

针对以上问题，许多发展中国家提出了建立国家传播和信息新秩序的主张，主要包括以下内容：

1. 发展中国家对于自己的信息资源如同其他自然和经济资源一样，拥有绝对的主权；
2. 发展中国家在国际的新闻信息交流中应享有优惠条件，如在新闻报道中增加有关第三世界的新闻的比例，努力促进第三世界之间的横向的新闻传播；
3. 西方国家在新闻报道中应当增加对第三世界的报道；
4. 西方大的通讯社在第三世界的活动应当受到严格的限制，以便保护第三世界国家的主权和利益。

可以看出，发展传播学提出了与西方传统新闻学完全不同的新闻观念，西方传统新闻观念往往把新闻看作是一种可以自由获取的商品资源，而发展传播学则把新闻信息看作是一种与国家发展息息相关的社会资源，应该对之严格控制。可以看出，发展传播学不仅是传播学理论创新的结果，也是传播实践面对时代提出的现实需要。在全球化趋势日益加剧的今天，它无疑对当前我国传播学研究和媒介的发展都有着重要的意义。

第四节 传播理论的主要模式

学习传播学理论，不可避免地要对传播理论模式有一个比较清晰的了解。存在众多传播理论模式也是传播学与其他学科相比一个鲜明的特点，这一方面说明了传播学发展的科学化追求，追求简洁、准确；另一方面也反映出传播学研究的复杂性和多元价值性，不同的视角会产生不同的理论主张，恰当的模式能有效地帮助我们认识、理解传播理论。

一、模式及对模式的评价

要了解传播模式，首先要认识什么是模式。模式通常被看作是"用图像形式对某一事项或实体进行的一种有意简化的描述"[①]，通常可以通过简化的形式再现现实，是对现实的一种同构或者对现实的一种预期。

模式能够发挥多方面的功能。模式往往将它所要描述的问题视作处于一个系统内，一个模式试图表明该系统内的结构或者过程的主要组成部分以及这些部分之间的相互关系。模式对社会科学问题的研究具有一些鲜明的优点：首先，模式具有构造功能，以一个一般性图景提供我们一种整体的形象，包括系统内各个部分的次序以及相互关系；其次，模式具有解释功能，将复杂含糊的信息以简洁的方式描述和呈现给研究者；还有，模式能够发挥启发功能，即引导学生或者研究者关注某一过程或系统的核心环节；最后，模式具有预测功能，能在某种程度上提供事件的进程和结果，根据系统内的变化描述可能的结局。正是因为这些优点，我们面对复杂的社会科学问题，能够引入模式对其进行简约、鲜明、准确且具有普遍性和启发意义的研究。

传播是人与人之间的社会交往，是社会关系内部的一种黏聚力，很多情况下，它是无法被直接观察到的，而且没有明确和永久的形式。传播行为或是发生于可预见的关系结构中，或是随意偶然的发生，传播的结果充满着极大的不确定性。因此，模式对传播学的有用之处在于能够画一些"线条"来表示我们已知确实存在但无法看见的联系，并能用其他的手段来显示关系的结构、强度和方向。模式还有助于研究者用图像形式使传播过程中的某些因素固定化，以直观的图像代替抽象的表述。事实上，人们的思维也是沿各种各样的"模式"进行的。

对一个模式的评价有如下标准：

1. 普遍性：模式的普遍性如何？它组织的材料有多少，有效性有多大？
2. 启发性：模式的启发性如何？它对发现新的联系、新的事实或新的方法有多大帮助？
3. 准确性：由模式发展出的测量方法准确性如何？
4. 原创性：模式的原创性如何？或它的现实性如何？它提供的新见识有多少？
5. 简约度：模式的简化程度、手段的经济性、简约性如何？

对模式及其功能进行界定之后，下面我们将从几个方面对一些主要的大众传播模式进行介绍。

二、大众传播学经典模式

（一）直线模式

1. 拉斯韦尔的"5W"模式（如图3-1所示）。美国政治学家拉斯韦尔在其1948年发表的《传播在社会中的结构与功能》一文中，最早以建立模式的方法对人类社会的传播活动进行了分析，这便是著名的"5W"模式。"5W"模式界定了传播学的研究范围和基本内容，

[①]〔英〕丹尼斯·麦奎尔，温德尔：《大众传播模式论》，上海：上海译文出版社，1987年，第2页。

影响极为深远。

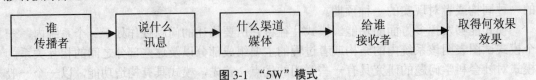

图 3-1 "5W" 模式

拉斯韦尔的"五W"模式的优点在于：

（1）第一次较为详细地、科学地分解了传播的过程。该模式第一次把人类传播活动明确概括为由五个环节和要素构成的过程，是传播研究史上的一大创举，使人们对于传播过程有了明晰的认识和了解。

（2）第一次明确界定了传播学的研究领域，为后来研究大众传播过程的结构和特性提供了具体的出发点。而大众传播学的五个主要研究领域——"控制研究"、"内容分析"、"媒介研究"、"受众研究"和"效果分析"，也是由这一模式发展而来。

其缺点在于：

（1）该模式是线性模式，即信息的流动是直线的、单向的，没能注意到反馈这个要素，忽视了传播的双向性；

（2）忽视了传播过程要受到社会过程的影响；

（3）讯息在传播过程中的变化没有很好地体现出来。

2．香农—韦弗的数学模式。1949年，信息论创始人、数学家香农与韦弗一起提出了传播的数学模式，为后来的许多传播过程模式打下了基础，并且引起人们对从技术角度进行传播研究的重视，如图3-2所示。

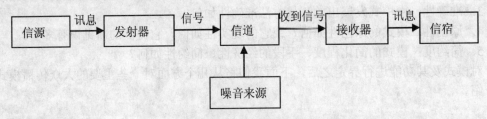

图 3-2 香农—韦弗的数学模式

该模式的优点在于：

（1）引入"噪音"的概念；

（2）把讯息分成"发出的"和"接收的"两个部分；

（3）传者和受者角色的固定化。

该模式虽然为传播学研究带来了一种全新的视角，但它并不完全适用于人类社会的传播过程。它将传播者和受传者的角色固定化，忽视了传播过程中二者之间的转化；它未注意到反馈这一人类传播活动中极为常见的因素，因而也就忽视了人类传播的互动性。这些缺点是直线传播模式所共有的。

为克服线性模式的局限性，从上世纪50年代开始，出现了一批以控制论为指导思想的传播模式。这类模式的贡献在于：变"单向直线性"为"双向循环性"，引入"反馈"的机制，从而更客观、更准确地反映了现实的传播过程。

（二）循环或互动模式

1．奥斯古德—施拉姆的循环模式。循环模式是施拉姆在奥斯古德提出模式的基础上提出的。1954年，施拉姆在《传播是怎样运行的》一文中，提出了这个新的过程模式，如图3-3所示。

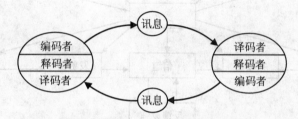

图3-3　奥斯古德—施拉姆的循环模式

该模式的优点在于：

（1）突出了信息传播过程的循环性。

（2）强调传受双方由于传播过程的循环而形成的相互转化，信息发射端与接收端是对等的，行使着相同的功能。

其缺点是：

（1）未能区分传受双方的地位差别。在实际生活中传受双方的地位很少是完全平等的。

（2）对大众传播过程不适用。这个模式虽然能够较好地体现人际传播尤其是面对面传播的特点，对大众传播过程却不适用。大众传播是一种单向的传播，受者处于被动接受的地位。

2．德弗勒的互动过程模式。在香农与韦弗的线性模式的基础上，1966年美国传播学家德弗勒提出了互动模式，如图3-4所示。

该模式的基本观点是：大众传播是构成社会系统的一个有机组成部分。其优点在于：

（1）克服了香农模式单向直线的缺点，引入了"反馈"的要素、环节和渠道，只有反馈才能消除编码与解码之间的不一致性，使传播过程更符合人类传播互动的特点；

（2）看到了大众传播媒介是传播过程中的一个重要的组成部分，而且噪音在传播过程中的各个部分都会存在；

（3）传播的双向性和循环型被表现出来了。

不足在于：

（1）模糊了传受者之间的身份和机会；

（2）传播的双向、循环并不是一直不变地存在的；

（3）没能指出传播与社会大环境之间相互影响的关系。就传播来说，社会是整体，而传播组织、政府机构、文化环境、利益团体等是部分，作为一个组成部分，传播组织的活动必然要受到社会整体及其他各部分的影响。

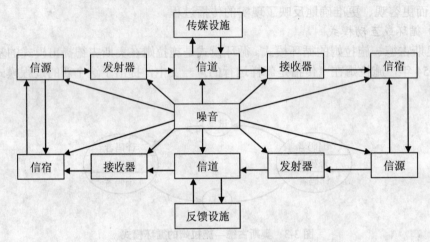

图 3-4　德弗勒的互动过程模式

3．格伯纳传播总模式。美国大众传播研究者格伯纳一直在探索一种广泛适用的模式。1956年，他首次提出了下面的总模式（如图3-5所示）。

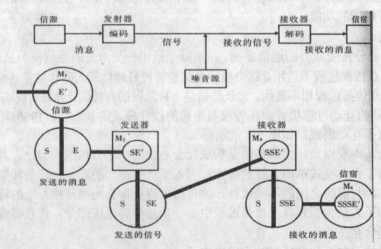

（M是感知到信息的人或机器，E是事实或内容，E'是感知信息，S是信息形式）

图 3-5　格伯纳传播总模式

他的模式有文字式的和图解式的。文字公式有以下十点：（1）某人；（2）感知某事；（3）并作出反应；（4）在某种场合下；（5）借助某种工具；（6）制作可用的材料；（7）于某种形式中；（8）和背景中；（9）传递某种内容；（10）获得某种效果。

格伯纳的模式明显受到拉斯韦尔的模式的影响，而且比后者更加详细、周到。

该模式优点在于，充分考虑到了信息传播过程中形式内容的不断变化，这种动态的变化通常是在信息的传播过程中产生的。这一模式有很强的适用性，既可以描述人际传播过程，也能够描述机器如电脑的传播过程或人与机器的混合传播。它还说明人类传播过程可以被看作是主观的、有选择性的、多变的和不可预测的，人类传播是一个开放性的大系统，传播是对纷繁复杂的事件、信息加以选择和传送的选择性的、多变的过程。

这个模式还会促使我们提出这样的问题：事实本身与媒介对事实的报道之间的一致性如何？媒介受众理解媒介内容的程度如何？

该模式只是对单向线性模式的改进，仍然缺乏对传播活动中反馈和双向性的描述，这是其不足之处。

4. 施拉姆大众传播模式。在奥斯古德模式的基础上，1954年施拉姆提出了下面的大众传播模式，如图3-6所示。该模式的中心仍是媒介组织。

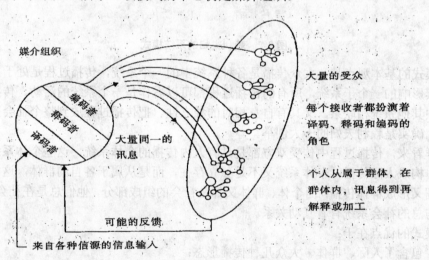

图3-6 施拉姆大众传播模式

该模式充分体现了大众传播的特点，它表明，构成传播过程的双方分别是大众传媒与受众，两者之间存在着传达与反馈的关系。作为传播者的大众传媒与信源相连接，又通过大量复制的讯息与受众联系。受众是个人的集合体，又会带有所属社会群体的特征。无论是个人与个人之间，还是个人与群体之间都保持着特定的传播关系。此外，该模式在一定程度上还揭示了社会传播过程中的相互连接性和交织性，已经初步具有系统模式的特点。

（三）社会系统模式

从线性模式到控制论模式基本上解决了传播的要素，也就是传播的内部结构的问题，那么社会系统模式给我们带来的贡献就在于看到了传播与外部环境相联系的问题。例如，美国社会学家赖利夫妇 1959 年从社会学的角度提出来的社会系统模式就把传播过程置于社会总系统中。

1. 赖利夫妇的系统模式。赖利夫妇将传播过程看作是庞杂的社会系统的一个子系统，同时对传播系统与社会系统之间的互动关系也进行了考察。他们的这种模式将大众传播研究带入了一个新的时代，如图 3-7 所示。

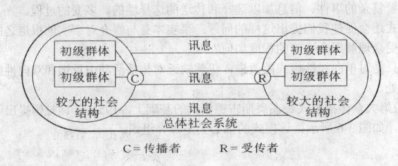

图 3-7　赖利夫妇的系统模式

该模式的基本观点是，大众传播是各种系统中的一个系统，传播过程是处于社会系统中并受其影响的一个子系统，所有的传播过程都可以看作是一个系统的活动。传播系统既与社会中其他系统相联系，又具有自身相对的独立性。把传播过程放到整个社会系统中进行考察，确实是赖利夫妇的一大创举。

这样看来，传播过程中传受双方都是具有人内传播的个体系统，这些个体系统之间相互影响，构成人际传播；个体系统又不是独立存在，而是从属于各自的群体，这样，群体系统之间又形成群体传播；而个体、群体又都是社会的组成部分，他们总是在社会中运行，因而又与总的社会系统有着互动关系。

该模式的优点在于：

（1）包含了人际、群体、大众几种传播形态；

（2）将传播过程放置于社会大系统中，开始着眼于传播过程的宏观环境，并更多地对社会系统的整体环境加以研究，将传播过程放到整个社会系统运行的大框架中去把握，对大众传播研究启发很大。

缺点在于：赖利夫妇的模式仅仅是一个框架，并没有对框架进一步具体、细致地分析。

2. 马来茨克模式。在赖利夫妇模式的基础上，德国学者马莱兹克 1963 年在《大众传播心理学》一书中提出了新的系统模式，如图 3-8 所示。他们从社会心理学角度切入，将社会系统与传播系统中各因素及其间的关系进一步细化，在一个包含了社会心理因素的各种社会作用力相互集结、相互作用的"场"中，对那些可能对传播各环节构成影响的因素进行了考察。从而表明，传播过程是一个受到社会诸多因素共同作用、影响的复杂过程。这些因素既包括个人性格、心理、社会环境等制约传播者与受传者的因素，也包括内容加工、受众选择等制约媒介与信息的因素；既包括各种显在的社会影响力因素，也包括潜在的社会心理因素。这些因素相互交织、相互集结，构成了复杂的社会传播系统。

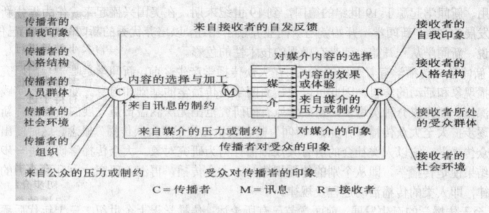

图 3-8 马来茨克模式

该模式的特点在于：
（1）将社会系统与传播系统中各因素间的关系进一步细化；
（2）说明传播是一种复杂的社会行为，是一个变量众多的社会互动过程。

以上是西方大众传播学者所提出的一些基本传播模式，这些模式代表了他们对传播过程的研究水平，也反映出人们对大众传播过程的认识在经历一个不断深入的过程。通过模式，人们对于传播现象的认识越来越全面、深刻，从单向模式到循环互动模式，再到社会系统模式，传播的过程和各种影响过程的要素都逐渐清晰、明朗起来。但是，任何的模式都不可能是完美无缺的。通过对每个模式的简短评价可以看出，任何一个模式都会在强调一些侧面、要素的同时，忽略另外一些侧面和要素。因此，对于不同模式，我们必须认真地进行对照、思考，进而对其进行补充和发展。

第五节 传播学与新闻学的关系

传播学作为一门研究人类信息传播活动及其规律的科学，是在借鉴、吸收其他学科研究成果的基础之上形成的。一般来说，传播学的学科基础包括新闻学、社会学、心理学、"三论"（信息论、控制论、系统论）、政治学、语言学、文化研究、统计学、符号学等。

它们不仅与传播学建立了联系，并为传播学的发展提供了多方面的营养。其中，新闻学无疑与传播学有着密切的关系，很多人甚至认为二者可以划上等号。因此，对新闻学和传播学之间的关系进行梳理是十分必要的，也可以加深我们对二者的认识。

新闻学是研究人类社会新闻活动规律的一门科学。新闻学研究的中心课题便是：人类社会的各要素对人类新闻活动的决定和影响以及新闻活动的自身发展，新闻活动对社会的反作用。新闻学起源于19世纪的德国，到19世纪末期，在美国兴盛起来。作为近代新闻事业发展的产物，新闻学一开始就与新闻业界紧密相连，以培养优秀的新闻从业者为己任。可以说，新闻学从一开始，就带有极强的技术性的色彩。

新闻学与传播学有着密切的关系。在大众传播学产生之前，新闻学是唯一专门研究大众传播现象和活动的学科，因此可以说，新闻学是传播学的基础和前身。随着新闻实践的逐步深化，新闻媒介种类增多，新闻学原有的研究范围无法涵盖日益发展的新闻业。新闻事业逐步扩大至大众传播媒介业，"新闻"概念逐步让位于"大众传播"概念。这时便出现了大众传播学，它以人类社会的所有大众传播行为为研究对象。大众传播学研究进一步深化的结果便是传播学，即从个别的传播规律——大众传播，再深入研究，上升到普通的传播规律，即人类的传播活动过程及规律。

至于传播学的诞生发展，前面章节已有所论述。传播学于上个世纪二三十年代后逐步出现于美国，其产生是建立在新闻学、宣传研究、社会学、心理学等多学科的研究成果基础之上的。两次世界大战对美国传播学的产生起到了直接的推动作用。随着传播学的成熟，大众传播学作为传播学的一个主要分支出现了，它的最重要的意义在于，它聚焦的是在大众媒介中及围绕大众媒介的人的活动，以期得到关于大众传播过程和效果的可靠知识。由于人类社会的新闻实践主要是通过大众媒介进行的，因此，由新闻实践发展而来的新闻学与被新闻实践推动的传播学研究之间就产生了密切而复杂的关系。可以说，是新闻学的发展呼唤传播学的出现。

传播学作为一门学科的出现，改变了传统新闻学重技巧、重描述而轻理论的局面，在理论深度、思想性、研究广度、研究的规范性等方面有了很大的提高。在逐步发展的过程中，传播学吸取了新闻学的一些研究成果，并对一些传统新闻学的议题进行了新的探索。同时，新闻学也逐步吸收了传播学的理论主张和研究方法，使得自身不断得到完善。

自从20世纪四五十年代施拉姆创立传播学开始，传播学与新闻学的关系问题就一直是人们探讨的重要问题之一。从90年代中期开始，美国掀起了一场以传播学与新闻学关系的问题的大辩论。其论题主要涉及：传播学要不要完全取代新闻学？传播学与新闻学的相互关系是什么？大致说来，有这么几种观点，分别是：传播学将取代新闻学；新闻学将与传播学融合；新闻学将成为传播学的一个新的分支。例如，近年来，美国许多院校传统的新闻学已经被广义上的传播学所代替，囊括在大众传播的范畴之下。那么，传播学与新闻学之间到底是怎样的一种关系呢？

我们认为，对以上几个大的争论，我们可以从以下几个观察角度的对比中去寻求相对科学的认识：

首先是研究对象和研究方法的差异。新闻学的研究对象主要是新闻实践。新闻理论主要是对新闻实践的相关要素和规范作出理论界定和阐释，诸如新闻的定义、新闻价值、新闻规范、新闻制度等；新闻史是对中外新闻事业史的描述、评价与总结；新闻业务部分，则是对新闻实践的从业技能的研究，如新闻写作、采访、编辑、制作、新闻媒体的经营等。与此相比，传播学的研究对象比较宽泛，是人类社会的信息传播活动，即一切借助符号进行的意义象征活动。传播行为又可以细分为自我传播、人际传播、组织传播和大众传播几种方式。因此，传播学的研究范围是广泛的，从语言的本质到符号的组合，从话语的操纵到大众媒体的传播，都必然囊括在传播学的框架之内。在研究方法上，传统新闻学主要采用逻辑推论，属于直观式研究，方法较为单一。传播学除了批判学派的思辨式方法，占主导地位的方法则是美国经验学派的实证性的定量研究方法，同时还逐步吸取了其他学科的许多方法，如符号学分析方法等。

其次是理论基础的差异。传统的新闻学研究的理论基础，中西方差异很大。西方主要是居于自由主义理论的相关论述，而我国的新闻学受到苏联模式的影响，主要的理论基础是马克思主义的新闻论述和党报理论，因此新闻学理论的政治性和意识形态色彩较浓。而且，相对于传播学，新闻学的学科背景比较单一。传播学虽然不能说完全不受传统理论和政治发展状况的影响，但其理论基础更为广泛，其思想来源也更为多元，诸如社会学、人类学、哲学、语言学、心理学、政治学、经济学等学科的理论都对它产生了影响。

再次是研究旨趣的差异。新闻学较为强调实践性，这是其最突出的特征。一般而言，新闻学研究的实用性较强，即它一般是直接为培养新闻从业人员服务的，较为注重新闻业务的研究和传授，重视新闻实践经验的总结和归纳。相对而言，传播学的理论性较强，它不是直接为传播实践提供策略性和技巧的文本，而是学理性的研究和探讨。

通过上面的分析，我们可以试着回答以上有关传播学与新闻学关系的三个疑问：

传播学将不可能取代新闻学。新闻学和传播学的研究对象和任务是不一样的，不能简单地用其中的一个来取代另一个，两者之间存在着一个交叉互补的关系。

传播学是不可能和新闻学完全融合的。无论是传播学融入新闻学还是新闻学融入传播学，在实际操作上，都是不可行的。传播学的研究领域远远大于新闻学，传播学融入新闻学是不可能的；新闻学借鉴了传播学理论丰富了自身，构建新的新闻理论，所以新闻学也不可能融入传播学。

传播学与新闻学将逐步分化，并分别发展成为独立的学科。从逻辑上来讲，新闻学应该是传播学的一个分支学科。因为传播学是研究人类信息传播规律的，新闻也是一种特殊的信息形式。但是，由于二者之间的研究对象、研究方法、研究旨趣都大相径庭，因此存在着不同的发展规律。新闻学本质上它更多的是一种专业性质的教育，注重业务能力，注重对新闻的采、写、编等能力的培养，其目的是要培养新闻方面的人才，有很强的工具性。而传播学是研究社会信息系统的运行及其规律的学科，它不仅研究各种传播现象，还探索人类社会传播规律。随着人们对传播研究的日益重视,传播学将要研究的问题会越来越广泛,它和新闻学的分化将会越来越明显。

思考与练习

1. 传播学的出现原因是什么?传播学的研究对象有哪些?
2. 传播学的四大先驱是谁?他们分别对传播学的理论贡献在于哪里?
3. 哪些理论促进了传播学的最终创立?传播学的主要创立人是谁?他有哪些突出贡献?
4. 传播学的两大流派及主要理论有哪些?发展传播学的主要内涵是什么?
5. 传播学的主要模式有哪些?各种模式有什么优缺点?

第四章 传播过程各环节的分析

前面已经介绍了传播学四大先驱之一美国政治家拉斯韦尔提出来的"五个 W 模式"。根据这一模式，任何传播过程都可以被划分为 5 个相互联系而又相对独立的要素、环节：

谁（Who）→说什么（Says What）←通过什么渠道（In Which Channel）→对谁（To whom）→取得什么效果（With what effects）。

这五个要素又构成了后来传播学研究五个基本内容，即控制研究、内容分析、媒介研究、受众研究和效果研究。

拉斯韦尔的"五个 W"模式是单向线性模式，即信息的流动是直线的、单向的，由于没能注意到反馈这个要素，所以就忽视了传播的双向互动性。后来的学者对之加以改进，引入了信息反馈的环节，比较全面地描述了传播的整个过程。

在这一章，我们将以拉斯韦尔模式为基础，对传播流程的各环节进行分析，它们分别是传播者分析、内容分析、媒介分析、受传者分析及传播效果分析。同时，我们还将引入信息反馈的环节，并对之进行分析。通过对这几个环节的分析，希望能加深对传播过程的全面理解。

第一节 传播者分析

传播者是指任何传播行为中发出信息的一方，处于传播过程中的第一个环节，是传播行为的发起者。因此，传播者不仅决定着传播活动的发生和进行，还决定着传播的内容、方式、方向，以及传播质量的高低，对于整个传播活动来说至关重要。

根据前面对传播方式的不同划分，我们可以将传播者划分为个体和组织两大类。此外，在不同的社会状况下，传播制度在一定程度上也扮演着传播者的角色，因此，也是我们要关注的对象。

一、个人层面的传播者

任何人都可以成为传播者，而且总是处于一定的社会地位，扮演着一定的角色，其传播行为大多数情况下也都带有一定的意图。个人层面的传播者研究主要是对传播行为过程中传播者的角色、特点、权利和责任等方面的微观分析。

传播者的角色一般可以划分为普通角色和职业角色两种。普通人在与其他人的日常交往中进行随意的、普遍的、灵活的交流时所扮演的就是普通传播者角色。职业角色的传播者则是专门从事信息传播活动，并以此得到物质上的利益或精神上的满足，如各种各样的新闻工作者、教师、作家等，都属于职业传播者。

职业传播者是社会中信息生产的重要力量。当今社会中，信息越来越成为推动经济发展的重要因素，因此职业传播者获得了越来越重要的社会地位，公众对职业传播者的期望也不断提高。例如，在西方，随着新闻机构的发展，记者被认为是僧侣、贵族、平民之外的"第四阶级"，他们也凭借自己的特殊权力被封为"无冕之王"，他们或是对社会的腐朽黑暗势力进行揭露，或是对社会顽疾进行治疗，或是观察着外部世界的最新变动，或是对大众进行普及性的教育，从中都可以体现出职业传播者对社会的重要作用。

职业传播者通常具有以下特点：

1. 代表性。职业传播者一般总是归属于某个职业的传播组织或传播部门，这决定了其所传播的信息都会具有一定的思想倾向性，代表某一阶层、团体、组织的利益和要求。

2. 专业性。这包含两方面的含义。一方面是指职业传播者必须经过专业性的训练和教育，具备一定的知识和技能，才能从事职业的传播活动；另一方面是指传播活动成为社会中特定的专业领域，有其自身的要求、标准，任何人都不能违背。

3. 集体性。既然属于某一特定的组织，职业传播者不可避免地需要与他人进行集体合作才能完成整个传播活动。例如大众传播媒介中几乎所有的新闻信息都是集体的产物。

4. 复杂性。任何传播组织都有其内部明确的分工，人员之间相互协调，而且运用多种技术手段、经过多个环节，一次传播活动才能完成。

任何传播者在进行传播行为的同时，都必须为自己的传播行为担负一定的责任。例如，对他人的诽谤对于普通传播者来说就是不负责任的行为，会引起法律上的纠纷，对某人的不实新闻报道是职业传播者不负责任的体现。对于职业传播者（尤其是新闻传播者）来说，其责任主要有四种：契约性责任、社会性责任、法规性责任及国际性责任。

契约性责任。指新闻传播者对自己服务的传播媒介以及在内部组织中所承担的一系列责任，这些责任关系到整个组织的荣誉、名声，还会直接影响到组织的经营状况。如作为一个记者，就必须遵守新闻机构的各项规章制度，并用自己的努力工作去为媒体组织服务，工作包括采集信息、选择信息、制作信息、传播信息等。

社会性责任。由于职业传播者通常都处于一定的社会地位并占有一定的社会权力，因此必须为其信息传播行为及其所产生的社会后果负责。作为为社会公众服务的组织，传播媒介应当防止传播行为对公众或社会组织产生伤害。所以，新闻报道的一个很重要的原则就是真实、客观、全面。新闻工作者应当为社会的积极发展负责。

法规性责任。这是指职业传播者在传播信息的同时必须承担相应的法律责任，符合法律规范的要求，维护国家、公众的利益。例如，每个国家都有法律规定记者、新闻媒介不能传播危害国家安全、扰乱社会治安、对社会有害的新闻信息，不能侵犯他人隐私，不能侮辱、诽谤他人等。这些都是职业传播者的法规性责任。

国际性责任。由于信息传播活动的飞速发展和科学技术的进步，信息的跨国传播所带来的许多问题越来越受到重视。这其中包括：媒体组织对别国形象的歪曲性报道；破坏国家间和平；利用信息传播干涉别国内政；通过信息传播对别国进行殖民统治等。这些都是大众媒介在进行传播活动时所应当注意的问题。

由于传播者是传播活动的发起人和决定者，因此传播者对于传播活动有着至关重要的作用。哪些因素会影响到传播者，也是我们在这里所应当关注的。

大体上，影响传播者的因素主要有政治因素、社会群体规范因素和文化传统因素。

1. 政治影响——政治是一切社会因素的综合体现。大到执政党派的施政方针策略、小到公民的行为规范，人与人的关系，观念的形成等，都会受到政治的影响和干预。传播者的传播活动必须遵守政治制度、规范。

2. 社会群体规范——传播者生活在社会不同的群体中，其行为方式和思想都受到不同群体的影响，从而导致其传播的内容和样式也呈现出各异的形态。

3. 文化因素的影响——广义的文化指人类社会历史实践过程中所创造的物质财富和精神财富的综合，狭义的文化指社会的意识形态以及与之相适应的制度和组织结构。而风俗习惯、生活方式、民族心理素质、思维方式和行为方式等都属于文化的范畴。不同的民族，不同的地域，不同的国家都有不同的文化内涵，所以不同的文化决定了传播者不同的传播行为。

此外，传播者的人生阅历、知识构成、个性特征也是影响传播者的重要因素。

二、媒介组织传播者

媒介组织是专门从事大众传播活动以满足社会大众及组织需要的社会单位或机构。它是现代社会专门从事信息生产的部门，其活动可以渗透到社会的一切过程和生活的一切领域，为社会各部门提供服务，同时维持自身的生存。媒介组织是专业化的组织机构，是众多职业传播者所组成的整体。要实现传播目标，媒介组织必须合理分化职能，相互协调，形成固定的职权关系、行为角色。在对信息的生产、传播上，媒介组织必须凭借一种或几种固定的媒介，还必须讲求信息的时效性、有用性和持续性。

既然媒介组织作为一个社会公共事业机构，以生产、传播信息并服务公众为主要任务，那么在整个信息传播活动中，媒介组织所连接的就必定是提供信息的信源和信息的接受者。通过对二者关系的分析，可以加深我们对媒介组织在传播过程中所扮演角色的认识。

信源（通常指个人或组织）是从混乱的社会事件或事物中选择信息并做有意图的传播；而传播媒介及其成员一般是根据新闻价值标准和自己的兴趣，对诸多信源进行选择，然后传向受众。传播者总是在一定程度上依赖于信源所提供的信息，另一方面又会依据受众反馈的指导去寻找信息。

有学者发现，传播者与信源之间实际上存在着很复杂的关系模式。如分离的关系，指传播者相对于信源有独立性，不依赖于信源；合作的关系，指传播者和信源分属不同的系统，在传播过程中他们扮演着相互合作的角色；同化的关系，指传播者与信源所处体系、利益关系完全相同的情况，此时，信源对传播者具有支配权，传播者也仅仅作为信源的传声筒存在。

前面提到，传播学四大先驱之一的美国学者卢因，通过对二战期间家庭主妇对家庭成员事物摄取的影响的研究，提出了"把关行为"和"把关人"概念，为信息传播研究做出了重要贡献。他指出，大众媒介在新闻信息的流通过程（选择、加工、制作和传播环节）中所扮演的正是"把关人"的角色。

"把关人"概念认为：在社会群体的传播活动中，信息的流动是在一些含有"门区"的渠道里进行的，在这些渠道中，根据公正的规则或者是"把关人"的标准，决定信息是否可以进入渠道或继续在渠道里流动。对新闻信息在大众媒体内部的流通过程的研究为我们观察媒体内部关系提供了理论依据。

大众媒体就像一个过滤器，每天源源不断的信息进入它，被它制作生产，我们所接收到的信息只是其中的极小一部分。卢因的学生怀特发展了卢因的理论，他在研究美国一家非都市报纸时发现，电讯编辑在一周内收到了11910条电讯稿，但最后发出的稿件只有1297条，经过筛选和过滤，被怀特选用的信息只有接受总量的1/10。这表明新闻报道很大程度上是由编辑来最终决定的。

麦克内利则认为，新闻在媒体间的流动过程存在着不只一个把关人，在新闻事件与最终的接收者之间存在各种各样的中间传播者。他举了这样一个例子：一个外国通讯社的记者获悉一件具有新闻价值的事件，将它写成一篇报道，先发往该社一个地区分社；在那儿，报道可能经删改而被发往总社。在总社，它可能与从别处发来的一篇有关报道合并，然后被送往国内的全国或地区新闻社。在全国或地区新闻社，报道可能再经删节，以便传送给报纸或电台的电讯编辑。在那里它被进一步删节，然后发往读者或听众。

还有学者认为，最重要的守门行为出现在新闻组织内部，守门的过程应该分为新闻采集和新闻加工两个阶段。对两个阶段的划分是：新闻采集将未经加工的新闻——事件、讲演和记者招待会——制成新闻稿或新闻，这是第一阶段；新闻加工者对新闻进行修改并把它们合并为成品——一份报纸或一次新闻广播——它们被传送给公众，这是第二阶段。

对新闻在媒体内部流动过程的研究的诸理论均说明了这样一个事实：像其他任何组织机构一样，新闻媒体内部存在着体制上的等级关系，总编辑无疑是权力的最大拥有者，有决定任一新闻取舍与否的权力，同时对报道的方针、立场进行监控；记者像工厂的工人一样是采集新闻、加工生产新闻的主要劳作者，每日从四面八方源源不断地搜索他们心目中的新闻；其他人员如各部门主任则是二者之间的协调者。

新闻价值也是记者们选择、制作新闻的一道关口。在媒介之内，记者隶属于环环相扣的劳动分工，在媒介之外还存在竞争对手，新闻价值的功能就在于从这些复杂的环境中产生一种标准化的产品。借助于新闻价值，记者能够很快地从一堆事件中找出他心目中认为——同时也是新闻媒体认为——最有报道价值的事件。

这些研究表明，面对社会上广泛存在的新闻信息，大众传播媒介不是有闻必录，而是根据自己对新闻价值的判断。记者、编辑、主编等是一道道关口，决定着哪些信息可以报道，哪些信息不可以报道，哪些信息该简短报道，哪些信息该重点报道。受众接受到的信息，只是现实生活中新闻信息的一部分。每个传播者都会根据自己的观点、立场对信息进行把关。因此，从广义上来说，每一个传播者都是把关人，传播者的总体任务就是把关。

三、社会传播制度

在社会的层面，新闻传媒作为社会大系统中的一个子系统，既是社会系统的有机组成，又保持着与经济组织、教育机构、政府部门等其他子系统的紧密联系，从而发挥着自身的功能。毫无疑问，新闻媒介的生态环境深刻地影响着媒介的存在面貌及新闻产品的生产、流通和在社会范围内的分配、消费。

图4-1粗略地勾画出了媒介在社会系统中的外部生态环境①。

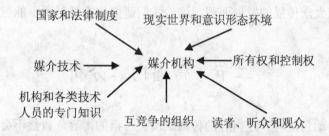

图4-1 媒介在社会系统中的外部生态环境

由此可以看出，媒介机构受到了来自外部诸多机构、力量的冲击，任何一种力量都有可能对媒介机构产生或大或小的影响。在施拉姆与弗雷德里克·赛伯特、西奥多·彼得森三人合著的《报刊的四种理论》一书，他们对世界各国的新闻传播制度作了一番详细的考察，对我们理解社会层面的传播者——社会传播制度——有很大的帮助。

几位学者认为，四种新闻理论体系是集权主义理论、自由主义理论、社会责任理论和苏联的共产主义理论，分别产生于四种不同的政治体制和政治哲学理论。

集权主义是文艺复兴后期的集权主义气候下的产物，它认为真理不是人民大众的创造，而是几个处在指导地位上领导别人的聪明人的产物。报刊是王室政府的奴仆，要为统治效力，王室政府对报刊有生杀予夺的绝对权力。

---

① 〔英〕戴维·巴勒特：《媒介社会学》，北京：社科文献出版社，1989年，第56页。

建立于个人主义基础之上的自由主义理论认为报刊不是政府的工具，而是提出论据与争辩的手段。在这一基础上，人民对政府进行监督检查，并提出他们对政策的主张。因此，重要的是报刊必须不受政府的控制和影响。

社会责任论产生于少数人控制报刊并掌握着新的令人不安的权力这一状况，它认为，报刊的权力和几近垄断的地位带给它们一个义务，那就是它们有社会责任对各方面的立场都公平地加以报道，并保证大众能掌握充分的消息去加以判断。如果报刊没有担负起这种责任，必须有别的公众机关来执行。

最后，苏联共产主义理论在某种程度上乃是较老的集权主义的发展或修正，这种新闻理论认为报刊是政党的一种统治力量和统治工具，属国家所有而绝不允许私人所有，因为报刊私有导致的对经济利益的追求会损害报纸所服务的真正对象——人民和国家的根本利益。

我国的新闻事业很长时期以来就是对苏联模式的照搬，直至现在，虽然新闻媒体基本上都实行市场化运作，但媒体作为事业单位的属性、属于国家和人民所有的基本制度不允许动摇和改变。

可以看出，任何国家的新闻传播事业都要受到社会传播制度的影响和控制，世界上并没有不受控制和约束的新闻自由。西方国家的自由主义新闻传播理论只能是一种神话。社会传播制度决定着大众传播的发展面貌，这是我们研究传播学时所不能忽视的。

第二节 传播内容分析

人类的传播活动总是对一定内容的传播。没有传播的内容，自然不会有传播活动。因此，内容乃是传播者与受众之间的中心环节。

一、信息

内容总是呈现为一定的信息。那么，什么是"信息"？这个问题就成为我们进行内容分析的起点。

对于信息的定义，不同的学科，从不同的角度有不同的解释。据不完全统计，信息的定义有100多种，它们都从不同的侧面、不同的层次揭示了信息的某些特征和性质。

信息论的创始人香农和韦弗1948年在《通信的数学理论》中给"信息"下的定义是：凡是能够减少人认识的不确定性的任何事物都叫作信息。该定义对于人类信息的传播活动的贡献在于认识到了信息的认知知识功能——减少认识上的不确定性，即当一个信息为人们所感知和确认后，这一信息就成为一定意义上的知识，形成后的知识又可以作为信息来传递，而尚未被认识的未知信息，则成为人们努力探讨的对象，和人类传播得以存在的需要和追求。

控制论创立人维纳则是从信息发送、传输、接收的过程中，客体和接收（认识）主体之间的相互作用来定义的。他认为，信息既不是物质，又不是能量，信息就是我们对外界进行调节并使我们的调节为外界所了解时而与外界交换来的东西。

根据维纳的说法，物质、能量和信息是人类社会赖以生存、发展的三大基础，三者存在着密切的相互依存关系：物质、能量和信息这三者中，能量和信息皆源于物质，任何信息的产生、表述、存储和传递都要以物质为基础，也离不开能量。从另一方面来说，物质运动的状态和方式需要借助信息来表现和描述，能量的转换与驾驭也同样离不开信息。

同时它们又是相互区别的：世界由物质组成，能量是一切物质运动的动力，信息是人类了解自然及人类社会的凭据。信息对于物质而言具有相对独立性；信息的性质和内容与物质载体的变换无关；同样，信息在传递和转换过程中也不服从能量守恒定律，信息可以共享而能量不能共享，信息效用的大小并不由其消耗来决定。

维纳对信息定义的贡献在于：它确认了信息是人类主观世界与客观世界间的桥梁，二者的交互作用必须依靠信息的媒介作用。

综合以上定义，我们认为：信息是事物运动的状态与方式，是物质的一种属性。在这里，"事物"泛指一切可能的研究对象；"运动"泛指一切意义上的变化，包括机械运动、化学运动、思维运动和社会运动；"运动方式"是指事物运动在时间上所呈现的过程和规律；"运动状态"则是事物运动在空间上所展示的形状与态势。

信息表现出的特征主要有：
1．无限性。信息的种类及表现方式无限丰富。
2．可感知性。信息能够通过人的器官被感受与识别。
3．可储存性。信息可以凭借一定的物质载体被长期存储，随时被人获知。例如书本就是对信息的存储。
4．可传递性。传播行为就体现了信息的可传递性。
5．可共享性。也就是说，信息不会因为人的接受而耗损，可以被反复接受。
6．可组合性。信息之间可以相互组合，以形成更多更丰富的信息。

二、符号

信息的表现、传递、存储、组合、共享以及人对它的感知都离不开一定的媒介和符号形式。媒介在前面我们已经有了分析，如声音、文字、图像等。在这里，我们需要对符号进行了解。

符号是传播的基础，也是信息的载体，它是可以指代、指称另一种事物的事物。通过符号形式，特定的意义得以表达和传播。

在西方，对符号的研究有两种方法主张。瑞士语言学家索绪尔认为，一切符号——文字的、图像的——都可以认为是语言，语言单位可以分为能指和所指两个部分：能指是符号的物质层面，如文字、声音、图像本身；所指则是符号的抽象的概念（意义）层面。如"人"这个字，它的能指就是组成这个字符的笔画本身，而其所指则是"人"这个字符相对应的我们头脑中人的抽象的概念。因此，任何语言符号都是能指和所指相联结所产生的整体，而且在生成上具有极大的任意性，是以约定俗成为基础的。

美国哲学家、符号学的创始人皮尔斯将符号划分为三种类型：指示的、象形的和象征的。指示符号是某种根据自己和对象之间事实的或因果的关系而作为符号起作用的东西，也就是说符号和它所代表的对象之间只有经验上的因果联系，如烟是火的标志，敲门声意味着客人的到来；象形符号是符号和被指事物之间存在某种相似性，例如照片、地图；象征符号是符号和被指对象之间没有类似性，也没有经验上的联系，而是因为习惯或约定俗成的规则形成固定的关系，文字语言基本上都属于此种符号。

象征符号的特点主要有：（1）象征符号与其指代的对象之间不具有自然因果关系，它们之间的关系是人为的、随意的，因此是可以创造的；（2）象征符号不仅可以表示具体的事物，也可以表示感情、观念、思想等抽象的事物；（3）象征符号是人为创造的，要通过学习来继承和掌握，而且与特定的文化环境有密切的关系。

皮尔斯还对符号、阐释意义和所指对象三者之间的关系进行了划分，得出这样的模式。

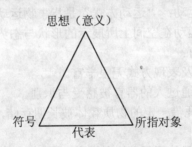

图 4-2　符号、意义与所指对象

具体来说，一个"符号"指代它自身以外的另一个东西——"所指对象"，这个对象可以是某一具体的物质客体，也可以是主观世界的精神现象。符号在与对象的指代联系中，在符号使用者头脑中产生某种联想，引发对某种意义的理解，这就是"阐释"。

可以看出，这两种研究主张都触及到了符号的组成和符号如何表达意义等重要问题，对理解人类传播行为过程中意义的产生及传播具有重要意义。例如，报纸和广播主要是通过象征符号来传播意义的，二者的区别在于符号传播的媒介不同；电视是通过象征符号和象形符号来表示意义的；电脑互联网则是各种符号的综合使用，而且通过各种媒介来传播。

此外，非语言符号也能表情达意。例如人的动作、表情、姿势等体态语言，都能够传达重要的隐含意义。非语言符号是传播内容中的重要组成部分，由于它的意义通常要依赖语言符号的使用,所以这里不再对它进行分析。

三、内容分析

信息和符号共同构成了传播的内容。传播内容研究是传播过程研究中的重要一环。没有对传播内容的系统研究,传播的社会效果及对个体的效果就难以确定,对传播行为的研究也就难以深入下去。对传播内容的研究形成了内容分析,无论这种信息内容表现为文字的还是图像的。此外,当代通过新闻媒介进行的大众传播已经越来越强地影响着每个人的日常生活,媒介传播的信息内容是怎样通过语言符号影响我们的?这个疑问也成为内容分析所要解决的问题。

因此,内容分析是一种对具有明确特性的传播内容进行的客观、系统和定量的描述的研究技术。其定义揭示了内容分析的对象、分析方法以及结果表述的特征。内容分析的对象是"具有明确特性的传播内容";"明确"意为所要计量的传播内容必须是明白、显而易见的,而不能是隐晦的、含糊不清的、或没有明确表达出来的单位。如果对传播内容的理解在研究者之间、研究者与受众之间很难达成共识,则不宜作为内容分析的对象,因为对这类内容进行计量非常困难。

内容分析方法的特征是"客观"、"系统"和"定量"。

内容分析方法需要研究者首先确定内容分析的样本范围。"系统"就是指内容分析的范围应该包括全部样本范围,如确定某一媒体新闻报道的统计范围。一旦确定样本范围,研究者必须:

1. 使样本的每个单位都有同样的几率被计量。

2. 使用同一标准测量每一个样本单位。从样本范围内随意选取可证明自己观点的分析单位进行阐述,或用不同标准测量不同的样本单位,既违反了"系统性",也违反了"客观性"。例如不能将文字的内容和图像的内容混为一谈。

研究者还需将文字的(或图画的)、非定量的内容转化为定量的数据。不能让研究者的主观认识左右分析的数量结果,研究者必须按照确定的评价标准、分析类别和单位进行计量。由此,内容分析的"客观性"被确立。例如,对某一报纸新闻报道中暴力内容的研究,首先必须统计新闻报道中有暴力内容的所有报道的条数。

"定量"是内容分析最为显著的特征,是达到"精确"和"客观"的一种必要手段。它通过频数、百分比、卡方分析、相关分析等统计技术揭示传播内容的特征。"定量"并不排斥解释。当研究者得出一组说明传播内容特征的数据后,需要对这组数据进行解释,即说明数据的意义。

"客观"、"系统"和"定量"是互为关联的,共同构成内容分析的主要特征。结果表述的特征是"描述性的"。内容分析的结果常常表现为大量的数据表格、数字及其分析。这是"客观"、"系统"和"定量"研究的必然要求。

虽然内容分析要求数据的"客观"和"系统",然而对数据的结果进行描述体现了研究者的对内容的阐释。内容分析不是孤立的分析,它与社会现实、传播者和受众之间存在着一定的联系。也就是说,研究者不可能完全脱离社会现实去做分析。当研究者决定对何种媒介、何种内容进行分析时,都暗含着一些假设,如:媒介暴力内容太多了,对公众、尤其是青少年会产生不良影响;媒介中存在着对少数民族的歧视,需要引起社会的注意;每条新闻播出时间太长了,应该改正等。研究者以某种社会价值观来观察媒介内容,并试图得出关于社会现实、传播者和传播效果的结论,而内容分析则为研究者提供了分析的工具或规则。

总的说来,内容分析有三种表现形式:

1. 描述传播内容的倾向或特征——这种最为常见,如媒介报道中是否存在着对农民工的偏见以及达到何种程度等;

2. 描述传播内容的变化趋势——这类研究常常需要长时间的样本分析,以发现对某一主题(如保护环境)的报道量或其观点是否有变化等;

3. 比较不同样本的内容特征——即采用同一评价标准,对两种以上的同类媒介的内容进行分析,以比较它们之间的内容特征和风格,例如不同报纸对同一事件的报道差异分析。

进行内容分析,能够将媒介现实与社会现实进行比较。研究者在从事这类研究时,一般暗含着一种假设:即传播内容的倾向与社会现实(或现代社会价值观)不符。研究者开始一项内容分析项目时,常常是基于对某种传播内容的不满,认为它歪曲了社会现实或不符合现代社会的价值观念、科学观念等。研究者试图通过系统的计量分析,揭示其内容所蕴涵的社会性质。比如,一项关于小儿书的性别模式研究发现,在60年代的美国,已有超过50%的女性参加了工作,但在300多部小儿书样本里,职业女性的比例为0%,所以内容分析可以得出结论说:小儿书所反映的性别模式与社会现实严重不符。可见,内容分析的重要价值是它能帮助我们理解和解释社会现实。

通过内容分析,能推论出传播者的态度。因为大多数情况下,信息内容在相当程度上表现了媒介或传播者的态度。如:比较两家报纸对某个暴力事件的不同报道,可以看出它们对这个暴力事件持有不同的看法;通过分析观众来信,可推断出观众对电视某个节目的兴趣倾向等。

透过内容分析,还能推论出传播的效果。有一种假定:人们长期接触某种媒介内容,就会受到这种内容的影响。这一假定已得到传播学理论的支持。还有其他理论认为:媒介内容对受众的影响不是直接的,而是有条件的和长期的。受众接触该内容的动机、态度、原有认知结构等因素也会决定媒介内容的影响。只有当受众大量接触与其原有态度一致、原有认知结构相同的内容时,才有可能受到媒介内容的影响。

内容分析还能作为社会文化研究的重要方面。因为大众传播不仅是社会大众文化的组成部分,能促进社会大众文化快速而广泛的发展,极其深刻地影响社会,它还能传递社会文化传统,社会价值观念、道德准则和社会榜样等,对社会的平稳运转起着潜移默化的深远作用。对社会不同历史阶段、不同社会生活问题的解决，都可以从大众传播的内容分析入手。大众传播在整体上提供了对社会的全景式记录，对它的内容分析实质上就是对人类历史文化的研究。

评价一项内容分析研究至少需要采用六项标准：

（1）研究假设。研究前是否有明确的问题或假设？如果有推论，推论是否符合逻辑？

（2）抽样样本。样本是否有很好的代表性？样本对于结论是否有说服力？

（3）分析单位，即可被计量的最小单位。分析单位是否明确、统一？

（4）内容分类。分类标准是否由假设理论导出？所划分的种类之间是否互相排斥？分类是否详尽或有遗漏？

（5）信度。研究结果里是否有信度检验？不同的评分者是否能得出同样的结论？

（6）效度。研究者建立的分析单位、种类是否能测出所要测量的内容（一致性）？结论的有效性如何？

内容分析作为传播学研究的一个部类，涵盖了极其广泛的内容和范围。它不仅为我们认识传播行为及其效果提供了重要的视角，为传播者和接受者提供了回顾、总结和反思的机会，还是认识人类自我、认识社会环境的重要途径。

第三节　传播媒介分析

任何内容信息都必须通过一定的媒介来负载。人类传播经过了几种传播媒介的发展历史，在前面我们对此已经作了详细的分析。这一节，我们将对媒介进行一般意义上的分析，了解其特点、功能，并介绍在传播学领域影响比较大的几种媒介理论。

媒介，英文为"media"，原意为中间、适中、平均、调解人，也可解释为手段、工具等。传播学意义上的媒介，是指承载并传递信息的物理形式结构，是传者与受者之间进行传播活动的桥梁。

对于媒介的理解可以从两个层面上来进行：一方面，从媒介的物理形式来看，媒介是一种技术手段，例如，文字、印刷品、声波、电波等；另一方面，从媒介的社会功能和构成来看，媒介是一种社会组织，这种组织以信息的采集、分类、制作和传播为主要的社会功能，例如报社、出版社、电视台、广播电台等。

这两种认知中，前者是基础，后者是发展，传播媒介的技术和工具属性决定着信息的物理形式、时空范围、速度快慢和数量规模；媒介的社会组织属性则决定着信息内容的生产和传播，甚至其深刻的社会影响效果。对后者的研究有助于理解大众传播系统中各种复杂的社会关系，揭示大众传播活动的社会本质和规律。

需要指出的是，对于社会组织的传播媒介，我们已经将之放在前面传播者分析范畴中加以研究了,这一方面突出了其组织的社会性,另一方面突出了其在传播中的决定性作用。因此,本节主要讲述作为工具和技术手段的传播媒介。

一、媒介发展及分类

人类最古老的媒介不是别的东西,而是人的身体本身——人们使用手、脸等身体部位来进行动作、表情等非语言传播。之后,人类发明了语言符号,借助语言,人类的传播内容变得丰富多彩。

文字媒介的诞生标志着人类文明时代的来临。人类传播活动从口头传播走向了文字传播,人类的传播能力因此得到提高,信息内容也得以保存。印刷媒介又开启了人类传播的革命,人类社会真正进入大众传播时代。随后,电子媒介所催生的广播、电影、电视等大众传播工具,更是对人类社会产生着重大的影响。

近几十年的网络传媒,则将人类带到一个全新的传播时代。它在扩展了信息传输的自由的同时,也将最普遍的个体传播的民主思想,融化在网络平等分布的技术基础上,带来了社会深层的结构变革。

可以看出,传播媒介经历了一个从单一到综合、从简单到复杂的发展过程,这一过程是与人类文明的进步同步的。

对媒介的分类,可以从很多角度去进行。

按媒介发展历史划分,可以将媒介分为:

(1) **传统媒介**:主要以各种天然的或经过加工的自然物质材料作为自己的符号载体。特点是被人们所广泛掌握,在社会上拥有稳固地位。

(2) **现代媒介**:以磁性材料和技术、感光材料和技术、电子材料和技术为手段的,具有全新形式的一些传播媒介。其特点在于:快速、便捷、形象、容量大。

从媒介的符号物质形态划分,可以分为:

(1) **口语符号媒介**:正常人在成长过程中可以自然掌握的、以各种不同语言为信息载体的传播媒介。特点:广泛运用于社会各种传播活动中,是传播行为的基础媒介和核心媒介。

(2) **平面符号媒介**:是以各种刻画、书写、感光、印刷技术为手段,以纸张、布帛、石材、铜铁、竹简、塑料等为物质载体的媒介。特点:后天学习才可掌握,存储性能较好,使用范围较大。

(3) **电子符号媒介**:以电磁波技术为手段,以电子通讯设备为符号载体的媒介。特点:需要有一定规模的机构和掌握不同技术与设备的专业人员的配合。

(4) **数字符号媒介**:以数字技术为手段,以电子计算机和互联网为主要符号载体的新兴媒介。特点:信息含量的无限性和信息检索的便捷性,将成为未来很长时间中人类主要的信息传播媒介。

从媒介作用于受众感官方式，可将媒介分为：

（1）听觉型媒介：信息符号主要作用于人们的听觉器官的传播媒介。特点：简便、生动、亲切。

（2）视觉型媒介：信息符号主要作用于人们的视觉器官的传播媒介。特点：首先要转化为可识别的语言符号才能进入思维过程。

（3）视听兼备型媒介：信息符号同时作用于人们的听觉和视觉器官的传播媒介。特点：同时使用人类两大感受器官，可以十分逼真地还原各种事物和现象本来面目，吸引力较强。多媒体手段将各种不同类型的媒介整合到统一的传播活动中。

媒介自身的存在与发展，在遵循社会生产力发展规律的同时，也体现了人类追求自身解放的民主性、自主性旨趣。历史上每一次的媒介发展，都大大拓宽了人类的传播能力。可以看出，不同的传播媒介各有所长，也各有所短，在使用中应取长补短，扬长避短。而且，传播媒介本身并不以相互替代、取消为发展代价，相反它们会在发展中不断扬弃、相互补充，呈现出整合的趋势。

媒介自身的发展，使其在社会需要中发挥越来越大的作用，也占据着越来越重要的地位，这促使媒介在享有一定的社会的权利的同时，必须承担相应的责任。

从普遍意义上来说，传播媒介通常都具有以下特点：

（1）媒介的符号特性。不同媒介的信息会呈现出不同的符号特征，例如报纸信息主要表现为文字，电视信息表现为图像和声音。媒介使用符号的不同使不同媒介表现出不同的形态及规律，不同的符号有不同的感官刺激、诉求效果、存储特征。

（2）媒介的时效性。媒介会影响到传播内容的时效性。例如电视、广播的信息时效性要强于报纸。

（3）媒介的受众参与特征。也即互动性的强弱，主要体现为不同媒体能够给受众提供的反馈机会不一样。

（4）媒介本身的物质能量。主要是媒介本身的分布特征和发布能量，以及媒体本身从技术上能够提供的信息内容的可选择空间多大。电子媒介要明显高于印刷媒介。

二、媒介理论介绍

今天的社会环境与传统的社会环境相比，已经发生了非常深刻的变化。在现代社会，大众传播媒介对人的行为和社会实践具有极为重要的影响。在传统社会里，人们都生活在一个有限的地理范围内，人与自然环境和社会环境直接接触。但是，当人们进入现代社会以后，生存环境发生了很大的变化，人们生活在一个以"媒介环境"为基础的社会，人类生存的空间超越了地域的限制。

当代社会是一个以"媒介环境"为基础的社会。"媒介环境"指大众媒介（如电视、报纸、图书、录音等设备）和其他现代媒介（如汽车、高速公路、因特网、电话、照相机等）大量进入人们的日常生活。媒介带来的信息充满着人们生活的空间，构成人们的信息环境。所谓信息环境，指的是一个社会中由个人或群体接触到的信息及其传播活动构成的环境。这种环境更多地是一种人为的环境，在这种情况下，人们对环境的认知，已远远超出了人们的感性经验的范围，人们只有通过对环境的再现即信息环境来认识环境。这种认识由于受制于大众媒介传播的信息，就有可能发生很大的偏差。

因此，对媒介分析的宏观层面的研究正是建立在这样一个认识基础上的：我们生活在一个媒介环境里，媒介对人的生活产生了深刻的影响和改变。

关于大众媒介，西方许多学者从不同角度进行过考察。时至今日，大致形成了以下几种媒介理论。

（一）英尼斯的媒介偏倚论

由加拿大传播学者英尼斯提出的媒介偏倚论认为，要了解传播媒介传播思想、控制知识、垄断文化的实质，必须首先认识不同媒介的时间偏倚和空间偏倚的特性。质地较重、耐久性强的媒介，如黏土、石头和羊皮纸等，较适于克服时间的障碍；质地较轻、容易运送的媒介，如草纸、报纸等，较适于克服空间的障碍。时间偏倚的媒介在某种意义上是个人的、宗教的、商业的、特权的传播媒介，它强调传播者对媒介的垄断和传播的权威性、等级性和神圣性，但是，它不利于权力中心对边陲的控制。相反，偏倚空间的媒介是一种大众的、文化的、普遍的媒介，它强调权力中心对边陲的控制力，也有利于传播科学文化知识。

在现代社会里，要想通过传播活动确保社会稳定，过分倾向于偏倚时间或偏倚空间的媒介已不合时宜了，应该保持媒介的时间偏倚和空间偏倚的平衡。

（二）麦克卢汉的媒介理论

马歇尔·麦克卢汉是加拿大著名传播学家。他在《理解媒介》、《媒介即讯息》等一系列著作中，发表了他对当代大众媒介的认识，提出了"媒介即讯息"、"媒介是人的延伸"和"地球村"等著名观点。综合起来，其理论主张主要有以下四个方面。

1. 媒介即讯息。这一论断的含义是：媒介本身才是真正有意义的讯息。换句话说，即人类有了某种媒介才能从事与之相适应的传播和其他活动，因此，从漫长的人类社会发展过程来看，真正有意义、有价值的"讯息"不是各个时代的传播内容，而是这个时代所使用的传播工具。正是这个工具引起了社会深刻的变革。

2. 媒介是人的延伸。麦克卢汉认为，任何媒介都不外乎是人的感觉和器官的扩展或延伸，如印刷媒介是人的视觉能力的延伸，广播是人的听觉能力的延伸，电视则是视觉、听觉和触觉能力的综合延伸。在麦克卢汉看来，人类社会和媒介的发展经历的是一个人的感观能力"统合"→"分化"→"再统合"的过程。尤其是当今的互联网，在最大程度上将人的各种感官进行统合。

3. 冷媒介与热媒介。这是麦克卢汉对媒介所作的著名分类，也是他引起最多争论、批评，甚至质疑的观点。麦克卢汉区分冷、热媒介的依据是媒介提供信息的清晰度以及受众对信息的理解时所要求的参与程度。他认为,热媒介只延伸人的某一种感官,提供喧闹、明亮,高清晰度的信息,受众无须用太多的感官和想象力去参与和理解信息;反之,冷媒介则提供模糊、舒缓,低清晰度的信息,要求受众调动感官,发挥想象力去填充信息的空白,要求的参与程度较高。

在这样的划分标准下,麦克卢汉认为书籍、报刊、广播、无声电影、照片等是"热媒介",因为它们都作用于一种感官而且不需要更多的联想;而漫画、有声电影、电视等属于"冷媒介",因为他们作用于多种感官和需要丰富的联想和参与。

4. "地球村"。麦克卢汉把"地球村"看作是人类与电子媒介不断互动的结果。在这个互动的世界里,世界各地的人们能够真正地成为一个家庭的成员,全球的生活、经济、文化不断走向整合,电子媒介冲破了时空所形成的阻隔,世界在一定意义上结成一体,仿佛成为一个小的村落。

对于麦克卢汉的理论,学界的争论非常激烈,反对的声音不绝于耳,但同时也有很多拥护者。诚然,麦克卢汉的理论带有很大的极端性和片面性:他把媒介技术看作是社会变革和发展唯一的决定性因素,这就忽略了生产关系和社会关系等各种复杂的社会因素对媒介的作用;由于过度重视技术,没能充分认识到人的主体性和能动性;其理论立足于媒介工具对人感觉系统的技术性影响,并试图以此来解释人类的全部行为,也是非常片面的。

但从另一方面看,麦氏的媒介理论将人们对媒介的认识视角,延伸到了社会历史和文化的深处,在引起了人们心灵的震撼的同时,也把人们对大众媒介的社会作用的认识也发展到了新的层次上了,对我们认识媒介是很有启发性的。

(三)梅罗维茨的媒介理论

20世纪80年代,美国传播学家梅罗维茨提出了他的媒介理论。其主要观点是:

1. 任何媒介情境都是一个信息系统,媒介的选择性表现行为会促成信息的流通;

2. 每种独特的行为都需要一种独特的媒介情境,不同交流情景的分离,使不同行为的分离成为可能,而媒介可以通过塑造新的交流情景来改变人的社会行为;

3. 电子媒介促成了不同情境的合并,电子媒介代码的简单性能使受众对信息达到更大程度的共享,从而使受众的各种活动情景合并,使私人空间和公共空间进行融合。

这一理论把传播媒介看作社会环境的一部分,提出应该将它们与社会环境及其变化联系起来研究;还指出了受众在媒介——受众——社会三者关系中的重要性,受众的类型、人数多少和特征实际上影响着传播方式;该理论还承认媒介的强大影响力,媒介本身是社会环境的一部分。

该理论的缺陷在于:夸大了媒介对社会环境和人们社会行为的影响,几乎将媒介描绘成引起社会变化的唯一原因;忽视了社会制度和媒介制度的关系,看不到社会意图对媒介管理和内容的影响。

(四)媒体等同理论

媒体等同就是指人们像对待真人实景一样对待媒体,即:媒体=真实的生活。该理论指向了人与媒体的关系层面,认为人与电脑、电视和新媒体的互动本质上是社会性和自然的。在这里,媒体等同的含义有两个方面:一是把媒体内容当真;二是把媒体当人。

媒体不仅仅是传播工具,它能侵占我们的身体空间,有着和我们一样的个性,甚至有性别的差异。媒体能激发感情,引起我们注意,使我们害怕,能改变人们固有的观点。总之,媒体是我们生活的积极参与者。

媒体等同理论有很大的应用空间。它能促使我们追求人性化媒体,并引入人性化视角,通过传播更具亲和力和生命力的信息,从而增强媒体与人的互动性,还能促使我们树立媒体生命观,媒体生态观,加强媒体的全面认知与功能开发。

媒体等同观念,突破了单纯的"主、客体"的人与媒介的关系,而主张从"主体间性"的高度来研究和发展人性化媒体,引入了人与媒介关系的新思维,批判了单纯的媒介工具论、控制论和技术决定论,验证了人性化媒体的合理性,带来了媒介思维上的新突破。

但该理论在根源寻找上显得武断和片面。例如,该理论认为出现媒体等同的根源是人类陈旧的大脑进化没有赶得上新科技的发展,这显然片面;该理论还夸大了媒体的人性,实际上不但媒体的工具性、控制性思维仍然是目前社会的主流媒介思维,而人与媒体的互动平等在大众传媒的实际运转那里是很微弱地存在的;还有,媒体等同不能概括所有的人与媒体的关系,事实上,媒体与人和社会的关系也是多重和复杂的。

第四节 受 众 分 析

一、受众及其特征

受众(audience),最初指演讲的听众,后来也兼指观看戏剧、体育竞技的观众。随着印刷技术的出现,受众的意义得到实质性扩张。通过机械印刷以及电子信号,信息能够被大量地复制,受众的数量大大增加,受众也不再需要和传播者处于同一时空内。

现在意义上的"受众",是传播学中的一个重要概念,是大众传播活动中信息接受者的总称,又称受传者,阅听人。受众是信息的接受者、传播所指向的客体,又是传播反馈的核心环节,受众的观点和态度,直接关系到媒介的兴衰成败。受众是信息的"目的地",又是传播过程的"反馈源",同时也是积极主动的"觅信者"。传播效果的好坏必须从受众的反应中进行评价,因此,受众是决定传播活动成败的关键。

对于不同的传播类型来说,其受众是不尽相同的,比如人际传播的受众有谈话的对象、听课的学生、会议的出席者等。其中,大众传播的受众最复杂也最引人注目,包括报纸、杂志、书籍的读者,广播的听众和电影、电视的观众,如今随着电脑网络的快速发展,也包括越来越多的网民等。受众组成的变迁意味着媒介的变革。媒介应当为了受众的需要采集、制作、传递信息。媒介的任何改革,均应以满足受众需要为根本目的。

受众一般有以下几个特征：
1. 受众是分为不同层次和类别的；在同一层次、类别中，受众之间具有相似或相近的生活经验、情趣、爱好等；
2. 受众数量巨大；这决定大众传播是无法进行"面对面"交流的；
3. 受众享有信息接受的"自由"；传播者不能强制地要求受众接受信息；
4. 受众是"匿名"的；对受众只能确定其大致情况，而无法确切地知道是哪一个个体。

长期以来，传播学的理论和实践忽视了对受众的研究，这种现象源于以下观念：传播者——记者、编辑和作者等——被看作是传播过程的决定者，受众成了被媒介所操纵的"奴仆"，在传播过程中的地位很卑微。这种观念不仅误导了传播学的理论，而且给传播实践带来了很大的危害。如今，许多发达国家的媒介组织都把受众研究当作一项定期的常规性工作。通过受众研究，能够及时地了解受众反应，准确地制定媒介策略，更好地发挥媒介的效用。总之，无论从理论上还是从实践上来看，受众问题都应引起我们的充分重视。

受众问题的系统研究起始于20世纪40年代后期的传播学创立之时。当初传播学之所以被当作一门学科提出来，很重要的一个原因就是对受众研究的实际需要。本世纪以来，大众媒介的蓬勃发展，对社会生活的影响越来越大。在第两次世界大战中，大众传播所发挥的重要作用，使人们对之刮目相看。在美国，在总统竞选中对大众媒介的充分利用，更需要对传播效果从理论上加以总结。这些研究无不关涉到传播的对象——受众。从此，受众研究正式拉开了序幕。

在传播学发展的过程中，形成了林林总总的理论和流派。许多传播学理论实际上就是受众理论，尤其是传播效果的理论，最终都以对受众的认识为前提。受众理论之所以如此重要，因为受众是信息传播的目的地，是信息传播链条中的一个重要环节，也是传播过程得以存在的前提和条件。受众是传播效果的显示器，没有受众的反应和评价，就不能真正地了解大众传播媒介的效能。

二、受众研究的主要理论

传播学理论中最早有较大影响的受众理论，当首推"魔弹论"，又被称为"皮下注射论"。该理论认为：大众媒介威力无穷，受众面对媒介是毫无抵御能力的。媒介可以任意地役使受众。在"魔弹论"看来，受众犹如一面靶子，只要被枪弹打中，就会应声倒下。"魔弹论"过分夸大了媒介的作用，而忽视了受众对媒介的应变和选择能力。

满足需要论是对"魔弹论"的一种修正：从前认为受众是被动的，现在则认识到受众成员会主动地选择自己所偏爱的媒介内容和信息。这两种理论都从受众的需要、动机和个性心理差异出发，来说明决定传播效果和受众接受程度的是受众心理因素本身，而不仅仅是媒介和信息。

在受众理论中，拉扎斯费尔德的理论贡献是提出了两级传播论。他在研究大众媒介的影响时发现，大众媒介并没有直接对大多数受众产生影响。事实上只是一小部分比较活跃的经常接触大众媒介的受众，在接受了媒介的信息后，再通过他们的人际传播来影响更多的受众。这些在形成公众舆论中起到引导和影响作用的人，被拉扎斯费尔德称之为"舆论领袖"。

两级传播理论揭示了传播并非总是呈现着简单的线性过程。受众所受到的传播影响具有多层次性和复杂性，往往是大众传播和人际传播的共同作用。大众传播影响面广，传递信息迅速及时；而人际传播渗透力强，有针对性，对大众媒介的信息有进一步的整合作用。拉扎斯费尔德这一理论的价值在于，它说明了对于受众来说，大众传播和人际传播是一个既相区别、又相统一的过程。

创新扩散论在受众理论中，可谓视角独特。这一理论的基本观点是：具有创新性的事物在社会传播后，受众将会采纳并扩散传播，并进而导致变革。在这一过程中，创新的事物首先通过大众媒介到达受众，然后受众通过对创新事物的讨论、参与和验证，会大规模地积极采纳这一创新事物。创新扩散的过程包括两个步骤：第一个步骤是创新事物通过大众媒介引起受众的兴趣并得到认同。在这一阶段，大众媒介起着主导作用。第二个步骤是受众在参与大众传播的基础上进行再传播，是信息的扩展和受众规模扩大的过程。在这一阶段，人际传播起着主导作用。

创新扩散论提出了一个非常重要却被长期忽视的问题，即传播过程是满足受众兴趣和需要的过程，更是受众充分参与和创造的过程。只有充分调动受众的主观能动性和创造性，传播才能充分发挥其效能。大众传播中受众无法与媒介实现双向互动的交流，受众的传播潜能受到了很大的抑制。大众媒介的所短正是人际传播的所长。大众媒介与人际传播的优势互补，传播效果就能得到最充分的释放。这是创新扩散论对受众理论的贡献所在。

1975年，美国著名传播学家梅尔文·德弗勒在他的《大众传播理论》一书中，从受众传播动因角度对受众研究理论作了一个总结，把它们分为四个研究理论。

1. 受众的个人差异论。个人差异论是由霍夫兰首先提出的。这一理论认为，受众成员心理或认识结构上的个人差异是他们对媒介的注意力以及对媒介所讨论的问题和事物所采取的行为的关键因素。

个人差异论的理论基础是"刺激—反应"论，它是从行为主义心理学派的角度出发来对受众进行研究的。这一学派认为，人的心理和性格虽然有遗传的因素，但主要还是后天形成的。每个人的成长环境和社会经历都不尽相同，他们的性格也就各有差异。因此，大众传播过程中并不存在"整齐划一"的受众。在大众传播提供的信息面前，各个人会因为心理、性格的差异而对信息做出不同的选择和理解，随之而来的态度和行为的改变也会因人而异。

个人差异论主要强调由于个体心态与性格的不同，在传播中他们对信息的接受也不尽相同。

个人差异论的主要理论贡献在于提出了选择性和注意性理解。

2. 受众的社会群体论。社会群体论又名社会类别论。这一理论认为，受众可以根据年龄、性别、种族、文化程度、宗教信仰以及经济收入等相似而组成不同的社会群体。这些因人口学因素相同或相似而结成的群体，又有着相似的性格和心理结构，在人生观、价值观等方面也有着较为一致的看法。因此，统一群体中的成员在传媒的选择、内容的接触甚至对信息的反应上都会有很多统一的地方。这样，就可以把受众分成不同的群体来加以研究。

社会群体论不局限于个体差异而强调群体内部的统一性，同时又注意到了群体之间的差异性，这是其优于个人差异论的地方。个人差异论注重个人性格和心理上的差异；而社会群体论则看到了社会群体的整体差异。可以说，社会群体论是对个人差异论的修正与改进。

3．受众的社会关系论。社会关系论认为，个人差异论和社会群体论都忽视了受众之间错综复杂的相互关系，而这种社会关系对于受众研究是极为重要的。

社会关系论注重的是受众所加入的社会组织和日常社会关系对受众传播动因的影响。社会组织的规范决定了受众的传播需要和态度，也决定了受众对媒介及信息的评价和反应。

受众的社会关系对受众有着巨大的影响，在受众的媒介接触中，社会关系经常既能加强也能削弱媒介的影响。事实上，媒介的效果经常为受众的社会关系所削减。

社会关系主要包括人际网络、群体规范和意见领袖等，具体到受众的社会关系则主要有他们所处的工作单位、社会组织以及参加的各种非正式的群体等。社会关系论为大众传播和人际交往提供了一个结合点，而结合的桥梁就是社会关系。

4．受众的文化规范论。文化规范论与前三种理论有所不同。前三种理论是以受众为出发点来探讨媒介与受众之间的关系，而文化规范论则以传播媒介为出发点，认为大众传播的内容会促使接收对象发生种种变化。可以说，现代社会里，大众传播充当着文化的选择者和创造者的角色。而人们在社会文化之中生活，久而久之，就会形成与这种文化相符合的社会观、价值观。在这一点上，文化规范论与"议程设置"理论有一定的联系。

受众的文化规范论认为，受传者能够从媒介内容中学到新的观点，这种观点可能加强或改变原有看法。也就是说，大众传播媒介不一定能直接改变受众，但由于受众是在社会文化之中生活的，因此，大众传播可以先改变社会文化，从而间接地实现对受众的改变。可见，这种理论认为大众传播具有间接和长期的效果，而不是短期的、立即的效果。

三、受众的心理选择过程

受众是信息传播的目的地，可是，如果信息在到达目的地之后，并没有得到接受，那么，传播就没有实现信息共享的目的。大众传播过程中也会出现类似情形。受众在选择媒介和讯息时有很大的自由度，这就是受众心理上的自我选择过程。

受众的心理选择过程包括三个具体环节：选择性注意、选择性理解和选择性记忆。

（一）选择性注意

选择性注意又称为选择性暴露，即受传者是否注意到媒介及其信息。这是受众心理选择过程的第一个环节。受众对媒介的接触具有很强的选择性，他们往往从自己原有的意见、观点和兴趣出发,将自己"暴露"在经过选择的传媒及其内容的面前。受众更倾向于接触与自己原有态度较为一致的信息,而尽量回避那些与己见不合的信息。这样,对传播者来说,最为重要的便是使自己所传递的信息对受众更具吸引力。

从传播者如何适应受众的选择性注意考虑,传播媒介的信息要想具有吸引力,必须遵循以下原则:

1. 易得性:所传播的信息必须能使受众以轻易的手段获得。
2. 对比性:与环境中的其他部分形成强烈的对比常常可以吸引受众。
3. 报酬与威胁:受众能灵敏地感知和记忆那些有利于其需求和兴趣的信息,而对那些可能危及自身的警告性信息则会有特别的戒备。

从受传者接受信息的动机进行分析,其动机有:

(1) 获取有关社会公众事务的信息,以满足日常生活的信息需要。
(2) 娱乐。
(3) 社交。在社交中,大众媒介的传播内容是很好的讨论或聊天话题。
(4) 心理需要。为了增加信心、取得宽慰、减轻烦恼等,受传者常常转向大众媒介以寻求各种满足或解脱。

(二) 选择性理解

这是受众心理选择过程的核心,又称为信息传播的译码过程。同样内容的信息对不同的受众来说会有不同的理解,有时甚至是相反的,出现这种情况的原因是受众的心理、感情、经历、需求以及所处环境等的不同。

人们对事物的理解具有选择性,这主要是由当时的需求、兴趣和情绪等决定的。人的这种选择性决定了他们在有选择地接触到某种讯息后,总是倾向于把讯息内容看作是与自己原有意见相一致的。即使在接触到与自身观点相悖的讯息时,人们也会对它们进行选择性的理解,将它们曲解为与自己相一致的观点。这种从自身需求出发对信息予以选择的心理倾向,使不同的人对同一信息的理解各不相同。所以,传播者组织和传播信息时一定要考虑到受传者的这种选择性理解,要努力防止或减少受传者对信息的曲解,并尽可能使信息被多数人所正确理解和接受。

(三) 选择性记忆

选择性记忆是指受众对信息的记忆也是有所选择的,这是受众心理过程的最末环节。事实上,留在人们记忆中的信息量一般会少于它们所接收和理解的信息量,他们有时甚至还竭力使自己去忘记某些信息。

也就是说,正如选择性注意、选择性理解一样,人们倾向于记住传播内容中与自己观点一致的那些部分,而忘掉与自己观点不一致的部分。这一行为往往是出于潜意识的,它可能用以加强而非改变受传者的已有意见。

选择性记忆大致可以分为三个阶段:

1. 信息的输入阶段；
2. 信息的存储阶段；
3. 信息的输出阶段。

受众研究使人们意识到，传播，实际上是媒介、传播者和受众辩证统一的过程。如果简单地忽视具体的社会历史条件而谈媒介对受众的绝对的影响力，显然是一种主观片面的看法。因为对受众的影响因素是多种多样的，各个因素在不同条件下的作用又有所不同。在不同的传播背景下，对不同的媒介和不同的信息，受众往往会采取不同的态度和评价，或接受，或部分接受，或拒斥，或批判。由于受众的动机、文化、信仰和地域等因素的不同，不同受众对媒介的反应也必然是不同的。即使是同一个受众，在不同的条件和环境下，对同一个信息，也可能产生不同的反应。只用一两种简单的受众模式来说明传播接受的规律和特点，必然要把受众研究引向歧途。

第五节 传播效果分析

一、效果及其特点

效果是所有传播行为的终极目的，没有传播者希望自己的传播行为没有任何效果。因此，传播效果是传播学研究中研究最早、最受重视、发掘最深也是成果最丰富的领域。

传播效果位于传播过程的最后阶段，它是传播过程中诸多要素的集合作用，是受众在接受信息后所产生的某种变化。传播效果通常具有以下几个方面的特征。

1. 内隐性。传播效果产生于一系列传播过程之中，其核心部分以及效果的具体过程，都深藏于信息接受者的内心深处，研究者对传播效果的测评只能依据一定的方法和标准。

2. 累积性。传播效果的形成是接受者在对大量信息的经常接触中逐渐累积起来的，短期的、强大的效果一般是不易产生的。

3. 恒常性。传播效果一经形成就不易改变，受众一旦形成惯性就会抗拒某些方面的信息干扰。

4. 层次性。大众传播通过传播信息会对不同的受众产生不同的效果。效果有短期和长期之分，有显性和隐性之分，效果的表现还有感知的、情绪的、知识的、行为的等各种效果。

1977年，美国学者伊莱休·卡茨在总结了自上世纪20年代以来的四十多年的传播效果研究后，将其研究轨迹分为三大阶段：第一阶段，魔弹论时期（1935—1955），认为传媒具有巨大的威力，是万能的；第二阶段，有限效果论时期（1956—1960），认为受众因为个人差异以及受到群体及社会环境等因素的影响，所以大众传媒很难改变人们的意见和态度，媒介的传播效果是有限的；第三个阶段是强效果时期（1960—1970），认为受众接触大众传媒是因为有其自身的需要和满足需要的动机,所以认为大众传媒具有较强大的功能,但并非无限的。

此外,还有学者对传播效果的研究历史提出了不同的划分标准,其中比较有代表性的是美国传播学者赛弗林和罗杰斯等人的看法。

赛弗林吸收了卡茨提出的传播效果三阶段的划分中合理的部分,提出了"强大效果论",认为效果研究有四个主要的理论发展轨迹:(1)魔弹论(1914—1940);(2)有限效果论(1941—1960);(3)适度效果论(1961—1972);(4)强大效果论(1973—1980)。

罗杰斯则将 1940 年以来的传播效果研究历程分为三个时代:(1)微弱效果时代;(2)条件效果时代;(3)随着电脑等新的传播科技的涌现,正在进入一个分层效果的时代。

至此,我们可以结合上述学者们的理论主张,把传播效果研究分为四个时期,如表 4-1 所示。

表 4-1 传播效果研究的四个阶段理论一览表

研究阶段	1935—1955	1956—1960	1960—1979	1980 至今
效果理论	魔弹论	有限效果论	适度效果论	强效果论
受者状态	被动、隔离	存在于一定的社会群体、关系与规范中	受者主动追求特定的信息	将受众防于社会心理学领域考虑
相关传播研究课题	军事宣传、商业广告	说服技巧、创新扩散、态度改变	使用与满足、议程设置、文化规范	沉默的螺旋
代表人物	拉斯韦尔	霍夫兰、拉扎斯菲尔德、施拉姆	卡茨	纽曼

二、效果研究的四个阶段理论

(一)魔弹论

该理论认为,传播媒介拥有不可抵抗的强大力量,而受众总是被动的、毫无反抗的,他们受传播媒介的摆布和控制。该理论又被称为"皮下注射论"。

在两次世界大战之间的几十年内,大众传媒如报刊、电影、广播等迅速发展,对人们的日常生活产生了巨大的冲击力,人们普遍认为大众传播具有惊人的强大效果,传播研究者认为大众媒介具有"魔弹式"的威力。

该理论产生的研究背景是当时西方盛行的本能心理学和大众社会理论。本能心理学认为,人的行为正如动物的遗传本能反应一样,是受"刺激—反应"机制主导的,施以某种特定的刺激就必然会引起某种特定的反应。大众社会理论认为,大众社会中的个人,在心理上陷于孤立,对媒介的依赖性很强,因而导致媒介对社会的影响力很大。

这种理论有很大的片面性和笼统性。它过分夸大了大众媒介的影响力,同时也忽视了受众对大众传播的自主权的选择和接受。受众是具有高度自觉的人,他们对信息不仅有所选择，而且还会自行决定取舍。此外，这一理论还忽视了影响传播效果的各种社会因素。传播效果与特定的社会环境、群体心态、政治、军事、经济及文化背景密切相关。

到了 20 世纪 30 年代，心理学和社会学的系列研究成果提醒人们，个性差异和社会关系差异等原因将会导致人们的行为的差异，也就必然导致人们接受大众传媒的效果程度有所差异。这些理论的提出彻底动摇了魔弹论的观点，进入 40 年代，传播效果研究进入有限效果论时期。

（二）有限效果论

有限效果论，又称为"最低效果法则"，意思是大众传媒的传播效果由于媒介的性质和它们在社会中的地位而受到限制。

美国传播学者通过对政治选举和商业活动进行了大量的实证调查研究，推翻了早年的"魔弹论"的观点，发现大众传播媒介的力量相当有限，往往小于人际传播的影响力；而且传播媒介通常只能加强或削弱受众的原有立场，很难彻底改变他们顽固的态度和行为。其中最著名的，莫过于拉扎斯菲尔德提出的"两级传播"理论与"舆论领袖"概念。

1940 年和 1945 年，拉扎斯菲尔德领导了"伊里县调查"和"迪凯特调查"，提出了传播学著名的"两级传播"现象和"舆论领袖"概念。

拉扎斯菲尔德在 1940 年的总统大选中，对伊里县的选民进行了一次调查。

调查的假设是：伊里县的调查能够证实大众媒介在构成人们关于在总统选举中如何行事的意向上具有直接的与强有力的效果。换句话说，就是大众媒介所宣扬的关于选举的观点将深刻地强有力地改变人们的选举行为或选举决策。

但是调查的结果发现：在影响选民投票决定方面，人际传播的影响比大众媒介更加经常，而且更加有效。而且在研究过程中发现，来自大众媒介的信息首先会抵达一些关键的个人，接着通过这些个人将信息传达给他们身边的亲戚、朋友或同事。

在此研究基础上，拉扎斯菲尔德他们提出了"两级传播"的理论：信息从大众传播媒介传递出去，并不是直接达到受众，而是经过一些关键人物，才真正传递到受众那里。或者说在大众传播的传递过程中存在一个非常关键的环节——人际传播，人际传播的效果要比大众能够传播更加强大。在两极传播过程中，对于那些关键的人物，拉扎斯菲尔德把他们称为"舆论领袖"。

接着 1940 年的伊里县调查，1945 年，拉扎斯菲尔德在美国伊利诺斯州的迪凯特，针对"舆论领袖"又作了一次调查。他们选取了购物、时尚、公共事务和看电影等四个方面，考察舆论领袖在这些方面的不同影响，并于 1955 年出版了《人际影响》一书，具体阐释了舆论领袖的相关理论，主要有以下主张：

1. 在社会的每一个阶层都存在着许多舆论领袖；
2. 舆论领袖比一般受众会更多地接触大众媒介；
3. 某一个特定领域中的舆论领袖在该领域中，具有相关的较高的知识素养和丰富的人生阅历。

两级传播论是传播学理论中重要的观点，但也受到了后人的批评。因为毕竟不是所有的新闻都要通过两级传播，有的可能是一步到位，有的可能是多级。大多数人们仍然通过大众传播了解信息。

同时，拉扎斯菲尔德将受众分成了主动积极的舆论领袖和消极被动的大众，这也是不科学的。在不同的领域，人们常常会因为不同的兴趣而对大众传播采取不同的态度，并不是某些人天生就是舆论领袖，而某些人天生就是普通公众。

（三）适度效果论

魔弹效果论和有限效果论不是过分夸大就是过分贬低了大众传播的效果，而大众传播的真实效果应该是介于两者之间的，应该从传受双方的互动中来研究传播效果。基于这样的认识，一系列的研究提出了适度效果论。它们分别是使用与满足理论、创新扩散论和议程设置论等。在这里，我们重点介绍使用与满足理论。

使用与满足理论，主张以大众传播媒介的受众为出发点，将受众视为积极主动的使用者，而不是消极被动的接受者。通过分析受众的媒介接触动机以及这些接触满足了他们的什么需求，来考虑大众传播给人们带来的心理和行为上的影响。

在现代社会，接触大众传媒在每个人的生活中都占据着重要的位置。那么，受众个人为什么要接触大众传媒？这种接触对他们来说究竟具有什么样的效用？在这个方面，"使用与满足"研究把受众成员看作是有着特定需求的个人，把他们的媒介接触活动看作是基于特定的需求动机来使用媒介，从而使需求得到满足的过程。受众的需求是促使其接触媒介的动因之一。

（四）强效果论

上世纪60年代到80年代，由于研究方法上对如何衡量效果有了新的进展，对传播效果的认识出现了明显的回升，这一时期的研究观点主要表现为"强效果论"。代表人物是德国的传播学者伊丽莎白·诺埃尔·纽曼，其主要理论是沉默的螺旋。纽曼认为，只要大众传媒遵循一些传播规律和技巧，运用编排、筹划技能、统一的观点，加上日积月累的渗透力，就能取得巨大的传播效果。当然，她所说的这样的效果与魔弹论时期的强大效果并不是简单机械的重复。两者之间存在着根本分歧，因为它不仅对受传者在传播过程中的主动性、积极性有充分估计，而且它对大众传播效力的估计是建立在必须遵循相关规律的基础上的。该理论认为，大众传播媒介可以取得强大的传播效果。

三、大众传播的社会宏观效果理论

（一）议程设置

我们都生活在大众传播媒介所建构的信息环境之中，通过大众传播媒介我们了解我们所生活的社会，通过大众传播媒介，我们逐渐形成对社会的看法。大众传播媒介作为社会的"雷达"，深刻地影响着我们的生活，在这个过程中，我们发现：媒介似乎常常把我们的注意力导向某些特定的问题或争端上。因此，大众媒介越是突出某个议题或某个事件，就越会影响公众关心此议题或事件。这一导向就是媒介的"议程设置"功能。

议程设置的一个例子来自美国新闻史上揭丑时期。林肯·史蒂芬斯是纽约《晚邮报》的记者。他发现，在警察局的地下室里常常流传着许多报纸从不报道的犯罪故事。有一天，有个案件牵涉到一户名门望族，史蒂芬斯便以此写了个报道。当报道登出来以后，引起了读者很大的兴趣，其他报纸的总编纷纷指责自己报纸负责警务报道的记者，为什么错过这样的报道。很快，纽约所有的报纸都争相刊登本报记者采写的犯罪新闻，以便与其他报纸竞争。一时间，报纸上所登载的犯罪新闻骤然增加，让公众以为这是一次"犯罪热潮"。当地的警察局长特迪·罗斯福亲自调查了此次"犯罪高潮"。通过调查，他发现这个高潮其实是由史蒂芬斯等记者制作出来的。

在以上的例子中，我们看到议程设置可能的功能：某一问题若被大众媒介所持续关注，那么该问题在公众心目中的重要问题便会得到提升。

"议程设置"理论主张：

第一，媒介在大多数情况下不能决定人们怎样想，但能非常成功地告诉受众应该想些什么问题。

第二，议程设置理论所考察的不是某家媒介的某次报道活动产生的短期的效果，而是作为整体的大众传播具有较长时间跨度的一系列报道活动所产生的中长期的、综合的、宏观的社会效果。

第三，议程设置提供了这样一个思考视角——传播媒介是从事"环境再构成"的机构。

（二）"沉默的螺旋"理论

德国社会学家伊丽莎白·内尔-纽曼1973年提出了传播学中"沉默的螺旋"理论。这个理论的基本思想可以表述为三个方面：

第一，个人意见的表达是一个社会心理过程。人作为一种社会动物，总是力图从周围环境中寻求支持，避免陷入孤立状态，这是人的"社会天性"。为了防止因孤立而受到社会惩罚，个人在表明自己的观点之前要对周围的意见环境进行观察，当发现自己属于"多数"或者"优势"意见时，倾向于积极大胆地表明自己的观点；当发现自己属于"少数"或者"劣势"意见时，一般人会由于环境压力而转向"沉默"或者附和。

第二，意见的表明和"沉默"的扩散是一个螺旋式的社会传播过程。也就是说，一方的"沉默"造成另一方意见的增势，使"优势"意见显得更加强大，这种强大反过来有迫使更多的持不同意见者转向"沉默"。

第三，大众传播媒介在沉默的螺旋中扮演着重要的角色，因为它是人们获得舆论传播的来源。大众传播媒介通过三种方式影响沉默的螺旋：对何者是主导意见形成印象；对何者意见正在增强形成印象；对何种意见可以公开发表而不会遭受孤立形成印象。

经过大众媒介强调提示的意见由于具有公开性和传播的广泛性，容易被当作"多数"或者"优势"意见所认知。

可以看出,"沉默的螺旋"理论综合了诸多传播学研究成果:

1. 该理论将受众放到社会心理学领域去考察传媒的效果,具有一定的启发意义。群体压力对于个体的影响,社会舆论对于个体的影响,是考察大众传播媒介的社会效果时,不可忽视的重要因素。

2. 该理论明确了大众传播媒介的议程设置作用。大众传播媒介通过对某一个问题的报道,许多媒介对同一个问题的关注,都会形成一种媒介议程,在受众心理产生影响。

基于以上的研究成果,纽曼提出,只要大众传播媒介遵循以上的研究成果,就能产生强大的传播效果。

(三)"培养"理论

"培养"理论由格伯纳等人在20世纪60年代后期提出。该理论的着眼点有两个:

1. 分析电视画面上的凶杀和暴力内容与社会犯罪之间的关系;
2. 考查这些内容对人们认识社会现实的影响。

通过研究,格伯纳等人得出结论认为,电视画面上的凶杀和暴力内容与社会犯罪之间并没有必然联系,但是,暴力内容会增大人们对现实社会环境危险程度的判断,而且对电视媒介接触量越大的人,不安全感会越强。

因此,"培养"理论主要认为,在现代社会,大众传媒提示的"象征性现实"对人们认识和理解现实世界发挥着巨大影响,受大众传媒的倾向性影响的人们心中的"主观现实"会和客观现实之间出现很大的偏差。这种影响的产生不是短期的,而是一个长期潜移默化的"培养"的过程。

此外,关于大众传媒的社会效果还有"知识沟"理论。

可以看出,人类对大众传播效果和影响的认识经历了一个不断深化的过程,这个过程又是与对受众的认识紧密联系在一起的。这也说明,传播过程各环节是紧密相连的,我们只有加强对传播过程的研究,才能不断推进对传播行为的认识。

第六节 传播效果的反馈

一、反馈及其意义

理想的传播状态应该是一个双向互动的过程:传播者将信息通过编码传递给接受者,接受者接受到信息后,对信息进行解码并实现对信息的理解。接着,接受者把他接受到信息的理解效果或相关态度再反馈给传播者。那么,在反馈阶段,接受者与传播者的角色就进行了互换:接受者变成传播者,而传播者又转变成接受者。这样,在理想的传播状态中,传受者的角色是相对的,存在着转换的可能。因此,反馈是理想传播过程中的重要一环,对它进行分析也就成为传播过程研究中的重要组成。

反馈是控制论中的重要概念，它指控制系统把信息输出后，信息传播的结果再返回控制系统，进而对控制系统下一次的信息输出发生影响，信息在这种循环往返的过程中，不断改变内容，实现对整个系统的控制。

传播的目的是为了寻求相互之间的沟通，只有了解受众需要，才可能实现有效传播，这是符合传播规律的。关键在于传播者要重视受众的反馈，反馈是传播的重要依据。

传播的本质是传播者与传播对象之间的一个相互交流、沟通和影响的双向过程，传播的价值是在传者与受众的相互作用中实现的。认识受众的反馈环节，才能真正还原完整的传播过程，揭示出人类传播的双向性质。同时，反馈是受众参与传播活动的主要方式，凸显了受众的主动性的一面。在反馈环节，受众由"信宿"变为"信源"，将对信息的反应（包括对信息内容、形式、价值、传播者行为等的看法）回传给传播者，实现与传者的对话，并影响后续传播，因而反馈研究是受众研究的重要组成部分，有助于认识受众在传播中的真实地位和作用。

对传播实践而言，首先，反馈是连接传受双方的桥梁，特别是在大众传播中，受众是隐蔽的、不确定的，传播者非常需要反馈信息了解受众。其次，反馈信息是传播者调节后续传播活动的主要依据。传播者通过反馈信息寻找实际传播与受众期待之间的差距，从而不断改进传播方式，以有效地增加传播在传受两端对信息理解上的一致性，提高传播的效果。第三，反馈意见是评估传播效果的一个现实尺度，这种来自受众的评价更为客观，有助于纠正传播者自我评价的偏差。第四，分众化传播越来越成为现代传播的主要趋势，反馈的作用就显得更加突出。分众化传播的实质就是对传播市场进行细分，细分的标准是受众的不同需求，而反馈信息是了解受众需要的重要来源。第五，受众不仅拥有知情权，同时还拥有利用媒介表达意见的权利和监督媒介的权利，反馈则是受众行使这种媒介接近权和媒介监督权的主要方式。

但早期的传播学研究并没有涉及反馈环节。最早建立的传播模式是线性单向的，把受众看作信息的终点站，信息没有回流。像早期的"魔弹论"，认为受众是完全消极被动的，没有自主性的心理和行为。1954年，施拉姆受奥斯古德观点的启发，创建了传播的循环模式，开始注意传播过程中的反馈，认为传播不是从传播者到接受者就终止的线性过程，而是一个不断互动循环的过程，传播者的传播和受众的不断回应构成互动循环的路线。60年代，德国学者马莱兹克建构的传播模式包括六个要素：传播者、讯息、媒介、受众、来自媒介的压力与限制、受众对媒介的印象，其中受众的反应被看作是传播的一个要素。90年代，传播学者赖森指出反馈代表受众解码后对传播各个方面的反应，是受众的一种责任。可以看出，随着传播学研究的发展，对反馈的研究在不断深化。

二、忽视反馈的原因

总的看来，传播者并不十分重视开发反馈资源，反馈所发挥的作用也十分有限。分析其中原因，主要有以下几点。

首先，大众传播中的反馈机制存在先天不足，这是由大众传播自身的特点所带来的。大众传播是点对面的传播，传播者是具体的点，是有组织的机构，而受众则是人数众多的不确定的面，而且是隐匿、分散、混杂和变动不居的，这样，传播者不可能获得系统全面的受众反馈信息。同时，传播者与接收者由于没有处于同一个时空之中，大众传媒这种中介工具介于传受双方之间，使得传播者和接收者之间的传播关系是间接的，延迟性的，因此双方难以有直接的交流，受众也就没有机会向传播者当面表达自己的反馈意见。在这种传播格局中，不可能像以面对面为主的人际传播那样产生直接、及时、全面的反馈，大众传播中的反馈通常都是间接的、滞后的、零散的。这是它固有的局限性。

从受众方面来看，受众参与传播的第一需要是接收信息，而不是反馈信息，即使在运用网络这种互动媒介时，受众也主要是利用其便捷的搜索功能寻找适用性的信息，而不是作为反馈源积极发言。能否积极反馈信息取决于受众的活跃程度、理解能力、表达能力以及反馈途径是否便利等诸多因素。因此，总体上受众的主动反馈总是寥寥无几的。这些零散有限、有时感性大于理性的反馈信息常常不能有效地代表公众的普遍意见，对传播者不具备现成的参考价值，需要传播者加以整理分析，特别是要跟踪累积性的反馈意见。

从传播者的角度来看，有研究表明传播者最关心同事、上司对传播的反映，其次是新闻来源对传播的反映，而对一般受众的反映是不重视的。"受众本位"多半是一种理想的传播理念。传播者要么按自己的主观意图去组织和传递信息，要么以臆想中的大众口味作为传播的依据。很少有新闻机构会安排足够的人手及时搜集、处理各类反馈信息，传播者也很少根据受众的反馈意见改变自己的传播意图和策略，多半只是对传播形式和技巧作些局部的调整。可见，传播者并未真正将受众的反馈放在传播运作的重要环节。

此外，由于传受双方对媒介的掌握能力不是相等的，在传播过程中占据的空间和地位是不平等的，传播者总是处于优先、主控的地位，因此，受众面对庞大神秘、无法掌控的媒介机器很容易失去传播过程中对话的热情，放弃对话的权利，而传播者却能够轻易地控制受众的反馈，会根据自身的需要对反馈环节实施把关。例如，传播者会精心设计调查问卷的内容、安排调查的步骤范围、引导热线交流的话题，从而获得自己期待的反馈信息。同时还会对反馈信息进行筛选，过滤掉多数否定性的反馈，而将肯定性的反馈通过媒介加以扩散，既能够利用它们美化媒介的形象，又能够将它们作为诱导因素，吸引更多传播者所期待的但未必真实的反馈信息。

所以，在大众传播中，通常情况下是传播者的传播行为主动起作用，受众的反馈行为被动起作用，反馈信息的价值认定、是否得到回应、是否被扩散，都是由传播者决定的，受众无能为力。控制论已经明确说明，反馈的目的是为了实现更有效的控制，大众传播中的反馈常常被传播者利用，经过调节产生新的目的性行为。从这个角度来看，反馈似乎更有助于形成传播路线的封闭性，而不是加强传受双方的互动性，其意义也就自然而然一直被忽视了。

从以上的分析可以看出，大众传播中的反馈是间接的、延迟的、有限的，有时甚至是被控制的，施拉姆的循环模式所暗示的传受双方完全平等、信息等量往返的观点并不符合大众传播的实际。

三、如何开发反馈资源

没有反馈信息作为依据的传播是盲目的。随着大众传媒走向市场和传媒技术的发展，受众的地位不断提高，受众的需求成为传播的主要出发点，受众的反馈也就不再是可有可无的了。尽管大众传播中的反馈有不同于人际传播的特点和种种局限性，有的是这种传播方式本身所带来的，也有的是因为传受双方重视不足、参与不足而造成的，认识这些特点和局限性，正是为了有效地寻求开发反馈资源的对策。

传受双方在观念上都应该树立起"双向传播"的意识。传播是人与人之间平等交互作用的过程，其基本前提是传播各方的主体地位的相互确认。在这种认识中，传播者更多的应该是对受众主体地位的确认，认清与受众之间是一种共生、平等的关系，而不是主客关系，受者和传者都是传播的主体，双方的互动才构成真正的传播。对受众而言，则主要是对自我主体地位的确认，认识到自己是传播活动的主动参与者和有效制约因素，而不仅仅是信息的被动接收者，自己可以通过积极的反馈表达自身的信息需求、监督传播者的行为、评价传播的内容，与传播者一起营建一个交流沟通、健康有益、公正平衡的信息环境。

具体做法上，第一，加大对大众传播中人际交流层面的开发，努力增强大众传播的可参与性、可交流性。近些年，各种节目主持人的设置、新闻报道的平民化视点的涌现、谈话节目的盛行、热线电话和各类受众栏目的开辟都可以看作是在大众传播中引进人际传播的良好做法，是对具有亲和力的、人性化的传播格局的追求，而只有在这种传播格局中，积极主动的受众反馈才会成为可能。

第二，建设一个完整的反馈体系。狭义的反馈仅仅指受众主动发给传播者的意见信息，广义的反馈还包括传媒机构主动从受众那里获得的意见信息，以及独立于媒介之外的调查机构提供给媒介的相关信息。所以，完整的反馈体系应该包括受众主动反馈的通道、媒介自身的调查机构和独立于媒介之外的调查、监督机构。受众主动的反馈真实由衷但有失零散，媒介调查机构的调查活动专业、系统、针对性强，但难免有主观倾向，独立于媒介之外的调查、监督机构则较为客观，三者取长补短，才能共同构建一个有效运行的反馈体系，获取真实、可靠、系统的反馈信息。

第三，拓展反馈渠道，为受众进行信息反馈提供便利。大众传媒应该划出更多的版面和时间，供受众发表意见和看法。另外，在新的媒介环境下，除了传统的反馈渠道，如受理受众来信、接待受众来访、开辟热线电话、开设读者专栏、开展问卷调查、进行个别访谈、运用仪器测量等，还应该充分利用网络这一新的媒介搭建信息反馈平台。

同时，网络作为反馈渠道有着明显的优势，网上反馈的形式丰富多样，如电子邮件、聊天室、新闻论坛、公告牌、在线主持的实时交流等，网络传播快捷便利、高度开放和类似于人际传播的双向互动模式有助于提高受众的主体参与性,能够克服大众传播反馈延迟性、间接性和易被控制的弱点。

第四,科学地收集和处理反馈信息。媒介机构应当设立专门的信息反馈部门,安排专业的、充足的人手,系统地运用统计学、数学、社会学的理论和方法,科学规划和设计调查的目标、方法、步骤,建立反馈信息库,将调查获得的信息和个体受众的反馈意见共同纳入信息库中,进行编辑整理、分类编号、统计汇总和分析解释,找出其中的内在联系,探究出受众需求的层次、类型和规律,作为调节后续传播和确定目标受众的依据。

第五,正确对待不同类型的反馈。既要重视传媒主动寻求的反馈信息,也要重视个体受众主动发出的反馈信息;既要听从专家的反馈意见,也要把一般受众的反馈作为参考;既要接受肯定的反馈,也要接受否定的反馈。

最后,反馈机制的运作应该经常化、制度化。人们现在喜欢什么样的信息并不能表明人们明天喜欢什么信息,受众的需求和兴趣总是处在不断的变化之中,因而,收集和处理反馈信息不是阶段性的工作,媒介机构应定期开展受众调查、开辟固定的受众专栏、长期跟踪反馈信息,使反馈机制长期有效运行,成为传播不可或缺的一个有机部分。

大众传播媒介要求的生存,必须重视受众,重视受众的反馈,满足受众的需要。新闻媒介应当首先满足受众的信息需要,其次才是娱乐需要。这是由于在目前的传播格局下,人们的大部分信息需要只能通过新闻媒介来满足,而娱乐需要则有很多替代物可以选择。当前很多媒介一味以娱乐性信息满足受众的做法,实在是舍本求末。媒介应积极地引导受众,调节其需要。

通过本章的分析可以看出,传播过程各环节之间是一个紧密联系的整体,对任何一个环节的研究都不可避免地牵涉到其他环节。我们只有将其联系起来进行考察,才能更加透彻、全面地认识传播过程。

思考与练习

1. 传播过程包含哪些环节?与这些环节相应形成了哪些研究分支?
2. 西方关于传播媒介研究有哪些代表性的理论?各自主张是什么?
3. 受众有哪些特点?他们对信息的心理选择过程都有哪些环节?
4. 传播效果研究经历了怎样的过程?从中可以看出对受众的认识经历了怎样的过程?
5. 如何认识反馈?加强受众的信息反馈有哪些方法?

第五章 新闻传播活动

第一节 人类传播活动

一、古代传播活动

人类文明的发展史，其实就是人类使用传播媒介的历史，也是媒介从简单到复杂的发展历史。人类通过使用、控制传播媒介，使文化得以延存下去；而传播媒介又以其自身的规律和特点，对传播的信息加以缩减或扩大。

人类的生存发展，首要的、最基本的就是通过生产劳动改造自然，创造物质生活资料。马克思、恩格斯在《德意志意识形态》中指出："人们为了能够'创造历史'，必须能够生活。但是为了生活，首先就要有吃喝住穿以及其他一些东西。因此，第一个历史活动就是生产满足这些需要的资料，即生产物质生活本身。"[①]

在原始社会，由于生产力的发展水平极其低下，人们逐渐认识到，在强大的自然界面前，个体人是无法独力战胜困难求得生存的，只有依靠群体的力量，齐心协力，共同合作，共同劳动和生活，才能对抗来自自然界的种种威胁。这样，从这种最基本的生产关系，人类社会形成了一种相互依存的社会关系。一旦人类活动以一种社会合作的形式进行，就必然要求社会成员协调一致，分享相当的共同的信息资源。原始社会的人们需要知道哪里有水源、哪里有事物、哪里会有危险，要共同应对，他们便互相联络，沟通情况，不断了解客观世界变动的新信息，趋利避害，分享信息，分担风险，采取合适的行动。这样，这种信息活动便成为人类早期便已经出现且不可缺少的一项活动，这实际上就是人类新闻传播活动的原始雏形。

口头传播是通过口头语言以及声音来传递新闻，是人类早期传递信息最基本的方式。作为个体传播媒介的代表，语言是人们进行人际间交流使用最普遍的媒介。语言传播是文字、书刊等媒介诞生之前最为便捷、覆盖面最广的传播方式。即使是在现代社会，人们可以从大众传播媒介中获得大量新闻、知识和意见，但仍少不了对语言的依赖。人类在发展过程中，需要语言获得信息、交换意见，解决日常生活中出现的各种问题。无数来自街头巷尾、茶馆、酒店的社会生活信息对我们的日常生活仍会产生极大的影响，甚至可以形成舆论的基础，尽管其中的一些属于谣言或琐谈。就像传播学者所描述的那样，无论是哪一

---

① 《马克思恩格斯选集》第1卷，北京：人民出版社，1995年，第79页。

种新媒介，都将在旧媒介的旁边占据它们的位置，而旧媒介不会消失，却可能因此承担新的任务。

信号传播是通过传受双方事前约定的信号快速地传递某种信息。中国古代有"烽火戏诸侯"的故事，就是通过白天用狼烟、夜晚用火光的方式传递军事情报。非洲土著的鼓语也属于此类，据记载，喀麦隆的土人不仅能通过鼓语报道新闻，而且还能传达法令甚至辩论。

符号传递则是通过某种表示一定含义的图画或者实物来传递信息。普列汉诺夫在《没有地址的信》中，就有关于原始人用绘画方式进行信息传播活动的记录。

文字的出现，使人类的传播进一步打破了时间、空间的限制，极大地促进了社会文明的进步与发展，不仅在当时，一直到今天，仍然是新闻传播活动最基本的符号。

五六千年前，岩洞象形文字、甲骨文字和钟鼎文字等的相继产生，使得人类的信息传播革命第一次突破时间、空间的限制，得以广泛流传和长期保存。

文字传播让异时、异地传播成为可能，大大提高了传播的广度和范围。以往的语言传播，是人与人之间的口耳相传、心记脑存，既不能"通之于万里，推之于百年"，亦不能保证信息在传播中不被扭曲、变形、重组和丢失。因此，"文字者，经艺之本，王政之始，前人所以垂后，后人所以识古"[①]。文字的发明及其应用于文献记录，可谓是人类传播史上的一大创举，是人类文明的重要标志。

造纸术和印刷术的推广应用，使得文字作为一种媒介符号对知识信息的传播发挥了主渠道的作用。我国北宋的毕昇在公元11世纪发明了便于文字复制的活字印刷术。公元15世纪中期，德国工匠约翰·古登堡发明了金属活字印刷术，仅仅半个世纪欧洲的书籍总量便激增了将近1000倍，从15世纪中叶的约1万册达到16世纪的900多万册。通过书籍、刊物、公报等对群体传播的媒介物，知识与信息以前所未有的速度在普通民众中传播开来，统治阶级和特权阶层无法再通过知识垄断、信息封锁加强统治、愚弄民众。信息与知识最大限度的保存，对人类文明的积淀做出了巨大贡献；而信息和知识在群体范围的传播，又极大地满足了社会工农业生产和贸易的需要，推动了社会生产力加速前进。

二、现代新闻传播

群体传播媒介的兴盛，在满足社会知识与信息需求的同时，提出了信息的时效与更新等更高的要求。新闻事业开始兴起，从而引发并逐步诞生了报纸、广播、电视等大众传播媒介。

新闻传播事业是近代、现代社会的产物，它是伴随着资本主义商品经济的兴起而产生的。人类社会早期的新闻传播活动主要是一般的人际传播和群体传播。传播规模小，传播的速度慢，社会的影响还是有限的。这期间的传播基本是定向传播，而没有形成面向社会的大众传播。在14和15世纪，在地中海沿岸的某些城市已经稀疏地出现了资本主义生产的最初萌芽。这些地区，商贸发达，成为东西方贸易活动的中心枢纽，大批商人迫切需要

---

① 许慎《说文解字叙》，《说文解字四种》，北京：中华书局，1998年，第288页。

及时了解各地的商品行情、船舶班期、道路状况和天气情况。适应这种需要，首先在威尼斯，后在罗马，出现了一批手抄报纸。到 15 世纪中叶，谷德堡发明铅合金活字印刷术，早期的印刷报纸也随之出现，它的大量复制，比之手抄报纸，传播范围迅速扩大。

  报纸的前身——新闻书最早诞生在经济最活跃的城市，1609 年德国出版了世界上现存最早的周报《报道与新闻》，1660 年，在德国出现《莱比锡新闻》，最初以周刊形式，三年后由周刊转为日报，这是新闻史学家公认的世界上最早的日报。随着周报和日报的出现，近代新闻事业的正式诞生。但此时的报纸因为价格相对较高，发行范围小，还不是真正意义上的大众传媒。18 世纪后期到 19 世纪中期，工业革命在造纸、印刷、交通、通讯等领域带来一系列革命性的变革。报纸的生产速度得以降低，发行速度不断提高，发行范围得以扩展，为报纸的大众化提供了可能。19 世纪 30 年代起，美国、英国、法国等国家相继进入"大众化报纸"阶段。1833 年，售价仅一美分的《纽约太阳报》出现在美国纽约的街头，成为世界上第一份成功的大众廉价报纸。从此，报纸逐步融入人们的生活并深刻地影响整个社会的发展变化。1920 年，世界上第一家广播电台 KDKA 在美国匹兹堡正式播出。1936 年，英国广播公司在伦敦郊外的亚历山大宫正式开播，成为世界上第一座电视台。广播、电视等电子大众传播媒介的出现，意味着信息时代的到来。它大大提高了信息传播的速度；传递手段十分简单，只要有一台接收机装置，就可以跨越空间在同一时间得到电台或者电视台发出的信号，无需中间环节；而且，人们不仅可用听觉代替视觉，还可以听觉视觉同时运用，接收音画结合的信息。大众传播媒介特别是电视的普及，使得大众传媒迅速替代由群体传媒、家庭和学校所起的作用，成为年轻人接触社会和接受教育最重要的工具。

  随着科学技术的不断飞速发展，新的媒介不断出现，网络、博客、手机电视……新媒体不知不觉已经渗透到了我们的日常生活中。新媒体最明显的特性就是互动性，传统媒体和新媒体之间不管有多大的区别，但是有一个共同点就是都需要内容。新媒体不会取代传统媒体，新媒体和传统媒体的融合会不断加深。就像电视的出现没有取代广播一样，网络的出现也无法代替传统媒体的传播特点，而是一个相互融合、取长补短的过程。

  传统媒体和新媒体是可以共存的。第一，新媒体的出现并未改变内容需求本身，而是改变了内容的表现形式和传播方式，内容是传统媒体和新媒体之间的桥梁；第二，传统媒体需要借助新技术拓展内容发行渠道以求新的发展；第三，传统媒体和新媒体的融合是大势所趋，跨媒体时代已经到来。

第二节 新闻的定义和要素

一、新闻的定义

  新闻，是人类新闻传播活动的核心。对新闻的界定，是全部新闻学研究的起点，新闻定义是人们对现实生活中存在的各种新闻事物、现象的认识和解释、总结与概括。关于新闻定义国内外新闻学界有不同的表述和理解。

在中国,"新闻"一词可以追溯到唐朝,唐初文人孙处玄说过:"尝恨天下无书以广新闻"。

徐宝璜1919年指出:"新闻者,乃多数阅者所注意之最近事实也。"①

同一时期还有邵飘萍对新闻作的界定:"新闻者,最近时间内所发生的,认识一切关系社会人生的兴味实益之事物现象也。"

著名记者范长江下的定义是:"新闻,就是广大群众欲知、应知而未知的重要的事实。"1943年在延安整风运动时陆定一提出:"新闻是新近发生的事实的报道。"②

复旦大学新闻学院的宁树藩教授提出:"新闻就是经报道(或传播)的新近事实信息。"

对于新闻的理解,西方新闻业界和学界有着不同的角度和看法。美国新闻研究学者约斯特在1924年的《新闻学原理》中提出:"新闻是已经发生或正在发生的事情的报道。"③

美国新闻学者威廉·梅茨提出:"新闻就是编辑说是就是的一切事物"。加拿大传播学者麦克鲁汉提出:"东西一进入报业就是新闻,其他未进入的就不是新闻"。

哥伦比亚大学教授麦尔文·曼切尔在《新闻报道与写作》一书中提出:"新闻是事件正常发生过程中出现的突变信息,是正常状况的突变。""新闻是人们对其生活作出合理决策所需的信息。"

克蒂斯·丹尼尔·麦道格尔在《解释性报道》中提出新闻是"对事件的报道,而不是事件本身固有的什么东西"。

通过对以上定义的分析来看,说明新闻的定义有广义和狭义之分。

广义上的新闻定义概括起来,主要有以下两种情况:第一种是泛指社会上普遍存在的一切新闻事物、现象。第二种是指与新闻传媒的传播活动相关联的事物、现象。

这是对"新闻"的广义的理解,就是把社会上普遍存在的新闻事物、现象作为新闻的解释和界定,它们属于广义的新闻定义。

狭义的新闻定义主要有"报道说"和"事实说"两类。这两类说法都强调了事实是新闻的本源,为反对唯心主义的新闻观、揭示和表述新闻的本质特征,作出了重要贡献;

"报道说"的代表是陆定一所作的新闻定义:"新闻的定义,就是新近发生的事实的报道。"陆定一在阐述这一定义时强调了"新闻的本源是事实","事实是第一性的,新闻是第二性的,事实在先,新闻(报道)在后"这一唯物主义的观点,这是具有重要意义的。

"事实说"也是我国新闻界对新闻定义的一种有代表性的阐述。我国第一部新闻学著作的作者徐宝璜1919年就下了这样的定义:"新闻者,乃多数阅者所注意之最近事实也。"

---

① 徐保璜:《新闻学》,1919年版,第7页。
② 陆定一:《我们对新闻学的基本观点》,《中国共产党新闻工作文件汇编》下册,北京:新华出版社,1980年,第188页。
③ 〔美〕卡斯柏·约斯特:《新闻学原理》,转引自王益民《系统新闻学理论》,武汉:华中理工大学出版社,1996年,第44页。

一些新闻界前辈也表达过类似的见解，如胡乔木的"新闻是一种新的、重要的事实"，范长江的"新闻，就是广大群众欲知、应知而未知的重要事实"。

对以上各种新闻定义表述分析可以发现，要客观准确地对新闻进行定义，必须理解新闻、信息、事实三者的关系。

新闻是信息。新闻和信息都是对客观世界物质运动、发展、变化的反映，反映都要求做到真实、准确，具有事实性，在人类的生产生活中都具有重要的需求性。雷鸣电闪、草长莺飞、四季交替……大自然里有很多人类需求的物理信息、生物信息，增加人类对外部世界的认知和把握。对人类社会自身，观察、了解、认知，构成了社会信息，更是人类生存发展的重要凭借。它们都可以帮助人类消除对外在世界的不确定的感觉。新闻也是一种信息，是属于信息这个属概念下的种概念。

信息的外延要比新闻更为广泛。换句话说，并不是所有的信息都是新闻。二十四节气歌中唱道："春雨惊春清谷天，夏满芒夏暑相连。秋处露秋寒霜降，冬雪雪冬小大寒。"这是人们每年都需要的信息，但是如果没有什么异常变动的话，它们并不构成新闻。如果说信息是变动中产生的，那么新闻就是异常变动中产生的，与人们的日常认知、日常心理趋向出现相逆反的、相异的状况。一般来讲，信息强调效用，新闻强调新鲜。新闻在事实变动的基础上，还必须有新意。2006年的冬天，美国纽约的人们竟然仍穿着半袖、裙子，北极的北极熊也异乎往常地不冬眠了，中国北方大部分地区也不是寒冬腊月的往年情景，人们惊奇地感受着这个平均气温高于往年十度左右的暖冬，各个国家、国际会议也都纷纷讨论研究这个现象。作为新闻来讲，这是绝对不可错过的报道内容。所以有此说——"新闻姓新"。

新闻必须是新鲜的信息，体现在新闻的内容上。形式上的新则是附属于内容上的新意的，是内容经过角度变换而重新组织和呈现出来的。内容上的新，是指变动具有新意。内容新使新闻明显区别于历史。什么是新意呢？整个客观世界是不断运动和变化的，每天都有新的东西出现，新闻要反映、捕捉的就是生活的种种变化。即使是"旧事重提"，对报道过的事物再次进行报道，那也是因为"旧事"又有了新的变动，或者"旧事"还在继续发展进行中。比如，2003年，曾于1974年发现兵马俑的陕西省临潼县农民要讨"发现权"，确认他们的兵马俑发现资格，就属于这种情况。所以，新意是一种纵向或者横向上的比较。

新闻是事实。陈述事实，是新闻的重要特征和根本属性。事实是新闻的本源，先有事实，再有新闻，事实是第一性的，新闻是第二性的，新闻是对事实的反映和报道。新闻事业的主体就是用事实说话、就事实评论。违反事实的报道，被发现是不真实的、假造的报道，是称不上新闻的。真实性是新闻的生命。同时，新闻陈述事实是以一种朴素的方式，严格界定修辞的运用、情感因素的渗透，以及适应于受众的表达方式，在这些方面，新闻明显区别于文学、哲学等其他人文学科。

陆定一早在1943年就提出："唯物论者认为，新闻的本源乃是物质的东西，乃是事实，就是人类在与自然斗争中和在社会斗争中所发生的事实。因此，新闻的定义，就是新近发生的事实的报道。"陆定一这段话抓住了新闻的基本属性，概况了新闻的一般特点，因而数十年来一直为国内新闻界所接受。

由此可以看出，新闻的目的是向公众报告事实，这是新闻得以存在的唯一基础。

二、新闻要素

新闻要素指新闻事实的主要构成因素，新闻构成的基本成份，又称新闻五要素、"五个W"。19世纪80年代，美联社提出新闻应具备 when（何时）、where（何地）、who（何人）、what（何事）和 why（何故）。这五个要素的英文开头字母都是 W，故通称"五个 W"。1898年，美联社主编 M.E.斯通提出：新闻中要回答"五个W"和"一个H"，即 How（如何），由此又有"新闻六要素"之说。

"新闻五要素"的产生，是电信技术的新发明应用于新闻传播的结果。由于当时电信技术还不完善，编辑部不得不指令记者把五个W或五个W和一个H写进新闻的第1段，即新闻导语中。一旦发电或收电出现故障，只要收到电讯的第1段就等于收到一条新闻的大意。从19世纪80年代以来，五个W一直被视为新闻写作的原则之一。1945年12月13日，中共中央机关报《解放日报》（延安）社论《从五个W说起》中指出："五个W是把事实弄清楚的最起码条件。"

构成新闻的六个基本要素是新闻报道对象成立，确保新闻真实性，取信媒体受众的基本条件和必要条件，更能全面、准确、清晰地反映和展现报道对象的发生、发展过程。

新闻基本要素的功能大致表现在两个方面：一是构成新闻事实的基本要件，确保新闻事实的客观真实，以具体完整的新闻事实印象提高新闻传播的可信度和公信力。无论是事件还是物体，要在人的头脑中留下清晰的印象，除了其外部特征，如类型、状态（大小、长短、颜色、温度等），还必须具备明确且相对稳定的时间和方位。缺少这些基本要素，人们不仅不会对所描述的对象产生记忆，而且还会怀疑其存在的真实性。二是有效地展示新闻事实发生发展过程，凸现新闻事实的价值，满足受众的需求，增强新闻传播的告知和服务功能。事物永远不会静止，它总是按照一定的自然规律运动和发展变化的，而且发展变化着的事物由于其动因和方式不同，必然会出现多种多样的趋势和结果。新闻事实莫不如此，而新闻基本要素中的"何故"、"如何"往往揭示的就是这些方面的情况。因此，这两个基本要素决定着新闻作品所反映的价值大小，层次深浅，以及媒体传播这些新闻的效果好坏和受众接受这些新闻的程度高低。

第三节　新闻传播的特点

一、真实性

真实性是指新闻报道与客观事实的相符程度。新闻的真实性要求在新闻报道中做到细节真实、总体真实、原因真实。

细节真实是指单个新闻报道中涉及的所有事实要素要与实际相符合，包括时间、地点、人名、各种相关事物的名称、事件过程、背景资料，以及所有出现在新闻中的引用材料也要准确无误，包括引用的谈话、信件、电子邮件、日记、文件、录音、表格、传真等。在引用人物语言时，特别注意标明是原句引用还是概括引用。细节真实是真实性的基本要求。新闻工作者往往要养成仔细核对的工作习惯，以避免失误引起不必要的麻烦或纠纷。

总体真实是指新闻媒体对社会各方面面貌的反映与实际相符合，主要是各种新闻报道的比例分布是否与实际情况相符合。把握住客观事物的做到对社会各个行业、各大产业、国家各个地区的重要新闻都不遗漏；正面的和负面的社会新闻报道也与实际生活相符合，不是光报喜不报忧，也不是光报忧不报喜。要了解社会各个方面的实际状况，所以，总体真实是对新闻工作者的更高要求，要求新闻工作者有对社会的总体把握和全局意识，敏锐地把握住主要的情况，正确地判断出个别现象在全局中的位置和作用，以避免对受众错误的引导。

原因真实是指对新闻现象的解释要与实际相符合。客观世界的变动，总是有它形成的原因、过程和结果，新闻既然是对客观世界变化的忠实反映，对重要的新闻事件，就必须积极探询它的内在成因，透过现象的表层，反映出它深层的真实，这样，才不至于被表面所迷惑，同时给受众一个更清晰合理的对事实的叙述。对事物表象之后的原因的探究，也是受众的需求决定的。曾经在新闻界有过如此的争议，认为记者应该"拣到篮子就是菜"，对新闻材料不加甄别，不加选择，更不加解释地进行报道。事实证明，事物本身有它产生的内在逻辑，如果一个记者不能通过采访收集材料最终反映出来这个内在逻辑，便不能满足受众的需求。

由于客观事物总是处于不断的变动之中，新的变动总是对旧的情况的否定和新发展，对一个复杂事物往往要进行连续报道才能对它有一个正确的反映，揭示出它的内在的真实面貌。马克思曾用精辟的语言深刻地揭示了新闻事业反映社会生活的运动规律，他说："一个新闻记者可以认为自己只是一个复杂的机体中的一小部分，他在这个机体里可以自由地为自己挑选一定的职能……这样，只要报刊有机地运动着，全部事实就会完整地被揭示出来。"[①]单篇新闻报道往往是对一个复杂事物发展过程的阶段性、局部性的反映，单个新闻记者也有精力、认知能力上的局限，但是随着事物的发展变动，连续的、多方的报道，才

---

① 《马克思恩格斯全集》第1卷，北京：人民出版社，1956年，第213页。

能体现事物的真实面貌。从范长江的《中国的西北角》里，我们可以看到他对中国红军的认识，对中国革命的道路的认识是有一个逐渐清晰明确的过程的，直到他成立了中国青年记者协会，组织更多的记者到革命根据地采访，对全中国做更真实的报道。

真实，是新闻的生命，是新闻本质的要求。受众需要的是世界变动的真实情况，他们依此进行各项活动，真实是新闻事业树立信誉、树立社会形象的基础。因此，新闻工作者必须学会尊重事实，一就是一，二就是二，对事实采取老老实实的严肃态度，如实反映，不能随心所欲造成曲解，对社会造成不良的后果，也对新闻事业和新闻工作者自身带来难以弥补的损失。

失实的新闻报道是新闻工作的大敌，也是社会的公害。新闻报道失实，有客观和主观两种原因。客观上，由于新闻工作要求的时效性，新闻出版与播出的短周期，新闻深度上往往有浮光掠影之嫌，新闻广度上有所局限，新闻效度上难免以迎合特定受众为工作时的心理定势，以及其他一些操作上、知识储备上、新闻设备上的疏忽与不足造成的失实；主观上，则或是由于工作态度不端正，或是由于受到某种利益收买，而造成新闻的失实。并且，一些新闻提供者，如提供线索者如果急功近利夸大其词，想以此赚取线索费；当事人或者相关公司只提供有利于自己的资料，甚至自造材料精心为自己宣传……这些都需要新闻工作者小心识别。

新闻界也曾有一些错误的写作观念和操作手法。比如，所谓剪辑合成法，把一些真实的素材，按照记者预设的主题、角度，拼凑、剪辑、合成、编造成一篇报道。这是一种不容易被识别的造假手法，妄图以局部真实，或某些细节真实，来取代整体，妄图假托某些真实的地理环境，甚至真实的人名地名，虚构一个看起来像真的一样的情节，但是一经核实和调查就会露出马脚。再比如，所谓导演新闻，按照记者的意图去摆拍、去演戏，破坏了生活的正常形态。再比如，所谓合理想象，完全是记者没有亲历却捕风捉影，擅自按照自己的主观意愿读解素材……这些都不符合新闻的意义规定，是要杜绝的操作手法。

新闻真实性的保证，其实也是一个系统工程，还需要严格的编审制度、校对体制进行把关，采用先进的技术手段保留原来的声像资料以辅助记者的记录等，通过层层把关、团体合作，才能最大限度地克服困难、确保真实。

需要注意的是，新闻的真实性是在社会责任的前提下，在法律的范围里。涉及未成年人保护、维护当事人隐私权、保护消息提供者人身安全、国家机密、军事机密、商业机密等情况时，新闻在文字、声音和画面的表述上，就要进行必要的技术处理。

二、客观性

客观是相对于主观而言，强调新闻工作者要注意不要被主观意识所左右，按照事物本身的面貌去报道。

马克思主义哲学认为，世界是物质的，真理是客观的。真理是对世界客观事物运动、发展、变化的正确反映。真理性的认识中包含着不以人的意志为转移的客观内容。真理作为认识论范畴，是人的认识对客观事物及其规律的正确反映。

真理的形式是主观的，但其内容是客观的，客观真理正是从真理的内容方面揭示真理的本质特征，体现了主观与客观的统一。

真理的主观性仅指真理的形式而言，即真理内容的表现方式是主观的，是以观念形态而存在的。真理的客观性指的是真理的内容是客观的，具有不以人的意志为转移的客观实在性。只要是真理，就必然符合主观与客观相统一这一原则，承认这一原则，也就承认了真理的客观性。真理内容的客观性，决定了人们不能随意制造或改造真理，只能在实践中发现和发展真理。在同一角度，同一时间、地点、条件下，人们对事物的认识可能会千差万别，但真理性的认识只有一个。认识的真理性和认识内容的客观性是一致的，客观真理的内容不应包含与客观事物及其规律相违背的主观成份，不能因人而异，否则就会抹杀真理的客观性，所谓主观的"真理"绝不是真理。

真理的客观性包含两重含义：其一，真理的内容是客观的；其二，检验真理的标准即实践也是客观的。

新闻的职业目标也是要追求、寻求、探求事物的真相，获得对事物真理性的认识，从而对人们的生活产生实际有益的影响。所以，自然而然地，客观也成为新闻工作要体现出来的一个基本要求和原则。

客观性原则本质上要求新闻从业者以超然的态度公开报道最充分的事实，展现客观世界的完整面貌，体现社会的公正。无论中外，新闻从业者都将客观性原则及其对应的客观报道手法作为新闻工作者的信念与追求。

但是，有没有绝对完全的客观呢？

新闻报道是记者对客观社会生活的反映，它是人的认识活动的产物，是人的主体作用于客体的结果，也就是说，每条新闻都不可能是"纯客观"的，具有"主观性"的人的思维在反映具有客体性的存在时总是会表现出某些不属于对象本身特征的特殊形式和特点。

比如，同样报道1997年香港回归，不同倾向的媒体因立场不同，往往会对同一事实作出非常不同的反应。

新华社和《大公报》的报道洋溢着民族自豪感和由衷的喜悦之情。

新华社：1997年7月1日零点，中华人民共和国国旗和香港特别行政区区旗在香港升起，经历了百年沧桑的香港回到了祖国的怀抱，中国政府开始对香港恢复行使主权。

《大公报》：1997年7月1日0时0分0秒，在香港会议展览中心专为中英政权交接仪式新建的大会堂里，英国的米字旗和港英旗于6月30日午夜24时最后时刻落下之后，中国的五星红旗和特区旗升起到杆顶飘扬。压在中国肩头156年的奇耻大辱，此刻，在整个世界的注目之下得以洗雪，香港终于重回祖国的怀抱。

而路透社和美联社的报道，则透露出无奈，并带有一定的怀疑。

路透社：6月30日午夜时分，当查尔斯王储将香港归还中国时，英国结束了一度强大的大英帝国历史。

美联社：随着午夜国旗的交换，焦虑不安和兴奋的香港今天摆脱了156年的殖民时代，并开始了在欢欣鼓舞的共产党中国主权下捉摸不定的新时代。

正是由于这种主体的介入和主观能动性的作用，就使得新闻报道在总体上说来必然带有倾向性。正确把握新闻倾向性，首先是新闻工作者要准确选择事实。社会生活千姿百态，新闻工作者不可能有闻必录，而必须经过认真的选择。

新闻的客观性与新闻的倾向性其间究竟是一种什么样的关系呢？承认新闻的客观性是不是要排斥新闻的倾向性呢？或者说肯定了新闻的倾向性是不是要否定新闻的客观性呢？实际上，新闻的倾向性要受到新闻的客观性的制约，只能在尊重事实的基础上表现自己的倾向性。内容上要符合客观事实，选择上要按照新闻规律办事。这样的报道，才容易被受众接受，也才有影响力。强调客观，有利于更接近真实，体现对读者的尊重，是避免所谓广告新闻、有偿新闻、支票新闻等恶劣现象的有效举措。

新闻实践是主体与客体的统一，新闻报道也是倾向性与客观性的统一。在新闻实践中，客观性是基础性原则，倾向性要建立在对客观事物的正确了解与认识上。

三、公正性

新闻公正性原则的基本要义是尊重事实，实事求是，是建立在客观事实的基础之上的。它是涉及利益关系分配的伦理学概念，也是新闻真实性的必然要求，因而也是新闻学里重要讨论的理论问题。

新闻的公正，常常是指给论辩双方以同等利用媒体的机会。在我国，新闻媒介素有"社会公器"之称，将公正性作为新闻媒介应尽的责任。新闻公正性原则常常是通过媒体和记者平衡各种消息来源和对事件的不同解释所显示出来的中立而体现出来的。新闻公正性也是中西方新闻界普遍推崇和追求的原则。

不公正的做法则往往表现为，只提供自己赞成的，以之误导受众，剥夺他人利用媒介的机会。具体表现有：偏袒一方，压制另一方；强扭事实，片面报道；主观武断，强加于人；不给更正，难以申辩；作者有权，读者无权。

在具体的新闻报道实践中，公正总是不可避免地被倾向性，即媒体和记者的立场所影响。如何看待公正性和倾向性的关系呢？倾向性是客观存在的，是新闻工作者在报道和评述新闻事件时所表现出的态度和基本倾向。社会主义的新闻事业，必须坚持正确的舆论导向，就要求新闻工作者具有鲜明的政治和思想倾向性，运用马克思主义的立场、观点、方法分析事物，认识问题，准确反映客观事实，以充分地发挥新闻媒体、引导舆论、传播知识等社会功能。新闻工作者价值观的差异导致新闻倾向性的产生。而新闻工作者的价值观由他所处的政治、经济地位、身份、社会文化背景、教育程度等形成。因此,每个利益主体站在他的立场上,他所感到的"公正"首先是对其自身利益的维护。应该说,我们在承认事物客观性的基础上,公正性是对客观事物有正确平衡的认识之后的一种利益分配关系,最大限度地协调各个群体的利益。这要求记者在报道各种利益冲突与斗争时,能站在第三方的角度上,跳出来俯视全局,给各方以平等的机会进行争论或讨论,申诉各自的理由。倾向性要建立在客观事实报道的基础上,也应该是建立在公正性的基础上的,要承认公正性的基础性地位和原则。这就是为什么说公正性是媒介取信于民、立足社会的基础,也是倾向性发挥社会效应的前提。没有权衡各方利益、缺乏公正的倾向性是乏力的,得不到支持的。

现实新闻报道中,新闻公正性原则面临诸多挑战,尤其在国际新闻报道领域,受到政治、外交形势的影响是比较明显的。这需要新闻从业人员把它作为一项原则去追求、一个目标去逼近,或者朝着它去努力。总体来说,由于全球化的趋势日益明显,网络新闻的传播更是跨越国界,新闻传播者的倾向性在现代社会越来越受到制约,呈弱化趋势,客观、公正仍然是基础性的原则。

四、时效性

时效性是新闻报道的基本特性,新闻的可贵之处就在于它的"新"。毛泽东在《对晋绥日报编辑人员的谈话》中,明确指出,"报纸的作用和力量,就在它能将党的组织路线、方针政策、工作任务和工作方法,最迅速、最广泛地同群众见面"[①]。快速传播,不仅是对报纸的要求,对于广播、电视,尤其是现在的网络传播更是一个最起码的要求。发挥新闻的时效性不仅能赢得受众、争取主动,而且能增强新闻的传播效果。

发挥新闻的时效性,就是要求记者在新闻发生的第一时间,最先到达新闻现场,用最快的速度将新闻的基本事实真实、准确地反映给受众,也就是在事实真实、准确的前提下,以最快的速度将新闻传播出去。

新闻必须快捷及时。新闻工作者被誉为"追赶太阳的人",随着通讯技术的发展,新闻时效的标准又被不断地改写。几百年前《威尼斯公报》可将几个月以前发生的事情看作新闻,当今,这一时效标准已经被缩短为几个小时、几分钟、几秒钟,一直到时差为零的同步传播。新闻频道的整点播报,滚动新闻字幕、随时重大新闻的插播,让我们感受到现代生活的快节奏和高效率。快速及时的报道,最好地诠释了新闻的功用,最大限度地发挥了新闻的社会作用,挖掘出了信息的巨大潜力,与我们发展越来越快的社会生活相适应、相促进。

时效性是新闻工作对新闻从业人员提出的重要职业要求。

[①] 《毛泽东选集》,第二版,第4卷,北京:人民出版社,1991年,第1318页。

保证时效性，需要记者下笔千言的写作能力，在紧急关键的时刻，是对记者职业素质的极大考验。为此，记者必须培养抢新闻的竞争意识。刘宋时，恒温北征，书记袁虎随军出发，需要发布新闻时（那时以"露布"的形式发表），命袁虎倚靠在马前写作，袁虎手不辍笔，很快便写出了七张纸，"殊可观"（见《世说新语·文学》），这就是历史上所谓的"下笔千言，倚马可待"。随着现代社会新闻竞争的不断加剧，更是任何时间都是黄金时间，要求记者一边亲历事件现场，一边就把心里的腹稿写出来，并很快传送出来。

　　保证时效性，需要方便快捷的通讯技术支持。在我国，古老而有名的一种传递信息的方式就是利用战鼓、狼烟等声光信号，有家喻户晓的"烽火戏诸侯"的故事流传；秦朝大一统后，"书同文，路同轨"，设立了遍布全国的驿道、驿站、驿使，修通了连接全国36郡的信息传送要道，"快马加鞭不下鞍"地传递特快邮件、特急军情。历史上也曾有过用信鸽飞书传信。而对人类突破速度真正具有划时代意义的是19世纪开始出现电报、电话、无线电等电讯技术的发明，以及短波、同步通讯卫星、电视、传真，以及互联网在我们的生活中普及，人类真正可以与时间同步了。今日的新闻工作者便必须掌握和利用最先进、最快速、最清晰地传递工具。同样看一场体育比赛，一般的观众可以任意使用自己的时间，文字记者们却要一边用心看比赛，一边用心在笔记本电脑上写文章，一旦比赛结束，他们便要快写快发，立即将稿子收尾，火速传回本社或本台。美国有限电视新闻网的崛起时机就是其对海湾战争的报道，它实现了人类历史上第一次对一场战争的直播。第一架轰炸伊拉克的战斗机刚刚离开航空母舰的甲板，电视新闻中便已经出现了飞机起飞的镜头。所以，今日媒体的竞争，保证报道速度的先进设备是基础性的装备。

　　保证时效性，要注意报道时机的把握，反对贻误时机，也反对唯速主义。这个问题类似于我们在讲真实性时提醒的要考虑社会利益、社会效果，要讲法律。一些特殊的稿件要拿准最佳报道时机，要有利于取得良好的社会效果。时机得当，引起人们的重视；时机不当，反而有可能造成人们的错觉、误解、反感，甚至经济上和政治上的损失。所以，报道时要求新闻工作者要考虑发表时的社会环境、背景，读者的兴趣、注意的变化，与实际生活、重大政策的配合状况如何；要求新闻工作者站高望远，从全面、政治上把握社会问题，懂得正确运用战略、策略，从容操作。新闻工作者在采编工作中遇到时新性较强的新闻时，一定要保持冷静。特别是记者得到一条难得的新闻线索，往往会激动万分，会想到这个新闻如果能马上发出，就能引起社会的强烈反响。这时，他们最着急的事就是怎么快写快刊，以免被别人抢先。心思用在这上面，就可能会出问题：一是匆忙中出了差误，记错人名、地名、时间等要素，甚至搞错一些事情的前因后果，造成张冠李戴；二是不留心，被一些怀着不可告人目的人利用。在实际工作中要灵活，通过周密考虑做到速度、效果二者兼顾。

第四节 新闻传播过程

新闻传播基本要素包括新闻传播主体,新闻受众和新闻媒介。这三个基本要素,构成了现代社会生生不息的新闻传播的社会流程。

一、新闻传播主体

新闻传播主体同时也是新闻信息的来源,是指在新闻形成过程中向大众传媒及新闻记者提供新闻线索和背景资料的机构和个人。

政府是国家行政机关,是国家权力的执行机构,对国家事务行使着管理、监督、指导、服务、保卫等方面的职能。政府的职权包括对内和对外两个方面。对内,指挥国家机器,维持统治秩序和社会秩序,调整各种社会关系,管理公共服务事业,发展社会福利等。对外,发展与其他国家的政治、经济、文化交流,保卫本国领土完整和主权不受侵犯,维护国家的独立等。由于政府具有特殊的地位,在新闻传播中,它始终是主导性的传播者。

社会组织也是重要的新闻传播的主体角色,它可以借组织系统的力量进行有领导有秩序有目的的信息传播活动。人类社会组织包括政治组织(政党、政府、群众团体等)、经济组织(各种企业)、军事组织、教育组织(学校)、宗教组织等。各种组织每日每时都要进行组织传播活动。组织是躯体,传播就是循环器官,传播不畅,组织就要衰亡。说组织的首要职能就是传播,不为过分。任何组织都是同信息传播同步生成的,组织的目标、系统、规范的形成和运作都离不开传播,而组织传播活动又必须凭借组织的系统才能进行。

个体的人是人类社会中进行得最为频繁、传播的信息总量最多、传播的实际影响也可能是最大的新闻传播主体,这是因为它具有最大的双向性和产生效果的即时性。作为个体的新闻传播活动,是指个人与个人之间的信息传播活动,可以是面对面的交流,也可以是借助书信、电话、传真、网络等各种媒介进行的传播。加拿大学者麦克卢汉指出:"任何新媒介都是一个进化的过程,一个生物裂变的过程。它为人类打开了通向感知和新型活动领域的大门。" 通过个体进行的人际传播活动,可以获得与生产、生活和社会生活有关的信息,从而进行环境适应决策,并以此为依据来调整自己的行为。个体进行传播,还可以通过建立社会协作关系。通过了解他人,和让他人了解自己,来达到协作目的。通过他人对自己的评价、态度等这面"镜子"来认识和把握自己,建立起和谐的人际关系。

新闻传播主体是新闻事实的提供者、新闻资源的占有者和新闻权威的代理者,它在很大程度上决定着新闻传播的质量。为了克服新闻来源对新闻传播的控制,新闻传播者必须遵守新闻工作准则和职业道德,充分发挥主观能动性,深入调查核实新闻来源,力争真实、客观、公正地传播新闻信息。

新闻传播者要将事实转变为新闻,要运用媒介特有的信息符号来进行编码,然后受众接受我们的报道,来进行解码,这样才能实现一个完整的信息的流程,信息传播的流程。

职业的新闻报道者不仅要采集事实,选择事实,报道事实,还要解读事实,从信息的深度、广度上来满足受众对信息的期望值。作为新闻传播主体,不仅要具备自己所传播的内容和节目所需要的背景和专业化的水平,熟练地把握新闻报道的规律和媒介传播的规律。比如说:广播新闻传播是用听觉信息符号(包括声音、音响和音乐等)采录编辑制作成广播节目播出。电视新闻节目,电视新闻从业人员要用视听兼备的多元符号(包括影象、有声语言、照片、图式、图表、文字、灯光等),通过采录编辑制作成电视节目播出。

二、新闻传播受众

新闻传播受众是指新闻传播活动中新闻信息的接受者,也叫受传者。既包括大规模新闻传播中的群体——报刊的读者,广播媒介的听众和电视媒介的观众,也包括小范围新闻传播中的个体参与者和对话者。在知识信息化社会,新的传播媒介,互联网络上的信息接收者也属于新闻传播受众的行列。

新闻传播的目的是让受众接受传播者所传播的新闻信息,新闻传播以传播效果为中心,而受众的接受又是传播效果得以实现的集中体现。在新闻传播的过程中,受众不单纯只是一个被动的接收器,也不是信息的主动的制造者,而是一个能够自由地面对信息的制约者与反馈者。人生活在一个瞬息万变的世界里,自然界和人类社会每时每刻都在发生种种变化,为了生存和发展,人就要不断了解外界信息,减少对外界变动状态的不确定性。

受众是新闻信息产品的消费者,是新闻信息流通的终端,也是对信息、媒介以及传播者的检验者。新闻传播要达到预期的传播效能,就必须研究和分析受众,把握好对受众的角色定位。

新闻传播对象很广,由于生长环境、教育、风俗、语言、社会制度等因素的影响,受众在道德标准、价值观念、政治立场上存在着很大差异。因此,必须针对不同的情况,采取不同的传播方式方法。在充分了解受众的思想实际、兴趣爱好、接受能力及他们的疑虑甚至误解之后,才能开展有针对性的传播工作。

在建立社会主义市场经济的过程中,受众的主体——人民群众,既是精神产品的接受者,又是精神产品的传播者。受众选择大众传媒已呈现明显的功利色彩,对大多数传媒所传信息的反应是有选择性地接受;在接收信息的行为方式上也由过去的被动接受转变为主动搜寻。受众在地域分布上表现为大分散、小聚集;人员构成也具有多层次结构,兴趣、爱好和需要更趋于复杂多样的鲜明特点。

当代新闻传播受众的特点主要表现在以下五个方面:

(1)数量庞大。新闻传播的受众由大量的人群构成。一家全国性的报纸,发行量常在百万份以上;一家全国性的电视网,其观众可达数亿人。以新兴的公交移动电视为例,在一个人口1000万以上的城市,比如上海,公交系统每天平均接载乘客700多万人次,按现安装的移动电视机推算,每天约有 310 万人次收看移动电视,平均每 45 分钟有 8.3 万人次以上实际触达人流,是一个庞大收视群落。

同样,迅速发展的网络传媒也汇集了越来越多的受众。据中国互联网络信息中心统计,截至 2006 年 12 月 31 日,我国网民总人数为 13700 万人,上网计算机总数为 5940 万台,域名总数约为 4019020 个。① 据国外媒体报道,中国的互联网用户人数和宽带用户人数仅次于美国,均居世界第二。另据有关资料标明,全球网上汉语内容达到了 10%,排在英、日、德语内容之后,与西班牙语和法语内容不分伯仲;访问汉语网站的用户占全球用户总数的 12.2%,居全球各语种网站访问量排名的第二位。② 可见,随着社会的不断发展,对于媒介的需求越来越大,受众的数量也在急剧膨胀。

(2) 分布非常广泛。新闻传播的受众在空间或者说地域位置上的分布十分广泛,难以限定,可以遍及地球上的任何角落。香港《大公报》旗下的"大公网"现设 14 个时脉道,64 个子频道,7 个专题频道,是一个集新闻、时政、经济、体育、财经、文化、娱乐、专辑等内容于一体的综合性网络新闻媒体。大公网的受众分布于美国、加拿大、澳大利亚、新加坡、日本、中国内地及港、澳、台等近 100 个国家和地区。日点击率高达 1000 万次,其中以美国商务机构、教育机构及政府机构为主。全球阅览量中,美国占 43%(美加地区共占 45%)、澳大利亚占 10%、中国内地占 18%、香港占 16%、台湾占 3%、其他占 8%。香港《文汇报》背靠大陆,立足香港,面向世界,除香港版外,每日还出版发行欧洲航空版、美洲版、东南亚版、泰国版、菲律宾版、缅甸版、马来西亚版、东马版、北马版、加拿大版(周刊),海外版目前日发行量已达 40 万份,读者遍及五大洲。

(3) 构成复杂。受众是由不同民族、国家、阶级、阶层、地位、职业的社会成员所构成的集合体,其成分异常复杂,其个性特征更是千姿百态。以我国电视新闻受众为例,目前总人数超过九亿,人们分别喜欢不同的电视节目,但都对新闻节目给予了特别关注。他们根据自己的喜好收看各种类型的新闻信息,这些喜好受年龄、职业、政治经历、文化程度、经济条件、地理环境等诸多方面的影响。呈现出多样而复杂的不同需求。同为电视受众,却有可能分别对国家级电视台、有影响的卫视、境外卫视新闻、本埠新闻节目关注度不同。社会上层和高收入人群,包括政界官员、企业界名人、影视文化名人等,对电视新闻的关注往往要高于普通受众。他们最需要从新闻中了解政策变化、市场信息、本行业动态,有时他们也作为新闻人物出现在荧屏上,常常需要利用电视提高自己的社会影响力,或用于为自身的资本增值,提高集团的经济效益。 而社会中层人群,包括机关行政人员、学校教师、普通文艺工作者、金融和一些垄断行业职工、中小企业管理人员等,对电视新闻的需求,因行业的不同,呈现多样化。但有一个共同点,就是都非常关心社会的公共信息,关心社会对本行业的评价,注重自己在社会中的位置。他们以合理的身份参与电视中

---

① 中国互联网发展统计报告[EB/OL] http://www.cnnic.net.cn/。
② 李向荣:访汉语网站用户居全球第二[EB/OL]http://www.cnradio.com.cn/news/200312060079.html。

有关社会问题的讨论，利用自身的社会地位和专业知识示范社会，是电视受众中综合素质较高的人群。对于底层人群来说，包括工薪蓝领人群、温饱型社会人员、乡镇农民（民工）、待业人员、老弱病残等，生活在社会地层，电视新闻是他们了解社会、参与社会的一个主要途径，他们对电视抱有一种虔敬心理，当自身利益受到侵害时，他们最先想到的就是通过电视来表达自己的情感、愿望、需求。电视是他们生活中的一个主要内容。

（4）流动性强。外在的流动指人们在地域上的流动，人群的流动会带来相关信息、物质、生活、经济等一系列全方位流动，从而带动区域经济、人文、生活等价值层面的全面发展，也使得新闻传播的受众结构始终处于动态的环境之中。根据2005年9月北京市公安局统计，北京市共有359.9万外来人口，分布在市区、近郊和环城带区的有210万人，其中朝阳、海淀和丰台三个区193.9万人，大兴、通州、顺义、昌平、房山等101.1万人，比十年以前上升了10个百分点。在近郊和环城带区，现在已陆续形成了61个万人以上流动人口聚居的地区。① 内在的流动指由社会成员职业、地位的改变而导致的社层流动。在社层流动过程中，社会成员不断从政治上、经济上、文化上改变自己所属的社会群体、社会阶层，进而导致文化、心理和需要的变化，造成新闻传播受众结构的变化，这就增加了有效传播的难度。

（5）隐匿性。新闻传播是面向全社会公众的传播活动，因而决定了它拥有人数众多、分布广泛的受众，而不限于某个狭小的范围。在新闻传播过程中受众与传播没有直接的接触，不能展开面对面的对话交流，受众与传播者在时间上和空间上都是分隔开的。受众之间互不相识，互不联系，处于分隔状态，大众传播机构对受众成员既不认识，也不了解他们的情况。即使可能了解受众总体的一些主要特征和愿望要求，也难以确知受众成员的个人情况。从这个角度看，广大受众处于隐匿的状态。

三、新闻传播媒介

随着社会的发展和生产力的不断提高，客观世界的变动和社会变革在不断加剧，人与人之间的社会依存性和了解外界变动的需求量越来越大，原有的人际信息交流远远不能满足社会大多数人的需要，在这种情况下，专门为满足社会大众新闻信息需求的行业应运而生。随着科学技术的进步和传播手段的不断更新，新闻传播事业成为人类社会不可缺少的专门发布新闻信息的机构，新闻传播事业是满足社会大规模新闻信息需求的产物。

现代信息社会逐渐形成，现代传播媒介在人们生活中占据极为重要的地位。大众传播媒体开始占据人们生活的重心，成为人们获取信息真正的最重要来源。

作为大众传播媒介的最早代表，报纸可以通过背景材料、历史资料和细节描写等，对新闻实践作更深入、更详尽的报道，对重大事件作更为深刻的分析；读者拥有选择权，可

---

① http://beijing.qianlong.com/3825/2005/10/21/1060@2852405.htm.

以自行安排阅读的时间，挑选自己喜欢阅读的内容；报纸可供反复阅读研究，并可作为历史资料长期保存。不足之处是：报纸速度比广播、电视慢，相比之下，时效性稍差；文字报道不如声音、图像那样亲切、逼真，感染力和现场感不如广播和电视强；阅读报纸要求人们必须具有一定的文化水平，而文化程度不高的人们要受到限制。

广播的优点是传播迅速，电波每秒钟运行 30 万公里，能做到现场即时播出；广播不受地域、交通条件的限制，可以跨省跨国，传播范围宽广；听众不受文化水平的限制，语言和音响的配合，更增强了报道的感染力。不足之处是：只凭听觉，不留痕迹，除非录音，否则无法保存，增加了收听和研究的难度；听众没有选择的自由，只能按节目安排顺序收听。

电视节目传播迅速，视听兼备，功能全面，受众广泛。电视节目内容丰富，可集形、声、色于一体，综合绘画、雕塑、建筑、音乐、诗歌、舞蹈、戏剧、电影等多种艺术形式，提供新闻性节目、知识性节目、服务性节目、娱乐性节目等，表现力极强，并有多种频道可供选择，比主要通过文字符号传播信息的报刊，比仅仅提供听觉形象的广播要优越得多。在电视屏幕里观看广大世界，方便迅速，更有强烈的现场感、参与感、接近性，使电视的受众也是最广泛的，不受文化程度、年龄、职业、民族等的限制。电视保留性差，这一点与广播相近。

随着科学技术的不断发展，新兴媒介的种类不断增加，在现代生活中的作用越来越明显，目前体现为四种具体形式：网络，电脑，手机和游戏。其中游戏虽然还没有被大多数人承认，却也在形式上不断显露出新媒介的特征，美国《连线》杂志对新媒介的定义是："所有人对所有人的传播。"清华大学新闻与传播学院熊澄宇教授认为，新媒介是"在计算机信息处理技术基础之上出现和影响的媒体形态。"而按阳光文化集团首席执行官吴征的说法，"相对于旧媒体，新媒体的第一个特点是它的消解力量——消解传统媒体（电视、广播、报纸、通信）之间的边界，消解国家与国家之间、社群之间、产业之间边界，消解信息发送者与接收者之间的边界，等等。"

互联网作为信息时代的一个新宠，被称为继报纸、广播、电视三大传媒之后新兴的"第四大媒体"，这一概念在 1998 年 5 月联合国新闻委员会召开的年会上正式使用后，在国内已得到广泛使用。流动在互联网上的信息有六个特点：内容丰富、形态多样、迅速及时、全球传播、传播自由、互动性强。随着互联网的迅速发展，我国新闻 1995 年开始上网，众多传统媒体与网络"联姻"获取了"网络版"、"电子版"等前所未有的新形态，而且近几年已形成一定规模，越来越多的新闻通过互联网传遍世界，年轻一代对于资讯越来越倚重互联网等新兴媒体。美国未来学家尼葛洛庞帝在其著作《数字化生存》里写道："个人不再淹没在普遍性中，或作为人口统计学中的一个子集，网络空间的发展所寻求的是给普通人以表达自己需求和希望的声音。"现在，报纸、广播、电视等传统媒体仍保持有各自的优点，但起主导作用的将以互联网为主体的数字化传媒，这些新型传播媒介融合了以往媒介的功能和特点，又在更高的层次上实现了真正意义的传播，赋予了个人前所未有的对媒体施加影响的权力，实现了人类社会传播基本模式的变迁。

上世纪 90 年代末，中国人民大学舆论研究所一项调查显示，互联网对报纸读者的影响只有 2%左右，冲击不大，几乎可以忽略不计。但是，到了 2004 年，一项针对北京市场的调查显示，北京只有 1/3 的人阅读报纸。其中，在 35 岁以下的年轻人中，有 11%的人已不阅读报纸，而习惯于从互联网上获取新闻信息。据统计，截至 2005 年底，全国已有 70 多万家网站，约有 1.1 亿网民经常在网上获得信息，居于世界第二，仅次于美国。2006 年，这个数据已超过 2 亿。2006 年《时代》周刊的封面是一个电脑屏幕及键盘，而电脑屏幕其实就是一面镜子，你可以通过反光看到自己的样子，《时代》周刊通过这样独特的设计表达：2006 年的年度人物不是某个伟人，不是某些冲突中的主角，而是网民，互联网上的个人正在改变着信息时代的本质，对我们的生活有着真正的影响。

新兴新闻传播媒介同传统媒介相比，呈现出以下特点：

（1）受众分化日益细致——较传统媒介的大众化针对特定的受众族群会有特定的媒介行为；

（2）受众参与性更强——即时、实时、及时，受众与媒介的接触不再具有明显可以辨别出的时滞性；

（3）媒介整合能力增加——将各种媒介形式汇集其中，各种媒介可以包含的内容囊括其中，再以新媒介的形式向受众呈现出来；

（4）受众拥有更大自主权——由于可以包容任何形式的媒介，或者说具有强烈的补充和填补性质，新媒介造就了一代又一代受众可以选择自己喜欢的传播方式，包括包含在新媒介中的旧媒介形式，来展现自己的媒介自主权；

（5）对于科学技术的依赖加强——无论是网络，电脑，手机还是游戏，这几种形式的新媒介，其在大众面前的呈现都是需要依靠当今信息时代的数字化技术，缺少了这种平台，这几种新媒介都是建立不起来的。

四、新闻传播反馈

反馈是连接新闻媒介和新闻受众双方的纽带。在新闻传播中，受众是隐蔽的、不确定的，新闻信息的传播者非常需要反馈信息来了解受众。反馈机制将有助于传播者调整新闻价值取向，积极主动地向受众市场靠近。无论报道什么新闻事实，都要按照一定标准进行取舍。新闻理论中是以及时性、重要性、接近性、显著性和趣味性作为新闻价值标准的，但判断信息有没有报道价值、读者会不会喜欢、能不能扩大影响，凭这些抽象标准往往难以实际操作。

反馈信息可以为新闻传播媒介调节后续传播活动提供重要的参考。价值隐藏在受众市场中。发掘出这些价值需要传播者躬身力行，或者说，需要努力从受众那儿获取反馈的信息。可以说，有反馈才知道传播中存在什么缺点，才知道受众的思想变化，以后的传播工作才可能对症下药、有的放矢。

例如，随着中国经济社会的发展变化，广播电视节目发展迅速，中国的广播电视受众的欣赏口味日见多样化，整体的欣赏水平日见提升，观众需要什么（what），观众为什么需要（why），观众什么时候需要（when），观众需要多少（how often）等为广播电视媒体反馈系统研究提供了很好的研究课题，也为广播电视媒体提出了如何制定采取传播策略提供了依据，同时这也是受众反馈研究的意义所在。

新闻传播反馈也是新闻改革中的一个重要机制竞争机制、激励机制和约束机制。是当前许多媒体的内部机制改革的重要内容，它们对激活新闻从业人员的动力很有效果。

思考与练习

1. 如何理解新闻定义？
2. 新闻有哪些要素？
3. 新闻传播有哪些特点？
4. 当前传播环境下有哪些新的新闻传播主体？
5. 新闻传播受众有什么特点？
6. 如何利用反馈提高新闻传播效果？

第六章 新闻传播事业

第一节 新闻事业的性质

一、新闻事业的性质

新闻事业的本质属性体现在它是一定社会的经济基础通过新闻手段的反映,新闻事业在整个社会组织构成中不属于生产力,也不属于生产关系即经济基础环节,而是属于上层建筑。

上层建筑分为两个部分,即政治上层建筑和思想上层建筑。政治上层建筑是建立在一定经济基础之上的政治法律制度及其设施,它构成了社会的政治结构。思想上层建筑即社会意识形态,它是社会文化结构的重要组成部分。新闻事业属于思想上层建筑,即它是意识形态的一个组成部分。新闻具有意识形态属性,是观念上层建筑。作为新闻机构及其业务活动的总称的新闻事业,是新闻这种意识形态的物质附属外壳。

作为一种社会文化结构,同哲学、文学、艺术等社会意态形式相比,新闻事业具有更强烈的政治性,对经济基础的作用更直接,反映社会生活更加迅速、范围更加广大、影响更为重要。它通过特有的新闻手段为社会经济基础服务,是推动社会经济基础发展和完善的重要力量。

新闻事业的基本属性指的是新闻事业既具有社会性,又具有阶级性,是社会性和阶级性的统一。

新闻事业的社会性,是指新闻事业要面向整个社会,为各个阶层的社会公众提供信息服务。在社会发展的进程中,作为一种大众传媒,新闻事业已经彰显了极其突出的社会功能,主要体现在具有重要的社会整合功能和社会公众服务功能。社会是一个宏大的系统,新闻事业与这个大系统的各部分是一种互动共生的关系,社会的发展和环境的变迁,都会引起传媒的调整与变化;大众传媒对社会的发展也有一定的促进作用,如培养大众的欣赏趣味、引导舆论及推动社会迈向文明等。

新闻事业的阶级性,是指在阶级社会中,新闻机构及新闻工作者在新闻传播过程中表现出的立场和观点,代表一定阶级的利益和要求,为一定阶级服务。新闻事业一般是由在社会上占统治地位的阶级所支配。统治阶级利用自己有利的政治地位和雄厚的物质力量,通过或明或暗、或直接或间接的办法,影响、掌握、控制报刊、通讯社、广播、电视、网站等新闻机构,通过新闻和评论,传播统治阶级的思想,使之成为在社会上占统治地位的思想。被统治阶级当然也会通过或合法或非法的方式出版自己的报刊，宣传自己的思想，抵制统治阶级的思想。但是，在统治阶级的制约下，其影响微弱，无法摆脱统治阶级的新闻舆论和思想的影响。

新闻事业的性质由经济基础的性质决定，反映和代表统治阶级利益的经济基础，决定了新闻事业要反映和代表统治阶级的利益和要求。

二、社会主义新闻事业性质

1. 社会主义新闻事业是党和人民的耳目喉舌。1849 年，马克思在《<新莱茵报>审判案》的发言中说：报刊"是无处不在的耳目……是热情维护自己自由的人民精神的千呼万应的喉舌"[①]。1930 年我们党的政治机关报《红旗日报》在发刊词中说："本报是中国共产党的机关报，同时在目前革命阶段中必然要成为全国广大工农群众之反帝国主义与国民党的喉舌。"[②]1948 年，刘少奇同志在《对华北记者团的谈话》中说："你们是党和人民的耳目喉舌"[③]。此后，"耳目喉舌"一词一直用来表述我党我国社会主义新闻事业的性质。新闻工作是意识形态工作的重要组成部分。

我们的新闻事业是建立在以公有制为主体的社会主义经济基础之上。这决定了新闻事业的性质，是党和人民的事业，而不是个别人或个别群体的私有财产。新闻事业是党和人民事业的重要组成部分，坚持党管媒体，始终为人民服务的准则任何时候都不能动摇。把社会主义新闻事业当作是党和人民的耳目喉舌，是坚定新闻职业信念的基础。新闻工作者忠于党和人民，关键在于自觉接受党的领导。新闻工作一旦脱离党的领导，就如同火车偏离铁轨，是颠覆性灾难。广大新闻工作者要在思想上、政治上自觉与党保持一致，在新闻实践中自觉贯彻党的要求，在报道、编辑、播音、主持等具体工作中，全心全意完成党交给的任务，尽心尽力做好各项宣传报道。新闻事业的应当把体现党的意志和反映人民心声统一起来，当好党和人民的耳目喉舌，特别是在危难关头、非常时刻，更要把党和人民的利益放在首位，能够及时、准确地为党、政府和人民提供国内外的真实信息，及时、准确地宣传党和政府的路线、方针、政策，及时、准确地反映人民群众的意见、呼声、要求。这也是社会主义新闻事业区别于其他社会条件下的新闻事业的重要标志。

2. 新时期社会主义新闻事业的双重属性。新闻事业在过去一直被看作是党的舆论宣传工具，基本上按国家事业单位的规定和要求，承担党和政府赋予的宣传报道任务。1978 年中共十一届三中全会以后，人民日报社等首都 8 家报社联名向财政部要求试行"事业单位，企业化管理"的经营方针的报告获得批准，自此，社会主义新闻事业兼有事业性和产业性双重属性。

---

① 《马克思恩格斯全集》第 6 卷，北京：人民出版社，1961 年，第 275 页。
② 《中国报刊广播文集》（三），第 51 页。
③ 《刘少奇选集》上卷，北京：人民出版社，1981 年，第 397 页。

"事业性质,企业管理"是对社会主义新闻事业双重属性的准确描述。新闻事业的性质决定它必须服从党和政府的领导,但在管理上采取企业的方法。新闻媒介是独立的法人,在经济上必须自主经营、自负盈亏、依法纳税。也即是新闻媒介在政治上必须恪守党性原则,经济上可以依法按社会主义市场经济规律行事。"事业性质,企业管理"之间是互为补充、相互制约的关系。事业属性决定着传媒业基本的存在形式、行为方式和根本的利益方向、工作原则,产业属性决定着新闻事业长远的生存基础和发展潜力。

第二节 新闻事业的功能与效果

一、传递信息

普利策说:"倘若一个国家是一条航行在大海上的船,新闻记者就是船头的了望者。他要在一望无际的海面上观察一切,审视海上的不测风云和浅滩暗礁,及时发出警告。"

人类作为一种具有思维能力的社会性动物,对信息的倚赖不言而喻,对信息的需求更为复杂多样。人类从个体到组织、群体,都离不开对外部世界的了解。人们需要不断地获得新的信息,根据周围世界新的变化来决定今后的行动。为了更好地生存和发展,更好地生产、工作、学习和生活,现代社会的人们既需要知道近在身边的、本地的情况,还需要了解全国的、国际上的重要信息;既需要了解与自身行业有关的情况,也需要了解全社会政治、经济、文化、思想各方面的状况。当代新闻事业以现代化的传播手段,已使新闻信息的传播形成一个巨大的传播网络,每时每刻提供各种新闻,拓宽人们的视野,影响人们的思想和行动。人类进入了信息社会,新闻信息工作使人们了解周围世界的真实状况,为人们打开了视听,扩展了生存空间,已成为现代人生活、决策不可或缺的工具。

信息功能是新闻传播事业的基本功能,可以说是看家武器。自从有了专门从事新闻信息传递的人,人类社会的运转更加灵敏,对外部世界的把握能力大大加强,社会发展加速,激活了政治、经济、文化、科技等各个领域与全社会的关系,使其共同前进发展。

现代新闻传播事业的信息服务具有公共性,面向全社会,以推动全社会良好发展,实现全社会共同目标为生存发展的基本依据,而服务于全社会。不论是大众、小众,都不能缺少信息传递,新闻信息传递也使社会各个领域之间有更好的协调,使全社会的发展一致,形成合力。信息功能是新闻事业最重要、最基本的社会功能,对全社会有着重要的作用。我国社会主义新闻事业是党和人民的耳目喉舌,是党和政府与人民群众相联系的重要纽带与桥梁。新闻事业将决策层的信息自上而下迅速传递给广大人民群众,将人民群众的信息自下而上传递给决策层,使民主决策良性互动,党的纲领、路线、方针、政策能够密切联系实际,更好地制定和贯彻执行。群众在社会实践中创造的光辉业绩、涌现出来的先进典型,能够在全社会得到发扬,他们遇到的问题、提出的建议和要求,可以及时地放到社会公共议题里得到更好地商讨和解决。现代传播媒介这种交流、沟通、协调，这种耳目喉舌、纽带桥梁的作用，使其在现代社会中扮演极为重要的角色。

二、引导舆论

舆论是什么？"舆"，从词源上考察，是指车，又指古代奴隶社会中一个低的等级的名称，后来泛指地位低下的人。鲁迅《灯下漫笔》里，引有《左传》（昭公七年）的一段记载："天有十日，人有十等。下所以事上，上所以共神也。故王臣公，公臣大夫，大夫臣士，士臣皁，皁臣舆，舆臣隶，隶臣僚，僚臣仆，仆臣台。"[1]在这十个等级中，我们可以看到"舆"所处的位置，是排在第六位，应该是属于社会上的最大多数。而舆论就是群众的言论。

舆论对社会有一种软监控的作用。舆论可以调节社会、规范人们的行动，但与社会的政治力量、法律力量的直接监控、强制实施不同，舆论是通过特殊的精神力量和道义力量发挥作用。规范社会成员、指导、约束其言行的，除了政治、法律以外，道德、道义，是民间历史地形成并继承下来的一些规范，无形却有力地影响着社会风气，促使社会健康、有序地运转和发展。

但对同一事态，经济利益和政治地位等基本相近的人们或社会集团往往有大体相同的看法，具有群体性；而不同的社会成员和社会群体，由于经济利益、政治立场、价值观念、文化教育、道德意识、思想情趣等的不同，对社会生活中的重大事件和有争议的问题，往往产生不同的意见和态度，所以，舆论作为群众意见、态度的汇集，又具有多样化的特征。

一个社会能够协调、整合各种舆论，得出对社会发展有益的比较一致的可行的看法、观点，统一思想和行动。新闻事业就是这样一种重要的舆论工具，在形成和引导舆论方面，具有巨大的、不可替代的作用。正如马克思所指出："报纸是作为社会舆论的纸币流通的。""报刊最适当的使命就是向公众介绍当前形势、研究变革的条件、讨论改变的方法，形成舆论，给共同的意志指出一个正确的方向。"社会舆论作为一种观点，它们的形成常常要经过一个复杂的选择、交流、影响、渗透、探讨、争论的过程。而通过新闻媒介对意见、议论的采集、传播、及时公布、设置议题进行讨论，经过连续不断的对事实的报道和评论，对广大受众施加影响，引导他们的思想观念和言论行动，朝着有利于社会总体利益的方向发展。这就是新闻事业引导舆论的功能，是新闻事业另一项极为重要的社会功能。

人们对一个事物的认识受到多方面的影响，是有过程的，错误的、消极的舆论，可能会混淆是非、扰乱视听，为社会上某些错误或偏激的情绪推波助澜。相反，正确的、积极的舆论，才能振奋精神，激扬民气，凝聚人心，增强社会合力，因此，每个国家、政党、政治集团，都非常重视对舆论的引导。

---

[1]《鲁迅全集》第一卷，北京：人民文学出版社，2005年，第227页。

新闻事业对舆论的反映、传播和引导，主要通过报道事实来表达自己的观点，或就事实发表意见，这是新闻事业最基本的引导策略、最大的引导艺术。

三、传播知识

人类社会的前进离不开文明的传承，科学知识的继承，尤其今天，知识经济时代已经到来。学习、汲取、积累知识，是现代人的必修课与常修课。

家庭、学校、社会是教育的三大场所，而新闻传播事业又是一种重要而特殊的教育工具。它增加社会凝聚力，扩大社会共同经验；减少社会无序性、疏离感；继续人的社会化过程，使个体人始终在社会中适应生活，在学校教育之前和之后，继续提供帮助。

新闻事业传播科学文化知识，具有许多优势。第一，传播范围广。新闻事业面向社会、公开传播的特点，是它基本上不受时间、空间的限制，任何人任何时候，都可以随时随意地阅读报刊、收听广播、收看电视、利用网络，通过它们获得各种知识，进入一个名副其实的"没有围墙的学校"。新闻事业传播知识的广泛性，不仅体现在接受知识的对象上，也体现在知识传播的内容上。举凡人类需要的各种知识，社会科学，自然科学，从宇宙星际到分子原子，从高科技到生活小常识，古今中外，无所不包。第二是层次多。为了适应不同职业、不同年龄、不同文化程度的受众的需要，新闻媒介的知识传播呈多层次性。有适应面最广的百科知识式的内容；有人们从事本职工作所需要的相关的知识；有直接帮助人生活工作的技能性知识；有拓宽人的感情空间、启发人的创作灵感、提高人情趣的审美知识；还有帮助人们树立正确世界观、人生观、实现人生价值的思想观念方面的知识等。第三是知识新。比起新闻事业传布的知识来，学校教科书就显出了滞后性。新闻事业传播知识，更注重迅速及时地介绍新技术、新成果、新知识、新理论、新观点，大大缩短了知识传播的周期，防止了知识内容的陈旧滞后。第四，选择性强。人们可以不受任何限制和约束，自由选择适合自己的方式和内容，既没有教学计划的束缚，也没有考试考查的压力，全凭自己的兴趣爱好，根据自己工作、学习和生活的需要进行选择。第五，形式灵活。新闻媒介运用灵活多样的传播形式和传播手段，设置各种知识性的专栏和节目，直接向受众传播科学文化知识。

新闻事业在传播科学文化知识过程中，应当遵循以下原则：一，真实准确，科学最讲究实事求是，来不得半点虚假；二，通俗易懂，将专业性很强的科学知识准确、生动地阐述出来；三，科学性，揭示事物的发展规律，探求客观真理；四，思想性，影响人们的世界观、方法论去认识世界，改造世界。

四、服务生活

接触新闻传播媒介，是较为方便、成本较低的休闲放松方式。媒介产品的形式通常具有一定的审美功能,从排版到印刷,从画面到音响,都尽量地制作精美。媒介产品的内容里所反映出来的情趣,也能感染或陶冶接收者的心情,调节他们的情绪,丰富他们的精神生活。不仅如此,媒介还提供丰富多彩的专门的娱乐性节目,这也是媒介的重要组成部分,因为娱乐节目能快速有效地提高收视率,扩大媒介的知名度,与新闻性节目相配合、相辉映,为新闻媒体赢取忠实的受众。之所以如此,正是由于娱乐节目有助于缓解压抑情绪,解除心理紧张,释放不满情绪,使现代人在紧张的工作生活之余得到充分的休息调整。媒介的娱乐功能现已受到前所未有的重视,成为吸引受众、保持长期市场占有率的重要手段。

在为大众提供娱乐的同时,要防止娱乐信息的负面效果。一味地追求受众,容易使媚俗化的东西泛滥,使暴力、性爱等内容充斥,进而影响到未成年人的身心健康,并过分占有人们的时间。

广告是新闻事业得以运行的血液。刊载广告,维持着新闻事业的基本生存和发展。新闻和广告之间是良性互补的关系,新闻事业的壮大和声誉可以为它招徕更多的好的广告客户,反之,更多的广告又壮大了新闻事业的实力。广告对社会的经济发展有巨大推动作用。通过在媒体上刊登、播放广告,首先,传递了商业信息、消费信息,沟通了产销,消费者如果有某方面的购买需求,媒介正好提供了认识和了解各种商品的便利条件,包括商标、用途、使用和保养方法、购买地点和购买方法、价格各项内容。其次,激发消费需求,增加销售,开拓消费市场,促进了企业的发展;广告本身也携带有知识性信息和审美性信息,介绍商品、指导消费者的同时,传播了一定知识;好的广告往往也包含新奇的创意和精美的形象,使人们树立新的消费观念的同时,陶冶情操,增加了精神上美的享受。好的媒介,总是尽量使它的广告在需求定位、制作品位等方面都与整个媒介相适应。

第三节 新闻事业的组织机构

在当代社会,新闻传播媒介是按照一定的结构、功能和规则联合而成的一种机构、一种组织、一种事业。现代新闻传播事业在社会结构中,既是最具规模、最有实力的信息产业,有是最有影响、最具威力的社会舆论机关。新闻传播事业是指各种新闻传播机构及其各项信息传播活动和经营管理活动的总称,新闻传播事业是在社会生产力发展到一定的阶段,适应一定的社会需要而产生的。

近代新闻事业伴随着资本主义商品经济的兴起而产生。近代新闻事业的形成标志有以下几点:出现了专业化的传播机构和新闻从业人员;形成了具有新闻需求的受众群,有了新闻市场;出现了非手工操作的传播工具;展开了规模比较大的和持续不断的新闻传播活动。

当今世界各国的新闻事业体制并不相同,主要有三种运行模式:

1. 以美国为代表的以私有制为主体的完全商业化运作体制。基本特点是：以赢利为最终目标，极力争取广告客户，倾向、迎合甚至自觉地代表那些大企业、大银行的利益；以收视率为节目制作、播出的直接目标，要争取广告客户，节目必须有相当的收视率；以迎合受众为节目策划的基本原则；垄断竞争是美国整个电视业运作的基本模式，三大广播公司、三大电视网目前控制着全美90%左右的观众市场。

2. 以西欧各国以及日本为代表的公私兼顾的双轨制运作体制。基本特点是：公营模式与私营模式平分秋色。公营模式，有相对独立的管理机构，宣称不受政府的领导和控制；以视听费作为主要收入，电视节目基本上不播广告，电视台直接对公众负责，不受广告商的干涉；民间多把它作为半官方性质，因为从传统上看，公营台还是天然地倾向于政府，宣传政府的施政纲领，维护政府的形象；公营台把观众作为"公民"而不是"消费者"，侧重于时政和社会教育节目，尤其重视新闻，娱乐节目也偏重于健康，寓教于乐；但相比于商业运作的媒介，公营台的节目一般都比较严肃、凝重，缺乏活力。20世纪80年代以来开始鼓励创办私营电视台，同时将公营台继续保留，取长补短，并存竞争。

3. 以中国为代表的完全国有的有限商业化运作体制。基本特点是：电视台的所有权完全属于国有，除了政府投资外，其他任何企业都不得在电视台投资；是党和政府的宣传机构、党和政府的喉舌，主要领导人由党和政府任命，宣传报道方针必须和党的行动纲领、政府的施行纲领保持一致并经过党和政府的批准；承担着宣传党和政府的重大理论、方针、政策的职责，在此前提下，尽量满足观众对信息和娱乐的需求；20世纪90年代开始，确定"事业性质，企业化管理"的运作模式，在经营上开始商业化运作。从1996年广州日报报业集团正式成立到现在，我国各省市已经成立了大量的新闻传媒集团，我国新闻事业正在积极探索媒介集团的"公有制的多种实现形式"道路，循序渐进，整合资源，面向国际，大胆尝试，力求使集团组建及运作符合产业发展规律，逐步建立新的机制和体制。

第四节　社会主义新闻事业的工作原则

社会主义新闻事业担负着引导社会舆论的职责，是构建社会主义先进文化的重要力量，是承载社会良知的生动载体，因此，要保证社会主义新闻事业健康持久的发展，必须遵循以下工作原则。

一、党性原则

毛泽东曾经指出："我们是站在无产阶级和人民大众的立场。对于共产党员来说，也就是站在党的立场，站在党性和党的政策的立场"①。党性，是阶级性的集中体现。新闻事业的党性，是指政党主办或领导的新闻事业在新闻活动中对本阶级意志的贯彻和体现。社会主义新闻事业的党性原则，就是指无产阶级政党和社会主义国家对新闻事业的地位、性质、任务、作用等总的看法和纲领性意见，是无产阶级党性在新闻事业中的体现，它要求无产阶级政党领导或主办的新闻舆论工具在新闻实践中贯彻和表达无产阶级的利益和意志。

党性原则是社会主义新闻事业的根本原则，是马克思主义新闻理论的主要支柱，是新闻工作活动的基本准则，是坚持新闻宣传正确导向的根本保证。社会主义新闻事业只有坚定不移地坚持党性原则，坚持政治家办报，坚持实事求是，坚持走群众路线，才能把握正确的舆论导向，在任何复杂多变的形势面前，保持清醒的头脑，不迷失方向，才能有旺盛的生命力，更好地服务于党和国家的工作大局。

社会主义新闻事业的党性原则是由党的性质决定的。党性原则主要包括：宣传党的路线方针政策，在政治上同党中央保持一致，密切联系人民群众，坚持"三贴近"原则，唯真求实，遵守党的宣传纪律。党报在报业竞争中要立于不败之地，就要发挥党报优势，把握正确导向，讲求宣传艺术，做到指导性与可读性的有机结合与统一。要坚持"政治家办报"，立场坚定，旗帜鲜明，完整、准确、迅速地宣传党的路线、方针、政策，服务中心，服从大局，团结群众，鼓舞群众，坚持党的基本路线不动摇。

要做到坚持党性原则，就要坚持马克思列宁主义、毛泽东思想、邓小平理论和"三个代表"重要思想的指导地位。要坚持用马克思主义的立场、观点、方法去观察世界、诠释现象、分析问题，通过切实有效的舆论宣传，指导改革开放和社会主义现代化建设的伟大实践。

要做到坚持党性原则，就要在组织上自觉接受党的领导。要坚持对党负责与对人民负责的一致性，坚持民主集中制的组织原则，严格遵守党的纪律及新闻宣传工作的方针、政策和各项规定，保证为人民服务、为社会主义服务的正确方向。

二、真实性原则

客观事实，是新闻报道的第一要素，可以说，坚持新闻的真实性，是对新闻工作者和新闻媒体最基本、也是最重要的要求。

陆定一曾明确阐明了马克思主义新闻学的真实性原则："辩证唯物主义就是老老实实主义，这就是实事求是的主义，就是科学的主义"，"在新闻事业方面，我们的观点也是老老实实的观点"，系统地阐述了"新闻的本源是事实"、"新闻如何能真实"。

新闻的真实性具体表现在以下几个方面：

1. 构成新闻的基本要素要完全真实；新闻真实要求新闻事实必须确有其事，构成新闻

---

① 《毛泽东选集》，第二版，第3卷，北京：人民出版社，第848页。

的基本要素必须真实，包括时间、地点、人物、事件、结果等新闻要素等；同时，新闻事实的环境、过程、细节、人物的语言与动作必须真实，新闻中所涉及人物的思想认识和心理活动等，必须是当事人或知情人所述等等。

2. 新闻中引用的各种材料要真实可靠。材料可以分为两大类型：事实性材料和观念性材料事实性材料指客观存在的现实事物，主要包括人物、事件、事物、现象、统计数字等。事实性材料可以通过直接实践经验获得，也可以通过新闻媒体或其他信息载体获得，如从总结、报告中得到。人们常说，"事实胜于雄辩"，"摆事实，讲道理"，可见在写作中，事实性材料有着重要的地位。观念性材料是作者从别人那里引用来证明自己观点的理性认识。这些理性认识一般都在实践中经过反复验证，其正确性得到了人们的公认。观念性材料主要包括科学原理、定义、名人名言、格言谚语等。观念性材料由作者通过学习、阅读来获得。

引用材料的"真实"应该是上述两种材料真实的统一。所引用的材料，从生活真实角度看，都是真正发生过或者正在发生的事实；从本质真实角度看，都是能够显不事物本质和规律的。只有两种真实都达到了，真实性才算得到了真正的实现

确凿，也是属于真实范畴的一个概念。确凿是要求引文中的事实、引文、数据，都要准确无误，经得起核实。再具体一些，时间、地点、统计数字，都要精确；引文中的字、同、句、标点符号，都要和原文相符。表述事实时的移花接木，引文时的断章取义，是要坚决杜绝的。

3. 能表现整体上本质上的真实。新闻报道中有个体事实，也有总体事实。报道个体事实要真实，其体现的是微观真实。报道总体事实也要真实，其体现的是宏观真实。但个体事实和总体事实之间的关系是非常复杂的。总体是建立在个体之上的，个体又不等同于总体。它有时和总体是同类的，只有量上的区别，有时它只是总体的一个侧面。更值得注意的是，有时它与总体之间还有不可忽视的质的区别。这些复杂的关系反映在微观真实与宏观真实之中，在新闻报道中容易犯的另一个毛病，就是把并不能代表总体事实的个体事实或者一个侧面写进报道，夸大了普遍性，而产生对总体事实报道的扭曲。也就是说，在从报道个体事实到总体事实的过渡时发生"错位"，记者所选择的新闻事实与同类事实的总体实际不相符合。在微观上它是真实的，但在宏观上它是失实的。

在此基础上，新闻报道的多层次真实问题也是需要我们着力把握的关键环节。新闻的真实性是随着事实发展的真实，表现为一个认识的过程。因为信息本身有一个不断释放的过程，信息释放完毕，或者说，事实的发展完结后，报道的真实性才能全部展现出来。事实进展到什么程度，新闻报道的真实性只能达到什么程度，当然不能排斥预测。因此，所谓的新闻真实，应该是多层次的真实，有达到现象层次的真实，有达到初级本质层次的真实，有达到二级本质层次的真实，有达到核心本质层次的真实。这些层次只有深浅之分，没有真假之分。

4. 对人、单位、事件的评价要客观。所谓新闻客观，就是记者在采写新闻时应该遵守客观事实，要尽可能排除自己的主观想象。新闻报道的客观性原则，按照现在的通常解释，

是指新闻报道中按照事实本来面目进行报道的要求,"包括内容和形式两个方面,内容上的'客观',指新闻所报道的事实是一种客观存在的事物、人物或事件;形式上的'客观',指新闻所显示的倾向性,是通过其所报道的事实的逻辑力量实现的,作者采用的是'客观陈述'的方法。"① 客观报道的形式,就是这种客观性原则的具体体现。它有三大基本特征:注重事实,尽量真实地呈现事实与摹写现实;事实和观点分开,忌讳将带有强烈主观色彩的观点充作基本事实误导受众;3.避免记者的主观倾向,作为报道者的记者不应以任何方式在报道中表现自己。②

5. 新闻报道的语言必须准确..坚持新闻的真实性,确保新闻真实,最重要的是新闻工作者始终贯彻辩证唯物主义思想路线,坚持发扬实事求是的作风,树立调查研究的工作作风,使新闻工作建立在调查研究的基础上,努力做到从总体上、本质上把握事物的真实性.

首先要对新闻工作者加强责任意识和职业道德教育。要通过持之以恒的思想政治、职业道德教育,使广大新闻工作者牢固树立马克思主义新闻观,大力弘扬党的新闻工作的优良传统,严格遵守新闻工作纪律和职业道德规范。

建立健全并严格执行新闻工作的规章制度,用制度管好新闻从业人员,防止虚假新闻。实践证明,把思想道德教育、职业培训与新闻战线的整体管理、各新闻单位的内部管理相结合,加强和完善体制、制度建设,逐步形成一套行之有效的激励与约束相结合、自律与他律相结合、内部管理与社会监督相结合的新闻工作运行机制,是防范虚假新闻的重要保证。

要把已经过实践证明的有效措施落实到新闻工作的每一个环节中,严格执行党的新闻工作纪律,要进一步增强政治意识、责任意识,严肃工作态度,严格执行纪律,把防范虚假新闻的措施落实到每一篇稿件、每一个新闻节目的采编制作播发过程中。

三、群众性原则

社会主义新闻事业的群众性原则是指社会主义的新闻工作要面向人民群众,服务人民群众,满足人民群众,与人民群众的感情相吻合,让人民群众通过自己的新闻媒介明确认识自己的利益和任务,表达自己的意志和声音,从而使社会主义的新闻工作真正成为党联系人民群众的桥梁。

列宁曾说,报纸"它不是为饱食终日的贵妇人服务,不是为百无聊赖、胖得发愁的'几万上等人'服务,而是为千千万万劳动人民服务,为这些国家的精华、国家的力量、国家的未来服务。"③列宁把报刊的党性同为劳动人民服务结合起来,把党的报刊同时看作是人民的报刊。

1940年2月,毛泽东在为《中国工人》写的发刊词中指出,"一个报纸既已办起来,

---

① 童兵:《理论新闻传播学导论》,北京:中国人民大学出版社,2000年,第78页。
② 李良荣:《西方新闻事业概论》,上海:复旦大学出版社,1997年,第108页。
③ 《列宁全集》第12卷,北京:人民出版社,1987年,第97页。

就要当作一件事办，一定要把它办好。这不但是办的人的责任，也是看的人的责任。看的人提出意见，写短信短文寄去，表示欢喜什么，不欢喜什么，这是很重要的，这样才能使这个报办得好。"①

1948年4月，毛泽东在对《晋绥日报》编辑人员的谈话中，总结了党的新闻工作的长期经验，提出了"我们的报纸也要靠大家来办，靠全体人民群众来办，靠全党来办，而不能靠少数人关起门来办"②的重要思想。

群众性的本质和核心就在于密切联系群众。新闻媒体必须密切联系群众，一心服务群众，才能真正赢得群众。新闻传播活动是由传播主体、传播中介和传播受众三个环节组成，任何一个环节的缺失都将导致传播活动的失效。从新闻传播规律来看，受众是否接受是新闻价值实现的最重要环节，也是新闻传播过程的最后完成。只有在受众接受了新闻所传递的信息，并且认同了新闻所蕴涵的价值观和导向以后，新闻的价值才最终得以实现，新闻机构要坚持开展读者调查工作，广泛听取读者意见，鼓励党员和群众向党报反映情况，提供稿件，同时做好读者来信来访工作。温家宝提出"电视镜头要更多地对准群众，电视报道要更多地反映广大群众的意愿"就是根据群众性原则对新闻媒体提出的要求。

第五节　社会主义新闻事业的管理

一、新闻事业宏观调控

我国社会主义的新闻事业，在行政上隶属于政府职能部门，具有垄断经营的性质。所以，传统意义上新闻事业并不是真正的产业部门，而是上层建筑领域的事业单位，其特殊性决定了经营理念和运作模式不能完全等同于企业。定性为事业，体现了党对媒体宣传的重视，强调从体制上保证党对舆论导向的把握。但在生产性上，媒体与企业并没有本质区别，差别在于媒介产品是特殊的商品。如今，所有的媒介产品都以"商品"形式走向大众消费市场，竞争日趋激烈，传媒为求生存和发展，企业化经营是必然选择。

新闻传播要有调控机制。调控的目的是真正的保障新闻自由。具体来说，是确保新闻传播活动和新闻传播事业的走向是和社会发展的总方向、总目标一致，使它们尽到应尽的社会责任；确保新闻媒介机构和新闻传播者进行新闻传播和新闻经营活动时，对国家安全、社会发展及公民身心健康承担相应的法律义务与社会、道德责任；确保媒介机构履行其编辑方针；引导新闻媒介机构的新闻信息的流向与流量，使新闻媒介经营的社会效益能够满足社会受众的需求。

---

① 《毛泽东选集》，第二版，第2卷，北京：人民出版社，1991年，第728页。
② 《中国共产党新闻工作文件汇编》下编，北京：新华出版社，1980年，第256页。

新闻传播的调控,主要指党和国家利用法律、行政、物资以及新闻宣传纪律等手段,对新闻信息传播的流向与流量进行强制性的管理与约束。国家调控新闻传播的途径有:控制生产报纸、期刊、广播电视节目的物质生产资料;控制广告的流向和流量;控制新闻信息的采集和发布;控制节目的播出和接收;控制发行;收取高额营业税和保证金;制定新闻检查和惩处法规;规定新闻宣传纪律;加强舆论的力量,倡导新闻职业道德。

新闻传播的调控,还包括法律调控、社会组织调控、行业调控。

法律调控,目前我国还没有专门的新闻法出台,新闻法规体系主要由我国现行法律体系中有些法律直接或间接地涉及新闻内容的规定组成。

1.《宪法》和专门法律,如《民法通则》、《治安管理处罚条例》、《著作权法》、《消费者权益保障法》、《国家安全法》、《最高人民法院关于审理名誉权案件若干问题的解释》以及关于特殊群体的保护保障法,如《未成年人保护法》、《妇女权益保障法》、《残疾人保障法》等。

2. 行政规章和文件,如《出版管理条例》、《音像制品管理条例》、《广播电视管理条例》、《报纸刊载虚假、失实报道处理办法》、《关于改进新闻报道若干问题的意见》、《新闻出版保密规定》等。

社会组织调控,主要是指各民主党派;人民团体,如工会组织、共青团、妇联;各种学术社团和研究组织;各种企事业单位,都从不同角度出发,通过订阅、评议、评选、来信等多种方式监督新闻媒体,对其进行软性的调控。

行业调控,是指新闻行业自身的自律与监督维护组织。中国记协(前身为中国青年新闻记者协会)是由中央级新闻单位、全国各省、市、自治区新闻工作者协会、各专业记协及其他新闻机构、新闻从业人员联合组成的全国性人民团体。是由周恩来、范长江于1937年11月8日,倡导创立的新闻工作者统一战线组织。新中国成立以来,为团结我国广大新闻工作者,推动我国新闻事业的发展,以及在开展国际新闻界友好往来等方面做出了显著成绩,在国内外都有较大的影响。

1991年1月19日,中华全国新闻工作者协会第四届理事会第一次全体会议通过《中国新闻工作者职业道德规范》,是我国第一个完整、全面的新闻职业道德规范,是行业调控的重要准则。另外,还通过行业评比来促进新闻工作的发展和新闻工作者的职业水平。

范长江新闻奖,是以中国杰出的新闻工作者范长江的名字设立的新闻奖,鼓励着广大新闻工作者开拓新闻事业的未来。韬奋新闻奖,创办于1993年,是中国记协和中国韬奋基金会联合举办的奖励中国新闻编辑及通联、校对、资料工作者优秀成果的最高荣誉奖,是为了鼓励广大新闻工作者继承和发扬邹韬奋德绩双馨、真诚为人民服务的崇高品德和思想作风。中国新闻奖,是我国每年一届的综合性的优秀新闻作品最高奖,创办于1991年,每年举办一次。是由中国记协主办的全国新闻界年度新闻作品最高奖,希望在推进新闻改革、提高报道质量、改进新闻工作者的作风与文风方面起导向作用。

目前我国的新闻传播调控还需要更加完善,实现法制化和科学化的调控。所以,需要加快新闻传播调控的法律体系建设,提高新闻工作者的法制意识,同时建立维护新闻媒介和新闻从业人员权利的组织，通过完善的机制来真正全面保障新闻自由。

媒体集团不同于普通的企业集团，有着自己特殊的属性。对中国媒体集团而言，还担当着宣传和舆论引导的"工具"和"喉舌"职能。由于意识形态的影响，政府法律法规的控制和决定作用是至关重要的，也是最有力的外部约束因素。在我国，政府不仅控制着媒体集团的新闻政策，而且还对媒体集团的产业政策实施严格管理，特别是产业进入管制、产权管制、许可权限管制、数量管制等。建立完善的媒体集团治理结构，首先是要确立适应市场机制的政府治理结构，在此前提下，才能有效发挥外部治理与内部治理的作用。

加入WTO以后，中国面临新的新闻事业管理局面，我国政府已经按照世贸组织的要求，严格履行义务，做好相关工作。

中国的新闻媒体由国家经营，不吸收外资和私人资本。例如，根据发展需要，报业集团、出版集团、广电集团的新闻宣传部门经批准，可在新闻出版广播影视部门融资，其经营部门经批准可以有限责任公司或股份有限公司的形式，由集团控股，吸收国有大型企事业单位的资金，投资方不参与宣传业务和经营管理。发行集团经批准可吸收国有资本、非国有资本和境外资本，由本集团控股。电影集团在保证集团控股的前提下，经批准可吸收国有资本、非国有资本，可吸收境外资本合作拍片、改造影院。但以上这些内容均应当由国家对经营进行管理，外资和个人不允许私自进入。要对新闻事业进行合理有效的宏观调控，政府应逐步放松对传媒业的产业组织政策管制，允许探索媒体集团公有制的新实现形式，允许传媒业既有国有独资的公有制形态，又有国有媒体资本绝对控股的公有制形态；在条件允许的时候，对媒体集团进行股份制改造，吸收其他国有资本参与到传媒行业；对传媒业的产业进入实施分类管理和分步推进，可以考虑对传媒经营的不同环节分步放宽进入限制，即先允许非国有经济进入发行、广告等经营领域，再逐步放宽对采访、编辑等新闻主业领域的进入限制。

另外，外部治理机制要有效地发挥作用，必须先要存在一个有效率的具有评定公司价值、转移公司控制权功能的资本市场。国际媒体集团的大趋势也告诉我们，我国媒体发展的最佳途径莫过于充分利用资本市场，运用资本运作手段筹集资金，并大规模涉足以信息数字技术为特征的新型媒体领域和市场潜力巨大的公众娱乐领域，将媒体渗透到社会经济生活的各个方面，逐步增强自身实力，以应对国外媒体集团的挑战。近年来，由于不同新闻媒体的主体纷纷展开不同形式的资本运营，业外资本、民营资本事实上已经在不同程度上融入媒体行业中，政府可对这种投资行为进行专门的立法，以促进我国媒体通过有效的资本运营促进媒体产品经营的稳步成长与扩张。

随着社会主义市场经济体制的不断发展完善，新闻传播业的产业属性日益凸现，1987年，国家科委将"新闻事业"和"广电事业"纳入"中国信息商品化产业"序列，标志着国家对新闻传播业产业属性的认可。在经营实践中，媒体逐渐成为市场主体，自觉或不自觉地采用现代企业管理的一些经验做法，企业化模式日趋明显且卓有成效。70年代末，媒体商业性广告的复苏，标志着新闻媒体经营管理体制的重大变化。大部分媒体不仅不再享受财政拨款,还同其他企业一样照章纳税,不少媒体还为中央、地方财政作出巨大贡献,成为重要的利税大户。如广州日报报业集团作为广州市十大国有企业之一,上交利税居第二,达1.4亿多元。这是国家对新闻事业进行合理宏观调控的结果。

二、新闻事业微观管理

我国报纸类新闻事业的发展道路从十一届三中全会至今,可以分为两个阶段,即1978年至1986年的解放思想阶段和1987年至今的变革阶段。第一个阶段,新闻界重建党的新闻传统,拨乱反正,正本清源,并接受了新闻信息观等新的新闻观念。报业结构形成了党报为中心,其他报纸并存、共同发展的态势,突破了"清一色"党报的格局,报业结构更趋合理。第二个阶段以财政部批准《人民日报》等首都几家报纸试行企业化管理的报告,"事业单位企业管理"为标志,中国媒介从事业型转向产业型,从公益型转向经营型,从单个型转向集团型,中国党报体制发生了一些引人注目的变化。

现在,以党委机关报为主体,多种机关报并存的格局已经形成。党委机关报是中国报业的主干和龙头,在党报系列中,有一社一报制和一社多报制。除党委机关报外,还有政府机关报、党政军部门机关报和群众团体机关报。近几年来,还有少数联合办报和集体办报,即主办单位是一个联合体,主管单位一般具有"代管"或"挂靠"的性质,报社基本上是个独立企业,经济上自负盈亏。

从世界上来看,跨国媒体集团已经成为信息全球化传播的主导力量,同时也是调整国际政治关系的重要工具。现在许多媒体已经组成跨媒体集团,将内容通过报纸、杂志、广播、电视、互联网等不同媒体来表达。从美国的经验看,跨媒体经营的成功都有一条规律:以市场为导向,业务垂直专业化,培育跨媒体企业核心能力,打造自己的品牌。我们要加快发展自己的大型综合性媒体集团和跨国集团。人类消费活动的全球化趋势,客观上要求把各国生产活动推向全球化合作。所以,我们不仅要在全国范围内整合媒体资源,通过国内的连锁经营、跨地区经营、跨行业经营等方式培植起自己的媒体集团,还要把它推向世界,让优秀的中华民族文化传播到世界更多的地方。这也给一些比较有实力或有发展意愿的新闻媒介提出了新的课题,这一课题无疑是极有研究价值的。

与国外的跨媒体集团巨头相比,我国的跨媒体运营基本停留在简单并存的阶段,还没有进入实质性的跨媒体整合。媒体集团化的发展大体上可以按照其整合资源的程度划分为三种模式:系列化模式,在同一媒体层次上实现的平面联合;一体化模式,在不同媒体层次上实现跨媒体的整体联合;多元化模式,媒体集团的资源链接已经超出媒体行业本身,在更大范围内来寻找和链接有助于自己"做大"、"做强"的资源,并结合成"命运"共同体。

根据我国的国情,政府推动媒体资源整合是必要的,但应该以产业发展为导向,是"造大船",而不是简单地把"小舢板"绑在一起,也就是构筑跨媒体平台,把不同的媒体资源整合到一起,真正产生协同效应。如果没有找到一个很好的立足点和主打品牌,一味去收购各种各样的媒体资源,是非常危险的。

近些年来,中国新闻出版广播影视业发展迅速,实力明显增强,已成立中国广播影视集团等47个试点集团,其中报业集团26个,广电集团8个,出版集团6个,发行集团4个,电影集团3个。各新闻单位的竞争力也得到显著提高。

国家对新闻出版广播影视业改革总的要求是:高举邓小平理论伟大旗帜,以"三个代表"重要思想为指导,解放思想,实事求是,积极主动,深入创新,加大力度,稳步推进。要以发展为主题,以结构调整为主线,进一步壮大实力,增强活力,提高竞争力。

具体表现在:新形势下保证党委领导,调控适度、运行有序、促进发展的宏观管理体制;保证正确导向,富有经营活力的微观运行机制;体现宣传文化特点,适应法制建设总体要求的政策法律体系;传播健康精神文化产品,促进资源优化配置,竞争、有序的市场环境;吸收国外优秀文化和先进技术,抵御腐朽文化,用好两个市场、两种资源的开放格局,走出一条有中国特色的社会主义新闻出版广播影视业发展之路。

要加强新闻事业深化改革,应当重点做好五个方面的工作:

一是积极推进集团化建设,组建一批主业突出、品牌名优、综合能力强的大型集团。

二是加大市场整合力度。以集团为龙头,积极组建书报刊、音像制品连锁营销系统、物流配送系统,发展电影院线发行放映系统。在北京、上海、广东等地建立若干全国性或区域性的出版物物流配送中心,电影、电视剧、版权、广告等批销交易中心,组建若干大型出版中心、电影基地和电视节目制作中心。

三是调整结构,加强管理。运用改革的思路和方法,优化组合,改善结构,提高质量,增进效益。大力推进地(市)县广播电视播出机构职能转变;建立中央、各省卫星电视频道和省、地、市电视节目传输平台,有效利用资源,扩大覆盖面;加强对引进境外电视剧的管理,加强对境外卫星电视地面接收设施和境外电视台节目落地的管理;进一步做好小报小刊小台的治理工作。

四是促进数字化、网络化发展,推动产业升级。

五是所有的新闻出版广播影视单位都要深化内部改革,转变经营机制,增强自我发展能力。要加大力度扶持西部和少数民族地区新闻出版广播影视业的改革发展。

深化新闻出版广播影视业改革要积极借鉴各种有益做法,积极进行各种有益探索;要充分考虑中国国情,充分考虑精神产品对社会影响的要求;要坚持把社会效益放在首位,实现社会效益与经济效益的统一。但同时必须注意,新闻媒体是宣传思想阵地,事关国家安全和政治稳定,负有重要社会责任,无论什么情况下,新闻媒体作为中国共产党和人民喉舌的性质不能变,正确的导向不能变。

第六节 新闻事业经营运作

计划经济时代，媒介是政府的"工具"和"喉舌"，不能言及赚钱，更没有什么经济活动，所以那时没有经营理念。改革开放以来，媒介进入市场生存，进行关于广告、发行的经营活动，媒介经营理念变得明确，而且带有一定的前瞻性，不断地满足"信息市场"生存的需求。现在，随着对媒介认识的不断深化，媒介作为社会信息组织，又作为经济利益组织，具有双重功能的观点已被确定下来。

新闻事业的经营运作包括经营理念和经营方式两大部分。

经营理念是指导经济组织进行经营活动的核心观念。根据媒介制度创新的发展，未来媒介在市场的经营活动应该确定信息服务的经营理念，即媒介在市场是做服务产业的，做的是关于信息的服务。媒介的信息服务不同于别的经济组织的信息技术、信息产品以及信息咨询的服务，而是基于媒介的受众资源、节目内容资源和广告资源整合的信息服务。

信息服务经营理念中，最重要的是要树立新闻媒介品牌理念。品牌是指用来识别和区别于一个或一群卖主的货物或劳务的名称、名词、符号、象征或设计，或其组合。而媒体品牌是指媒体频道名称、节目标志、节目风格和特色、节目宗旨、节目声誉、节目包装、节目结构、观众认同等有形无形的总和。它是一个综合性概念，不能仅以收视率标准来评定，还需要考察权威性、可信度、满意度、广告环境、服务质量等非量化指标，它是长时间在观众心目中形成的一个全方位概念。企业经营靠名牌，产品靠品牌，媒体经营也要靠品牌，靠树立媒体形象。品牌意味着观众与媒体之间的关系，品牌代表观众对媒介的感受和印象，品牌存在于观众的心中。

新闻媒介的品牌概念主要涉及三个层面的意义：一是知名度；二是相对独特的风格和特点；三是相对稳定的质量和标准。在激烈的媒介竞争中，作为一种来自市场的概念，新闻媒介品牌是一种竞争力、吸引力、亲和力和信任度。它能以其独特的内容和风格吸引住一定数量的观众群，并在长时期内赢得观众的信任，在激烈的媒介市场竞争中占据自己独特的位置。

经营方式主要指新闻媒介为获取利润，采取的商业性经营活动。新闻媒介经营的业务范围主要包括以下内容。

一、报刊发行

报刊发行业务是将报刊出版单位出版的报纸、杂志，以订阅或零售的方式发送给读者的业务。在我国，报刊发行业务，主要采取订阅和零售两种方式。

报刊发行过程，是报刊社编辑出版的报刊，通过委托邮局发行发送给读者的过程。它由报刊发行的数据传输过程和报刊发行的实物传递过程共同组成。

一般来说，报刊发行订阅流程如下：

1. 宣传。为了扩大报刊发行量，在报刊集中收订期间，报刊发行部门组织大规模的报刊宣传推广活动。向广大读者介绍报刊内容、订阅办法、收订时间，广泛征集订户。

2. 收订。受理读者订阅报刊，一般采取三种形式：窗口收订，在邮政局营业窗口，受理读者订阅报刊；上门收订，派员到读者家里收订报刊；通过社会报刊发行站在机关单位内部办理本单位公、私订户订阅报刊。

3. 要数。报刊订销部门在规定的日期内将收订的各类报刊，分别逐种计算出收订总份数，加上需要的零售数，填写报刊汇总订单，向主管发行部门要数。

4. 汇总。发行部门接到所属报刊订销的报刊订单后，经过审核、汇总，计算出各种报刊的总份数，填写"报刊汇总订单"，向相关发报刊部门要数。

5. 通知印数。发报部门根据报刊汇总订单，经过审核汇总每一种报刊的总订数，填写"报刊要数通知单"，分别向各报刊社订货。

6. 接收分发。报刊出版后由出版单位或印刷厂送到发报刊指定地点，经验收后，按订销所要分数分发。

7. 投递。订销人员收到报刊后，经过进口分发，投递员按投递卡上的户名、地址，将报刊迅速准确地投送给订户。

8. 零售。报刊出版后，订销部门通过自办或委办零售点，将报刊销售给读者。

二、节目播放

节目播放是广播电台、电视台为获取收听收视率的手段，这是新闻媒介获取广告收入的最重要保证和基础。

节目内容对收视率的影响举足轻重。能牢牢抓住观众收视心理，满足观众收听收看动机的节目内容，往往能受到观众的欢迎，并获得高收听、收视率。比如，新闻、电视剧、娱乐等内容的节目。同时，由于这些内容的节目的观众群体非常庞大，收听、收视率具有很大的提升空间，常常可以达到较高收听、收视率。

节目形式对收听、收视率的影响也相当重要，新的节目形式是吸引观众的重要因素。据调查，40%的观众搜索频道都很随意，感觉好就收看，因而一个好的节目形式是获得高收听、收视率的必不可少的重要条件。

节目传播方式对收听、收视率的影响也不可忽视。如今，人们对电视节目，特别是新闻节目的时效性要求越来越高，不但要求它大大缩小时差，甚至要求它消灭时差，从"今天的新闻今天报"到"现在的新闻现在报"，可以说是人们对时效性要求越来越高的体现。

三、广告经营

目前，我国绝大多数传媒均以企业化经营管理的方式积极参与市场活动，而目前媒介市场的整体活跃，主要体现在利用市场手段有效配置媒介资源，实现自身效益。

由于媒介既是信息产品又是信息载体，决定了这一特殊商品具有两次销售的基本运营规律。媒体经营者在打造信息产品的同时，聚集了相关受众、聚集了广告主期望的目标消费群，于是，这一信息载体便有了特殊的买主（广告主）。这个信息产品在销售给相关受众的同时，又销售给广告主。媒介经营收益的增加则显然取决于信息的消费者和媒介的买主之间的关联，这两者成为媒介产业价值链上异常重要的环节。

媒介广告经营理念的变革，带来了媒介广告经营模式的急速变化。这种变化首先体现在广告经营权的整合与分流。由于资本参与媒介的经营，目前的广告经营模式大体分为这样两种主要的形式：一是代理式经营，二是买断式经营。代理经营占绝大多数，其中又分为全面代理、内部代理与外部代理结合的方法。内部代理主要是原先的媒介广告部门从媒介剥离出来成立的经营公司。买断式经营则指买断广告经营权，主要通过竞标来获得买断经营权。

广告代理制是指在新闻媒介在广告经营活动中，将自己的广告时段、广告版面以一定的优惠价格出让给广告代理公司，需要发布广告的广告主委托广告代理公司实施广告宣传计划，广告媒介通过广告公司承揽广告业务的一种经营机制。也可以说广告代理制是一种由广告公司为客户全面代理广告业务活动的经营机制。广告代理制是随着广告业的发展而逐步形成的，它是广告业发展到一定历史阶段的产物，也是当前国际上通行的广告经营机制。现代广告代理制最大的特征就是强调广告业内部合理分工，互相合作，以此来求得共同发展。在这种体制下，广告公司通过为广告主和广告媒介提供双重服务，发挥自己在广告业中的主导作用。同时，代理制要求广告公司为广告客户代理调查、策划、创意、设计、制作、实施和效果测定等一系列广告业活动，这有利于广告业内部的专业化分工，有利于提高广告设计、制作水平，有利于我国广告业参与国际竞争。

世界上的广告代理主要有以下几种形式：综合代理或称全面代理；单一商品的广告代理；专一媒体的广告代理；广告设计、制作代理；广告调查代理。

四、多元经营

开发多元经营，扩展盈利渠道已经成为当前新闻媒介关注的焦点。多元化是指一个企业之内不是经营一种产品，而是同时生产经营若干种相关或不相关的产品。企业一般通过两种途径实现多元化，一是通过内部积聚并向新产品领域投资，二是通过企业兼并扩大自身生产经营范围。多元化经营是媒介经营中普遍选择的方式之一。

例如，在今天的电视节目中，观众不仅仅是在现场烘托一下气氛或是作为场外观众以电话、E-mail 等方式表达一下看法。有许多节目，观众的参与部分成为了节目的主体，没有观众的参与就没有这档节目。在湖南卫视《超级女声》中,节目的主要参与者是观众,决定比赛胜负结果的是观众,使得节目赢利、节目和频道品牌提升的还是观众。据北京市地税部门分析,这一档节目观众4亿,单场手机短信收入超过1500万元。随着超级女声品牌产业链的延伸,短信、广告、冠名、销售等产业将带动地方税收的高速增长,据估计实现税收额可达数千万元,而对湖南卫视这一频道的品牌塑造,价值更是不可估量。

思考与练习

1. 我国新闻传播事业的性质是什么?
2. 我国新闻事业工作原则有哪些?
3. 如何对新闻传播事业进行宏观调控?

第七章　新闻工作者

第一节　树立马克思主义新闻观

新闻工作是党和人民事业的重要组成部分，与党的命运休戚与共，与人民群众心心相印，与中国革命、建设和改革的伟大历程息息相关。当今社会，新闻事业发展日新月异，新闻传播手段日趋多样，特别是随着互联网等传播新技术的广泛运用，报道面越来越宽，信息量越来越大，新闻媒体越来越成为人民群众接受信息、学习知识、生活娱乐的主渠道，新闻舆论对人们思想意识和行为方式的影响越来越广泛而深刻，新闻工作在全党全国工作大局中的地位和作用越来越突出。

马克思主义新闻观是指导我国新闻工作的最重要原则。牢固树立马克思主义新闻观，是社会主义新闻事业正常发展的保障，也是对我们所有新闻工作者的要求。所谓马克思主义新闻观，是指马克思主义对于新闻现象和新闻传播活动的总的看法。它涉及诸如新闻本源、新闻本质及新闻传播规律等许多根本性问题。其核心是马克思主义关于无产阶级及其政党新闻事业的工作性质、工作原则和工作规律的一系列基本观点。它是马克思主义的世界观、人生观和价值观在新闻传播领域的反映和体现。它告诉人们怎样运用辩证唯物主义和历史唯物主义的观点和方法去看待新闻现象，去回答新闻传播活动中的各种问题。

一、树立科学的马克思主义新闻观

马克思主义新闻观主要体现在马克思主义新闻理论之中，是一个完整的理论体系，是一个有机的统一体，辩证地统一于新闻事业实践之中。马克思主义新闻观的形成是一个与时俱进，不断充实、完善和创新、发展的过程。马克思和恩格斯作为创立者和奠基者提出并深刻阐述了一系列基本理论和基本观点，一百多年来，经历了以列宁为代表的俄国布尔什维克党人和以毛泽东、邓小平、江泽民为代表的中国共产党人不断继承、创新和发展的长期过程，逐步形成了完整系统的理论体系。

马克思主义新闻观虽然处在不断充实和发展的过程中，但其基本理论和基本观点却有着严格的科学性，许多观点一脉相承，代代相传，形成了一个严格的、完整的科学理论体系。因此，我们学习马克思主义的新闻观要防止主观主义、教条主义和形式主义的倾向，防止急功近利的实用主义的做法，杜绝任意抓住马克思主义新闻论述中的片言只语，断章取义的有害现象。总之,要用科学的态度,正确的方法,完整、准确地理解和把握马克思主义新闻观的基本理论和基本观点,深刻领会其精神实质。既要注意放在当时特定的时代背景和历史条件下去分析其价值和意义,又要善于运用马克思主义的立场、观点和方法,努力揭示其本质的、内在的、带有共同规律性的东西,以维护其科学性和完整性。

二、用发展的眼光观察马克思主义新闻观

马克思主义永远和自己时代的现实世界相联系,面对和研究自己时代需要解决和回答的重大问题,关注实际的变化、吸收新的理论成果。这一切决定了马克思主义不断发展、不断丰富与深化的必然性和可能性。恩格斯指出:"马克思的整个世界观不是教义,而是方法。它提供的不是现成的教条,而是进一步研究的出发点和供这种研究使用的方法。"

马克思主义新闻观是一种开放的思想体系,它是在吸收和改造几千年来人类新闻传播思想和文化发展中一切有价值的成果的基础上形成的。马克思主义新闻观在形成和发展过程中,始终是根据时代与形势的发展,以及党的新闻工作的实际需要,不断充实新的内容,形成新的观点,丰富和发展自己的理论内涵,不断创造出鲜活的生动的富有时代气息的新成果。因此,与时俱进,不断创新是马克思主义新闻观形成和发展过程的一个显著的特点。可以说,没有创新,不能与时俱进,马克思主义新闻观就会失去发展的动力,同时也会失去存在的价值。我们要对马克思主义新闻思想进行系统的整理、严肃的剖析,同当前新闻工作的实践紧密结合,同不同历史时期和形势下的新闻工作环境的变化特点紧密结合,解决现实工作中存在的问题、制止不良倾向、探索发展道路,显示马克思主义与时俱进的特点。既坚持马克思主义的实践标准,又坚持新闻事业的发展规律。明确新闻事业发展的总目标、总方向,深刻揭示新闻事业的实质和内涵,深化对新闻发展的认识,表现出与时俱进的理论品格,反映新闻事业发展的要求。

随着人类对自然、社会历史和人的思维本身认识的不断深化,随着新的观念、思想、学说、理论的形成,必须不断借鉴和吸收人类文明的一切积极成果,使自己进一步完善。借鉴和吸收新的文明成果的过程,就是丰富和发展马克思主义新闻理论的过程,就是对马克思主义新闻观念进行理论创新的过程。正是因为马克思主义经典作家以开放的态度对待人类优秀的思想文化成果,才会在吸收德国古典哲学、英国古典政治经济学和英、法空想社会主义理论的基础上,吸取了一些资产阶级理论家们的积极成果。如新闻真实性问题、新闻自由问题、报刊的批评和监督功能问题等,全面进行理论创新,创立了马克思主义新闻理论思想体系。坚持马克思主义的新闻理论开放性,科学认识新闻学发展历史进程的时代性,实事求是地认识新闻发展规律,有助于我们更好地认识新闻的本质,更好地借鉴其他理论观点的先进经验,进一步发展马克思主义新闻思想。

三、用马克思主义新闻观指导新闻实践

马克思主义新闻观具有极强的实践性。这些思想源于实践,是对世界新闻事业发展和社会主义新闻实践的科学总结。理论离开实践,就会成为无源之水、无本之木。在不同的历史条件下,马克思主义新闻观科学地回答了如何认识新闻,如何进行新闻实践等重大问题,是指导我们事业的理论基础,有了这个基础,我们才能具备认识新闻发展和实践,并作出正确判断的立场、观点和方法。马克思主义新闻观是具有强大生命力的科学,是不断发展的理论。它自形成以来,就不断地随着实践的发展而发展,随着时代的进步而提升着自己的境界。它的每一步发展,都是与它当时所处的历史环境、社会实践需要解决的问题相联系的。如果不根据变化了的实际发展理论,那么理论就会丧失生命力,就不能科学地指导丰富生动的实践。理论的实践性,不仅要求它来自实践,更重要的是它能够指导实践,在我们日常的新闻实际工作中,时时、事事、处处都需要马克思主义新闻观的指导。从新闻采写、编发到新闻制作;从新闻评论到接受反馈;从新闻业务工作到媒体经营管理;从队伍思想建设到行业作风整顿,等等,都离不开马克思主义新闻观的指导。只有坚持用理论来指导实践,又在实践中不断发展理论,马克思主义新闻新闻观才能不断发展,实践才能不断前进。

马克思主义新闻观阐释的是新闻事业,特别是无产阶级及其政党新闻事业的一般规律,以及新闻工作的基本原则和方法,是规范和指导我们新闻工作的基本依据。因而不能将其作为一般的新闻理论知识和新闻学观点来对待,而是要作为新闻工作的基本原则和遵循。

马克思主义新闻观中的许多内容都带有这种原则性特点,在新闻工作实践中,坚持什么样的方针原则,事关重大。它不仅直接影响党的新闻工作作用的发挥,而且影响新闻工作任务的完成。我们的新闻事业必须始终坚持为人民服务,为社会主义服务,为党和国家工作大局服务的方针;坚持团结稳定鼓劲,正面宣传为主的方针;坚持唱响主旋律,打好主动仗的方针;坚持贴近实际,贴近生活,贴近群众的原则;坚持把体现党的意志与反映人民心声统一起来的方针;坚持把好关,把好度的方针;坚持内外并重,内外有别的方针;坚持把社会效益放在首位,努力实现社会效益和经济效益统一的方针;坚持一手抓繁荣,一手抓管理的方针等,都带有很强的原则性,新闻媒介及新闻工作者应当自觉地将其作为自己的基本工作原则和工作方向,并且要认真付诸实践。其中关于社会主义新闻事业的党性原则的思想,是马克思主义新闻学的灵魂和核心,对于今天的我们社会主义新闻工作仍具有重大的现实指导意义。

第二节　新闻工作者的素质修养

一、政治素质

新闻工作者应具备良好的政治素质,这是党对新闻工作者提出的根本要求。新闻工作

者的政治素质包括以下几个方面。

一是要具备高度的政治敏感性。政治敏感性是新闻工作者政治素质的灵魂，是衡量新闻工作者政治是否合格的首要标准。应当坚持用邓小平理论和"三个代表"重要思想武装广大新闻工作者的头脑、指导工作实践。要突出抓好政治信仰、政治理念、政治意识和政治品德教育，不断增强从业人员贯彻执行党的基本理论、基本路线、基本纲领、基本经验的自觉性和坚定性，真正使广大新闻工作者成为宣传贯彻党的路线、方针和政策的中坚力量，成为推进社会主义现代化建设的骨干力量。

二是要具备敏锐的政治预见性。政治预见主要指胸怀全局地观察问题、分析问题和解决问题的综合能力，即政治洞察力。要站得高，看得远，不为假象所迷惑，能够正确把握客观事物发生、发展的运动规律，对其发展的趋势及其结局能够有所预测，做到顺应自然，按客观规律办事，增强报道的科学性和先见之明。

三是要像政治家那样具备政治上的坚定性。要进一步增强广大新闻工作者的政治素质。这就要求我们每个新闻工作者都要做到进一步坚定对马克思主义的信仰，对社会主义的信念，对改革开放和现代化建设的信心。树立正确的世界观、人生观、价值观，自觉抵制拜金主义、享乐主义和极端个人主义的诱惑，善于识别和抵御各种错误思潮的侵蚀，经得住各种风浪的考验，时刻保持政治上的清醒和坚定，一切从大局出发，忠于人民，奋勇拼搏，淡泊名利，乐于奉献。政治坚定性，说到底就是政治信念和政治立场问题，无论什么时候，都要坚定社会主义方向不动摇，坚持走中国特色社会主义道路不动摇，坚持党的基本路线不动摇。

新闻工作除了具有传播新闻信息的作用外，在社会主义制度下，还作为思想政治工作的一个重要手段，担负着联系群众、宣传教育群众、动员组织群众的重要任务。在新的形势下，新闻工作要更好地发挥舆论导向功能，把党的路线、方针、政策及时有效地转化为生产力，促进各项工作顺利开展，就必须讲政治，把握正确的舆论导向，坚持党性原则。"舆论导向正确，是党和人民之福；舆论导向错误，是党和人民之祸。"[①]作为党的宣传工作者，坚持正确的舆论导向是新闻工作者必须遵循的宣传规律，也是新闻媒体生存发展的前提。历史给了新闻工作者展示才华的广阔舞台，也赋予其沉甸甸的责任。我们提倡百花齐放，但决不等于自由散漫。新闻工作者要担负起舆论宣传的重任，就要不断增强政治敏感，时刻保持清醒头脑，正确引导社会热点问题。要对新闻宣传的方针、政策、法规融会贯通，用马克思主义的新闻观观察、分析各类重大新闻，按新闻规律办事，客观公正，实事求是，要有正确而坚定的政治信念，强烈的事业心、责任感和甘于风险、淡泊名利的思想境界，保证新闻工作导向正确，内容健康，格调高雅。

二、理论素质

理论素质是指新闻工作者要具备较高的理论水平和素养。这样才能站得高、看得远，

---

① 《江泽民文选》第一卷，北京：人民出版社，第564页。

就会具备较强的分析问题和解决问题的能力和较强的预见能力。无论在过去还是社会主义新时期，新闻工作者始终站在社会的前沿之上，接触各式各样的人或事，容易受外部环境的影响。为此，作为新闻工作者，应保持清醒的头脑，眼观六路，耳听八方，认真学习马列主义、毛泽东思想、邓小平理论和"三个代表"重要思想，学习党的路线、方针、政策，吃透上级文件精神，看清当前形势，敏锐地观察分析政局，找出反映本质的东西。同时，要解放思想，更新观念，在瞬间即变的形势下，正确善待新生事物。新闻工作者必须坚持四项基本原则，拥护党的路线、方针、政策，要保持与中央一致，要保持政治上的坚定性、思想性和纯洁性，树立起强烈的导向意识、责任意识和全局意识，把握时代脉搏，胸怀全局，体察民情，具有敏锐的洞察力，透过现象抓本质，写出具有时代精神的优秀作品。江泽民指出："理论素质是领导干部思想政治素质的灵魂。"[1]这是对包括新闻工作者在内所有社会主义工作者学好科学理论重要性的精辟概括。

政治素质中最重要的是坚定的政治信念、积极的人生观和科学的思维方式，而理论素质是这些要素中起基础和决定作用的因素。为此，必须紧紧抓住理论素质这一思想政治素质的灵魂。新闻工作政治素质的根本问题是坚定政治信念，只有具备较高的理论素质，才能做到政治头脑清醒和政治信念坚定。坚定的政治信念，体现在对共产主义有坚定的信仰。要做到这一点，停留在口头上或凭朴素的感情都是不行的。感觉只能解决现象问题，理论才能解决本质问题。邓小平理论和"三个代表"重要思想揭示了中国社会发展的客观规律，是正确看待形势的锐利思想武器，是我们党制定路线方针政策的基本理论依据。只有充分掌握理论武器，才能把崇高的理想、信念，对改革的信心和决心以及对党的路线、方针、政策的认识和理解建立在理性的基础之上，才能保证我们在任何时候、任何情况下，思想上、政治上和行动上都符合社会主义新闻事业的规律和要求。

三、业务素质

新闻工作者的业务素质主要表现在具有广泛的社会活动能力，敏锐观察事物的能力，分析问题的能力和纯熟的文字表达能力。新闻工作者要能深入实际、深入群众、深入基层，建立普遍的社会联系，准确及时地抓住领导和群众都关心的热点、难点问题，能够写出受读者欢迎的好报道和好文章。特别是党报的新闻工作者，不仅要迅速敏捷而又准确地传递党的主张，而且要以各种有效形式宣传其依据所在，透视其运用效果，以利于人们自觉遵循，不仅要反映客观事物的现状，而且要揭示客观事物的本质、主流及其发展规律，以帮助人们认识真理并团结起来为之奋斗。

新闻工作者的工作内容不仅涉及各行各业、国计民生，而且新闻工作者还往往承担社会教育者的角色，要给受众以指导。知识修养还影响到新闻工作者的形象、气度，进而会影响到新闻传播的最终效果。这都要求新闻工作者的文化知识素养要达到一个比较高的水准。

---

[1] 《江泽民文选》第 2 卷，北京：人民出版社，2006 年，第 366-367 页。

新闻工作者的文化知识储备，应该越丰富、越深厚越好，这样才能够灵活驾驭各种新闻题材，甚至成为某方面的专家。"学者型记者"的提法即是倡导新闻工作者要成长为学者，在长期报道的某方面具有权威性发言能力。具体来讲，新闻工作者的知识结构要求是：既要"博"又要"专"，既要"杂"又要"精"，具有广博的知识基础，同时又要掌握一两项专业知识。博学、杂学的内容其实就是现代社会基础学科的知识，包括文学、史学、哲学、语言学、经济学、法学、心理学、社会学、管理学等人文学科，还包括物理、化学、生物等自然学科的基础知识。这些为新闻工作者正确、准确、精确地把握和描述客观世界提供基础保障。专学、精学的内容，则要根据新闻工作者自己的报道领域、兴趣关注和工作需求，因人而异，各有专攻，在新闻工作中这是有分工的。

民国时期著名记者黄远生对新闻记者提出"四能"要求，即脑筋能想，腿脚能奔走，耳能听，手能写。他说："调查研究，有种种素养，是谓能想；交游肆应，能深知各方面势力之所存，以时访接，是谓能奔走；闻一知十，闻此知彼，由显达隐，由旁得通，是谓能听；刻画叙述，不溢不漏，尊重彼此之人格，力守绅士之态度，是谓能写。"

一般来说，新闻工作者的业务素质主要包括以下五项内容：

一，很强的社会活动能力。新闻工作者必须建立起自己的一个社会关系网络，作为自己的信息源、线索源。要快速、广泛地采集并发布新闻，就必须与社会上各个阶层、各个行业的人打交道，通过广泛而深入的社会活动，才可能抓住社会的新动向，萌芽的事物，潜在的问题和弊端。

二，调查研究的基本功。新闻工作一般都要求记者亲自到达现场，观察、体验，并不断地核实情况，这要求新闻工作者成为职业的调查研究人员，掌握调查、采集、统计的相关知识，在实际环境里能够描述、分析和判断，抓住重点信息和典型事例。

三，较强的新闻敏感。新闻敏感，是新闻工作者敏感捕捉具有新闻价值的信息的能力。时间永不停滞，信息变化万千，新闻信息如果不趁势适时地抓住就很容易消逝。新闻工作者在一定时期的工作经验中培养出对信息的比较精确的分辨能力和洞察力，具体表现为：发现新闻线索的能力；筛选出最有价值的新闻的能力；甚至预测新闻事件的发生，从而先人一步捕捉到。

四，出色的文字表达能力。新闻工作的最后落脚点是写作和报道。广播电视、数字媒体虽然有更丰富多样的信息传递方式，但写作技巧和文字表达能力仍然是新闻工作者最主要的基本功之一。这种能力包括严密的逻辑思维能力、丰富的语言知识及运用能力、大量的词汇和良好的修辞能力以及流利的谈话、翻译、评语能力。新闻工作强调反应敏捷的速度，但受众对新闻作品的认可是离不开传播者作品的最终呈现方式的。

五，驾驭现代采编工具的能力。这是一个健全的新闻工作者所不可缺少的技术能力。新闻工作者要学会熟练地掌握录音机、摄像机、照相机、电脑、电子照排、扫描仪以及其他先进的数码仪器设备等。掌握使用外国语采访与写作的本领，甚至学会驾驶汽车等现代交通工具，这样才能满足日益激烈的新闻竞争需要。

四、作风素质

作风素质是新闻工作者在思想上、工作上、生活上表现出来的状态。优良的作风素质是做好新闻工作的前提。

江泽民同志在1996年9月26日视察人民日报社时强调，在新的历史时期，仍要坚持发扬党的新闻工作的优良作风；一是敬业的作风；二是实事求是的作风；三是艰苦奋斗的作风；四是清正廉洁的作风；五是严谨细致的作风；六是勇于创新的作风。

发扬"六种作风"，是时代对新闻工作者的呼唤。党报作为党和人民事业的一个重要组成部分，其重要性正如江泽民同志所说："历史经验反复证明，舆论导向正确与否，对于我们党的成长、壮大，对于人民政权的建立、巩固，对于人民的团结和国家的繁荣富强，具有重要作用。舆论导向正确，是党和人民之福；舆论导向错误，是党和人民之祸。党的新闻事业与党休戚与共，是党的生命的一部分。"①

一是要树立敬业奉献的作风。所谓奉献，就是一心为人民、为社会、为国家、为民族作贡献。有这种境界的人，从事工作的目的，不是为了个人的名利，也不是为了家庭的名利，而是为了有益于他人、人民、社会、国家和民族。奉献是在自始至终贯穿着敬业等优良职业道德品质长期积累的基础上产生的。新闻工作者应当把爱岗敬业、甘于奉献精神作为自己的职业准则，应当对党的新闻事业有诚恳的工作态度，饱满的工作热情，旺盛的工作斗志，强烈的工作责任感和事业心；要安心本职工作，立足于从小事做起，认认真真、尽职尽责地把每一件事做好；要以事业为重，淡泊名利，埋头苦干，在本职工作上默默地作奉献，创造出辉煌的业绩，以不辜负党和人民的厚望。

二是要树立实事求是的作风。新闻工作中的一切正确的思想、计划、方案都是从新闻工作实践中来，都是以客观存在的现实为基础的。新闻工作者的主观能动性在于正确认识客观事物，掌握和运用客观规律，但是要想得到新闻工作预想的结果，一定要使自己的思想合于客观外界的规律性，否则，就会使新闻工作背离新闻实际。想问题、办事情，必须尊重客观实际，不能从主观愿望出发。人的主观愿望一定要符合客观规律性，才能转化为现实。要躬行实践，坚持理论联系实际，一切从实际出发的原则，深入基层、深入生活、深入群众，加强调查研究，力求全面、客观地把握事物的本质和主流，防止片面性和主观性，做到报实情，讲真话、鼓实劲，力求新闻的真实性，增强新闻的服务性，从而在全社会形成新闻报道真实、准确、生动、可信的良好作风。

三是树立艰苦奋斗的作风。艰苦奋斗从表象来看是新闻工作者的工作、生活作风，但其实质则是新闻事业党性在个体身上的集中反映。需要广大新闻工作者时刻保持清醒头脑，从工作、生活的小事入手，规范自身的一言一行，努力做到防微杜渐。要时刻保持清醒的头脑。要客观地看待新闻工作，不断在实践中树立和巩固服务社会，服务群众的观念。不能将新闻工作作为凌驾于人民群众之上的资本，作为享受的资格。树立艰苦奋斗作风，就

---

① 《江泽民文选》第一卷，北京：人民出版社，第564页。

要与人民群众同呼吸共命运。新闻工作者丢掉了谦虚谨慎、艰苦奋斗的优良传统和作风，就会不思进取、贪图享乐，就会对群众的痛苦漠然置之、对群众的呼声充耳不闻，就必然要脱离群众、怕见群众。因此，大力发扬艰苦奋斗的作风，关键一点就是努力维护和发展好群众利益，保持与群众的鱼水深情。要满怀深情地关心群众。作为党和群众的桥梁，要有"衙斋卧听萧萧竹，疑是民间疾苦声"的境界和情怀，时刻想着群众，坚持深入基层，深入群众，特别是要深入到困难多、问题多、矛盾多的地方，倾听群众呼声，体察群众情绪，在与群众进行面对面的感情交流中，在与群众一同生产、劳动中，体尝疾苦，磨炼意志，锻炼情操，特别是要学习人民群众那种勤劳朴实、不畏艰难、自强不息的精神。要深入基层，深入改革开放和现代化建设的第一线去采访、去工作，要到艰苦地方去经受锻炼。

　　四是要树立清正廉洁的作风。新闻工作同社会接触面广，工作环境复杂，受到的各种利益诱惑很多。因此，新闻工作要求从业人员勤奋工作、艰苦创业、厉行节约、廉洁自律，坚决反对官僚主义、享乐主义，坚决反对见利忘义、权钱交易、徇私枉法等不良行为。新闻工作者如果不能廉洁自律，追求享受，贪图安逸、拜金主义、享乐主义、极端个人主义等腐朽思想就会乘虚而入，就会滋生以稿谋私、以版谋私、有偿新闻、贪污受贿等腐败现象。因此，加强作风建设，树立严于律己、清正廉洁的优良作风对每一位基层新闻工作者来说都是非常必要的。

　　五是树立严谨细致的作风。正确的舆论导向是新闻工作的生命，它离不开细致周密的工作，采取科学有效的传播手段，才能达到"贴近实际、贴近生活、贴近群众"的舆论宣传要求。新闻宣传工作，必须有效的把体现党的意志与反映人民心声统一起来，有领导有步骤有重点地改进新闻宣传，不断提高舆论引导水平。党报党刊和各级电台、电视台要把思想性、指导性与可读性、可视性、可听性结合起来，办出特色，办出风格，有效引导群众，更好服务群众。是否严谨细致，直接影响党的路线方针的宣传和贯彻，直接影响思想政治工作的效果。广大新闻工作者一定要树立起严谨细致的工作作风。

　　六是要树立勇于创新的作风。新闻工作是与时俱进、常干常新的事业，是有着广阔驰骋空间的事业。新闻创新是媒体竞争和发展的必需手段，新闻记者要想在社会实践中抓住新闻事实的本质，写出有思想深度的报道，更需要树立创新的意识，注意培养自己的创新能力。只有创新，新闻工作才有活力和吸引力，只有创新，才能发展和进步。新闻工作这一特点，以及新的形势、新的任务、新的环境要求我们新闻工作者要与时俱进，开拓创新。要在坚持党的新闻工作的基本方针和原则的前提下，不断开拓新的报道领域，不断探索新的报道形式，不断采用新的报道手法，不断写出新的优秀作品。

第三节　新闻工作者的职业道德

　　道德是调节人与人之间社会关系的一种价值体系，它是通过是非、善恶、荣辱等观念来评价人们行为的尺度和正确处理人与人之间关系的行为规范。任何行业都有基本的道德规范，新闻职业道德，也叫新闻伦理或新闻道德，是新闻工作者在长期的职业实践中形成的调整和处理新闻机构内外相互关系的行为规范或准则。它是新闻从业人员在长期的新闻劳动实践中逐渐形成的发展起来的，同其他职业道德一样，具有社会性、规范性和实践性的特点。

在我国，成立于1957年3月7日中华全国新闻工作者协会，是我国新闻道德仲裁和自律主要机构。1991年1月第四届理事会第一次全体会议通过了《中国新闻工作者职业道德准则》，在1997年1月进行了第二次修订。1993年发布了《关于加强新闻队伍职业道德建设、禁止"有偿新闻"的通知》，1997年和中宣部联合发布了《关于禁止"有偿新闻"的若干规定》，这些规定的出台对规范我国新闻行业有着十分重要的作用。

《中国新闻工作者职业道德准则》是新闻工作者自律的行为准则，同时，它也是行业自律的核心内容。中国记协制定了《中国新闻工作者职业道德准则》，其目的就是重申新闻工作者应具备的基本职业道德要求，对新闻媒介出现的煽情主义、黄色新闻以及屡禁不绝的"有偿新闻"等现象进行规范。中国新闻工作者职业道德准则的规范有六个方面的内容。

第一，全心全意为人民服务。这是我国新闻工作者的根本宗旨，这一条体现了我国新闻工作者的职业理念，解决了"为谁"而从事新闻工作的问题。

第二，坚持正确的舆论导向。这体现了新闻工作者必须坚持的方向和承担的职业责任，我国新闻媒介是党和人民的耳目喉舌，起着团结鼓劲的作用，因此新闻报道不得宣传色情、凶杀、暴力、愚昧、迷信、有害人们身心健康的内容。

第三，遵守宪法、法律和纪律。这一条集中体现了职业纪律，是新闻职业道德的大前提。法律和法规是国家权力机关制定执行的，带有强制性的特点，任何人包括被称为"无冕之王"的记者也要在法律的范围内活动，否则，不单是采访编辑活动不能进行，甚至会因触犯法律而失去人身自由。

第四，维护新闻的真实性。这涉及了新闻职业道德的核心问题。真实是新闻的生命，真实涵括了事实真实和反映真实，新闻媒体如果失去了真实，就如同高楼大厦没有了根基。

第五，保持清正廉洁的作风。这里讨论的是工作作风，具有很强的现实针对性。这要求新闻工作者自觉抵制拜金主义、享乐主义、个人主义的侵蚀，坚决反对"有偿新闻"之风，树立行业新风。同时，还要求新闻报道和经营活动要严格分开。

第六，发扬团结协作精神。社会主义市场经济是一种高伦理的经济，新闻工作者在竞争时要平等团结、友爱互助。

新闻工作者的职业道德和他所从事的职业是紧密相连的。新闻报道必须切实做到真实、客观、公正、全面。因此新闻工作者的职业精神就包含了真实性、客观性、公正性、全面性这四个方面，这种精神的本质是对国家、对社会、对受众负责的高度社会责任感。

2001年，中共中央印发了 中共中央印发的《公民道德建设实施纲要》，提出了"爱国守法、明礼诚信、团结友善、勤俭自强、敬业奉献"的基本道德规范，不仅要求每个公民要培养文明行为，抵制消极现象，促进扶正祛邪、扬善惩恶社会风气的形成、巩固和发展；而且号召包括新闻事业在内的一切思想文化阵地，一切精神文化产品，都要宣传科学理论、传播先进文化、塑造美好心灵、弘扬社会正气、倡导科学精神，大力宣传体现时代精神的道德行为和高尚品质，鼓励人们积极向上，追求真善美，坚决批评各种不道德的行为和观念，帮助人们辨别是非，抵制假恶丑。

2006年，胡锦涛发表了关于树立社会主义荣辱观的讲话，提出要坚持以热爱祖国为荣、以危害祖国为耻，以服务人民为荣、以背离人民为耻，以崇尚科学为荣、以愚昧无知为耻，以辛勤劳动为荣、以好逸恶劳为耻，以团结互助为荣、以损人利己为耻，以诚实守信为荣、以见利忘义为耻，以遵纪守法为荣、以违法乱纪为耻，以艰苦奋斗为荣、以骄奢淫逸为耻。以"八荣八耻"为主要内容的社会主义荣辱观，旗帜鲜明地指出了什么是真善美、什么是假恶丑，应当坚持和提倡什么、反对和抵制什么，为新闻工作者判断行为得失、作出道德选择、确定价值取向，提供了基本的价值准则和行为规范。

新闻工作者置身于大千世界中，以报道社会真相为己任，常常面临各种诱惑，所以对于新闻行业来说，特别应强调坚持新闻自律，遵守新闻职业道德。著名记者范长江曾经说过："我想世界上很少有像新闻记者这样有更多诱惑与压迫的。一个稍微有能力的记者，在他的旁边，一方面摆着：优越的现实政治地位，社会的虚荣，金钱与物质的享受，温柔美丽的女人，这些力量诱惑他出卖贞操，放弃认识，歪曲真理。另一方面摆着：诽谤、污蔑、冷眼、贫困、软禁、杀头，这些力量强迫他颠倒是非，出卖灵魂。新闻记者要能坚持着真理的火炬，在夹攻中奋斗，特别是在时局艰难的时候，本着富贵不能淫，贫贱不能移，威武不能屈的精神，实在非常重要。"虽然范长江所说的那个时代与今天有很大不同，但新闻工作者所要求的职业道德自律是不能松懈的。必须坚决抵制新闻行业中的丑恶行为，如有偿新闻、支票新闻、收受红包、勒索敲诈、广告新闻，还有恶意炒作和低俗之风等，这些行为都严重损害了新闻工作者的形象，使读者对报道的格调和品位产生质疑。为了杜绝这些现象的发生，除了要建立一系列具体的职业规范外，还要将记者的"权力"意识转变为"权利"意识，从外部控制和内部自律两个方面提高新闻工作者的职业道德水平。

思考与练习

1. 如何树立马克思主义新闻观？
2. 如何提高新闻工作者的素质修养？
3. 新闻工作者的职业道德有哪些？

第八章　大众媒介与社会、政治、经济、文化

现代社会，大众传播媒介对人的行为和社会生活产生了深刻的影响，人们生活在一个以"媒介环境"为基础的社会。在本章，我们将分别考察大众媒介与社会系统、政治、经济和文化的多方面的相互关系。

第一节　大众媒介与社会

一、大众媒介作为社会的信息系统

毫无疑问，传播媒介塑造着人类历史和生活世界的面貌。我们学习的知识，获得的大部分人生经验以及对人类历史、世界的认识，都是靠某一传播媒介传递给我们的。大众媒介的出现，尤为有力地推进着世界的发展进程。

传播媒介的主要作用在于传播人类社会发展所需的大量信息，通过信息的不断传递，满足社会各个部门、领域的需求。从历史发展的角度看，媒介的发展是与社会的总体发展同步进行的，是与某一时期生产力发展水平相适应的。经济发展水平决定着人们的信息需求水平，人们的信息需求水平进而决定着传播媒介的发展面貌。如今，随着计算机网络的飞速发展，人类社会已进入了名副其实的信息社会，信息成为社会最为重要的经济发展因素。

人类社会由许多相互关联的系统组成，如政治、经济、法律、文化等。大的系统还可以根据不同的标准进一步细分为小的亚系统，如文化系统可以从民族、地域、年龄等层面进行划分。社会各系统之间既相互依赖，相互合作，有存在着相互制约、相互冲突的状态。各种状态呈现出平衡状态，唯此，人类社会才能保持平衡，不断发展。

大众媒介作为当今社会中重要的信息生产系统，对其他社会子系统产生着重要的作用，信息犹如人体的血液，传送着社会这个大的机体必须的生产要素。有了信息，各系统之间才能互通有无，保持紧密的联系。大众媒介还能通过信息的呈现，去发现其他子系统中存在的各种问题以及系统之间的矛盾冲突，促进各系统的和谐发展。另一方面，正是社会中各子系统之间的互动交往，为大众媒介提供了丰富的信息内容。一些子系统，如政治、法治等，还能对大众传媒系统进行传播行为、传播的制约，以保证大众传媒系统的健康发展，

降低不良信息对社会的危害。

二、社会呈现与媒介环境

前面对传播过程中的传播者进行分析时，我们已经指出，传播学四大先驱之一卢因提出"守门人"概念认为，大众媒介在新闻信息的流通过程中所扮演的是"守门人"的角色。它们根据公正的规则、新闻价值标准、或者是"把关人"的标准，决定哪些信息可以得到传播，哪些信息应该被舍弃。

此外，在传播效果分析中，"议程设置"理论认为，某一问题若被大众媒介所持续关注，那么该问题在公众心目中的重要问题便会得到提升。媒介在大多数情况下不能决定人们怎样想，但能非常成功地告诉受众应该想些什么问题。

这两个理论为我们认识大众传媒与社会的关系提供了很好的理论视角。在我们这个大众传媒异常发达、极度重要的时代，大众传媒已经成了从事"环境再构成"的机构，它决定着我们所能看到的世界的面貌，甚至能决定着人们想些什么，怎么样去想。

我们每天都会看报纸、电视、听广播、还有越来越多的人选择互联网络，通讯技术的发达使得我们时刻都生活在大众传播媒介所建构的信息环境之中。除了学校教育，一个人接受的大部分知识都要通过大众传媒，在信息的海洋中，我们获得大量的间接经验，积累起对于身处其中的世界的认识；借助大众传媒对信息环境的建构和对信息的评价，我们形成较为稳固的评价体系并对各种事物作出评价。

可见，大众传媒的信息传播行为，不仅在经济层面促进社会的发展，还深刻地影响着我们的认知以及塑造着社会的面貌。既然每个人都无法穷尽现实生活的全部内容，那么，对现实会产生怎样的认识，就在很大程度上取决于大众媒介给人们会呈现怎样的信息和人们选择接受哪些信息以建立起对世界的认识。

很多学者还指出，媒介环境是一种"拟态环境"，这种"拟态环境"就是信息环境，它不是现实环境的直接再现，而是通过传媒对事件或信息进行过滤、选择、加工、重新结构化以后向人们展示的环境。这种过滤、选择、加工、重新结构化是在媒介内部进行的，人们一般看不见，意识不到，经常把"拟态环境"当成了客观环境。拟态环境由具有价值倾向的语言、文字、声音、图画、影像等信息符号构成，它不仅传达消息与知识，而且包含着特定的观念和价值，不仅具有告知作用，而且具有指示性作用，对人的行为具有制约功能。

三、大众媒介的社会作用

大众媒介在当今社会中，表现出了现代化、开放性和市场化等总体特征。

大众媒介是社会现代化的重要推动力量，在现代化过程中，人的现代化程度取决于对信息的接收状况。大众媒介在建构社会的主流价值观、推进社会民主、法治进程、提高社会民众的国民素质方面，发挥着关键的影响力。

开放性是现代化社会的重要表现特征。开放意味着社会之间、社会系统内部联系的紧密。没有哪个现代社会能够脱离其他社会而孤立存在。在全球化日益加剧的情况下，大众媒介在促进社会、国家间的联系中扮演了重要的角色，保证了多种价值观念、意识形态及生活方式和平共存。

此外，大众媒介在经济全球化的浪潮下，日益成为经济发展的重要力量。这不仅体现在其信息产品作为社会重要的生产力，还表现为大众媒介应遵循市场经济规律，面对激烈的市场竞争，提高信息产品的质量，满足受众的需求，以保证自身的持续健康发展。

从抽象的层面看，大众媒介对当代社会的作用可以归结为以下几点：

1．适应社会总系统。如前所述，大众媒介是作为社会的专门的信息生产部门存在的，通过收集信息、制作信息、发布信息等几个基本环节，社会大众所需的信息产品得以在社会各领域、部门之间传通，社会各子系统由此形成互动、制约的关系。

2．实现系统总目标。任何社会都应当保持和谐、有序、平衡的状态，都应当有一整套稳固的社会制度以及占主流地位的意识形态系统，大众媒介的信息产品应该为确保现存社会制度和维护主流意识形态服务，同时，大众媒介还能有效地促进国家的发展和个人的社会化进程。整体上看，是为社会总体目标服务的。

3．整合总系统内部。社会各子系统（包括各个小的利益集团）之间并不总是和谐共存的，时常会出现一定规模的冲突。作为社会的信息中介机构，大众传媒的重要作用就是将社会各部分有机地整合在一起，协调相互之间的关系，维持社会的平衡状态。

第二节　大众媒介与政治

一、政治对大众媒介的制约

国家政治会对大众媒介产生极为重要的决定作用。前面在论述社会传播制度时已经指出，任何国家的新闻传播事业都要受到社会传播制度的影响和控制，传播制度决定着大众传播的发展面貌。

现在，世界上存在着三种主要的媒介所有制形式：国有制、私有制以及公有制。媒介所有制问题是新闻体制中的核心问题。在这里，社会政治对大众媒介的决定性作用一览无余。

新闻体制主要关注于媒体、政府与公众三者之间的关系。这一关系在很大程度上是由国家的政治体制所决定的。在资本主义社会，经济所有制为私有制，大众媒介多实行私有制，媒体相对独立于政府，媒介的行为主要通过市场机制来调节控制，生产信息产品满足公众的需求，同时监督其他机构的社会权力，代表公众舆论。任何公众都有接受信息的自由。而在社会主义社会，公有制的经济制度决定了大众媒介属国家所有，媒介应当担负起维护社会稳定、促进社会发展、为人民服务的宣传任务，一切从国家利益出发，与政府保持一致，称为国家、政府、人民的"耳目喉舌"。

然而，无论是在哪种社会中，哪种政治体制下，都不存在绝对的新闻自由。在西方，国家政治对大众媒介的影响还是十分重大的。一旦有威胁到政府统治和国家安全的新闻信息，政府都会极力运用政治手段去严密控制，防止其负面作用。而且，由于资本主义社会的媒介所有制多为私有制，大众媒介多为私人财团所有，而私人财团多联系着某一政党。在这种背景下，大众媒介无一例外都承担着一定的宣传任务。

通常，政府的政治活动会在如下方面利用大众媒介：

1. 发布政治信息。各媒体也会将政治新闻作为首要关注的领域、题材，足以看出政治对当代社会的重大影响，政治新闻也会吸引受众的极大注意。因此，大众媒体成为政府发布信息的主要途径。

2. 宣传政治主张。在全球化进程日益加剧的今天，国家与国家之间的政治交往极为频繁，不同政治体制间的矛盾冲突也日益增多，大众媒介成为宣传政治主张，寻求相互理解的有效工具。而且，政府的各种政策、法规的颁布都需要向社会公众进行充分的解释说明，以寻求公众的支持、信任。

3. 实施舆论导向。舆论在维护政府统治和社会稳定方面发挥着重要的作用，任何政府都十分注重舆论的引导。大众媒介是当代社会强大的舆论工具，在制造、引导舆论方面有着强大的功能。因此，掌握大众传播媒介，操纵公共舆论，历来是统治政府用来传播主导政治价值、政治思想，塑造社会成员共同政治意识的最基本的手段之一。

二、大众媒介的政治功能

1. 促进公众的政治社会化进程。在现代社会，大众传媒每天、每时每刻都源源不断地把各种信息传递给公众，这些信息中所包含的许多直接的或间接的政治内容就潜移默化地影响着人们的政治社会化。也就是说，大众传播在当今对公众的政治教育中起着主要的作用。

政治社会化是指人们通过学习和接受一定的政治文化从而获得一定政治属性，形成特定政治人格和政治意识倾向的过程。大众传媒是政治信息的重要传递者，它在信息传递过程中提高了政治信息的普及程度。因此大众传播媒介承担着重要的政治社会化功能。

细分起来，大众传媒主要影响人们政治认知、政治情感和政治态度的形成。

政治认知是指人们对社会政治生活各方面的认识和了解。人们在对现实社会各种政治信息的接受过程中，逐渐产生对政治体系、政治过程、政治目的等方面的整体认识，并能借推理、判断、想象等心理活动对之加以认识。作为政治社会化媒介之一的大众传媒影响着人们的这种认识的形成。

政治情感主要是指人们对国家政治生活中的政治制度、组织、决策、领导人等对象产生的内心体验。一般表现为对某一政治对象的爱或憎、亲或疏、敬或恶、认同或逆反等情感。大众传媒传播信息的政治倾向性对人们的政治情感有重大影响。通过持续地向人们输送着某种经过选择的资料和观点，以及对这些资料和观点的分析与评价，大众媒介使人们自觉或不自觉地形成某种特定的政治情感。

政治态度是指人们在国家政治生活中所表现出来的精神状态和反应倾向。政治态度的形成是一个复杂的过程。在这个过程中，大众传媒发挥着重要作用。大众传媒通过或显或隐的方式不断地向人们传递着有关政治理想、政治信仰、政治价值观等信息，而公众个体在这些观念、信息的反复作用下，形成自己的政治认知和政治情感，进而最终形成比较稳固的政治态度。

2. 大众传媒参与政治决策、建设政治文化。正如前面分析指出，大众媒介作为社会重要的信息生产传播部门，作为政府和公众之间联系的桥梁，掌握着重要的社会权力，从而为政府所重视。一方面，大众媒介能够向公众传播政府的政治主张、法规政策，影响人们的政治选择，塑造人们的政治观念；另一方面，大众媒介能够作为公众的代言，对政府的政治行为、政治权力进行监督，保证社会权力的合理的分配和使用。

大众媒介参与政治决策主要通过两种方式体现出来：沟通信息和影响舆论。

社会生活日益多变、复杂，社会领域的细分和专业化使得个人亲身参与社会政治的可能性日益减小，大众传媒成了大众获取政治信息、参与政治的主要途径。这主要体现为上文提到的政治认知、政治情感和政治态度的形成，继而可以参与对某一社会公共问题的讨论，推动国家政治、法制制度的建设。

大众媒介具有"议程设置"的功能，在社会政治方面，这一点尤为突出。大众媒介通过对政治信息的选择性呈现——强调某些信息，淡化某些信息，可以引导受众关注的领域，为公众提供了可资讨论的政治话题。同时会影响公众对现实世界的认知和判断，改变政治决策行为。

当公众受到大众媒介报道信息的影响而形成舆论时，大众媒介还能通过对舆论的控制实现参与政治决策的意图。这包含两方面的内容。一方面，大众媒介可以引导公众舆论，使之朝向合理、有序的方向发展，维护社会的稳定；另一方面，大众媒介可以通过影响公众舆论对政府施加压力和影响，对政府各部门的权力进行监督，批评不良现象，建设国家政治文化。

大众传媒可以传播政治文化，使民众形成社会主流政治意识。政治文化的传播包含了横向传播和纵向传播两个方面。从横向传播来看，大众传媒向整个社会范围传播主导的政治文化。从纵向传播来看，大众传媒总是通过各种方式不断地向下一代传播、灌输政治文化，以实现政治文化的代际传递，保持政治文化的连续性。

大众媒介还有改造、趋同政治文化等功能。政治文化本身并不是一成不变的，而是不断生成的。在社会变革期，新的政治文化因素的生成十分明显。新政治文化因素会通过大众传媒或学校等群体组织得到传播，形成对原有政治文化的冲击和改造。例如新旧社会制度变革时期发生的就是这种情况。

由于社会、地域、语言等因素的影响，在大的政治文化体系中，形成了形形色色的亚政治文化，使政治文化充满了异质的因素。在这种情况下，大众媒介的重要功能就是通过弘扬社会占主导地位的政治文化，促进诸多亚政治文化的趋同，引导和促进各种亚政治文化向主导政治文化趋同。

3. 大众媒介推进社会政治民主进程。民主是衡量社会政治文明与否的重要标准。而新闻言论自由向来是政治民主的重要组成。公民享有获取信息以及发表言论方面的自由，这是新闻言论自由的主要内容。纵观人类历史的发展过程，大众媒介在推进人类新闻言论自由方面的作用可谓巨大，有力地推进了人类社会政治民主的进程。

在印刷传播之前，人类社会的语言、言论的传播都会受到很大的限制，社会范围内比较大的社会舆论也难以形成，与此相应，政治统治形态多表现为封建集权统治。进入印刷传播时代，人们对信息的需求急剧加大，信息在社会经济生产活动中的作用也日益重要。大量信息为人们认识现实世界提供了重要的依据。如上面所指出的，还增强了他们的政治意识，推进了社会民主政治的发展。

信息将是左右国家经济发展、政治命脉的关键因素。由于各种通讯技术的发展和新的电子媒介的出现与运用，各种信息可以不受限制地传播，甚至穿越国界，增加了社会政治行为的透明度，导致了政治生活的公开化。不仅一国的政治信息常遭曝光，政治家们的个人隐私也常被传媒披露。由于公众的信息来源日益多样化和国际化，打破了政府的信息垄断，导致政权影响力下降，政府对公民行为的权威相对减弱。这些都是现代社会政治民主的极大发展。无可否认，这种发展应该归功于大众媒介的存在和发展。

如今，信息是社会发展必不可少的重要资源。互联网的出现以及快速发展改变着世界的面貌，也是的人们与信息的关系进入了一个全新的时代。网络信息的海量、极强的交互性、个人化的信息服务、强大的信息搜索引擎等特点都为公众更好地参与社会政治事务提供了便利的手段，基于此，我们也在经历着人类历史上前所未有的政治民主时期。这其中既有乐观的曙光，也存在着一定的风险。但无论如何，大众媒介推动人类社会政治民主进程的丰功伟绩却是任何人也无法抹杀的。

第三节 大众媒介与经济

一、经济是大众媒介发展的决定性力量

从大众媒介的历史发展来看，经济因素是一个永久的决定因素，它不仅贯穿于媒介技术的开发之中，而且是人类社会信息传播的主要推动力。

从口头传播到文字传播，人类社会不断迈出文明的脚步。社会的经济形态则体现为农

业手工业生产。在西方，古登堡印刷术为大众化报刊提供了最初的技术支持，与此同时，西方社会开始了向世俗社会转型的过程。随着生产力水平的提高，整个社会经济生产的规模日益扩大，分工也日渐精细，人们对社会政治、经济、军事等各方面的信息需求日趋迫切。由此，近代社会最早的新闻事业逐渐诞生了。也就是说，新闻事业是资本主义商品经济的直接产物。

电子媒介的产生和发展也是源于社会的经济现实。是最早无线电技术的拥有者对更大经济利益的追求，使无线电技术得以由单一的通信手段向大众化的广播技术转化，随之相继产生了广播、电视等电子媒介。

广播最初仅是刺激收音机需求、推销电器产品的一种手段，在性质上与其他物质产品并无不同，其经营者并未认识到广播电台本身作为大众媒介的价值所在，在广播出现后的第一个十年里主要是作为牟利的工具。大部分电台是由收音机的制造商和广播器材的供应商维持的。一般认为，至少有两个出于经济利益上的考虑促成了商业广播网的建立：一是联播节目便宜，有利于广播者的利益；二是联播有利于远距离、大范围的商品推销，符合广告商的经济利益。

至于电视，则是广播公司在尝到了广播的甜头后，为占领市场花费巨资进行技术研发的结果。电视的研发是在英国的 BBC 和美国 RCA 之间独立进行的，电视之父——贝尔德在 BBC 的支持下试制了机械电视系统，1936 年正式播放节目。面对英国电视的发展，美国感到自己已经落后，于是美国无线电公司雇用一大批工程师，投巨资开始研制自己的电视系统，最终在 1939 年纽约世界博览会上推出，从而开启了电视时代，并迅速成为战后经济的主要推动力。

互联网络最早是作为军事技术研发的，后来为了经济利益被运用于民用通讯领域，这一转变迎来了全新的信息时代，如今成为全球经济发展中重要的推动力量。

纵观大众媒介的发展过程，社会经济始终是重要的诱因，从技术的开发到新媒介的普及，始终可以看到经济因素的影子。新闻事业的发展水平不可避免地要受到社会生产力水平的制约，这个客观规律是我们在分析社会经济与大众媒介关系时应时刻牢记的。

二、大众媒介对经济的促进作用

信息已成为我们当前时代重要的经济推动因素。那么，大众媒介的信息生产活动必然会对社会经济产生巨大的促进作用。

首先，各种经济活动的开展需要大量及时准确的新闻信息。大众媒介可以通过收集和传播经济信息，引导社会生产和消费合理有序地进行。很多媒体也越来越注重对经济新闻信息的报道，为发展社会经济起到了很好的促进作用。例如在我国改革开放进程中，大众媒介为指令性计划向指导性计划的转变、所有权与经营权的分离以及社会主义市场经济体制的建立创造了有利条件，为改革开放推波助澜，还通过宣传国家经济方针、政策，介绍经济知识等手段，使普通公众对国家的经济行为有了较深的理解，获得了公众的拥护和支持。

大众媒介能通过刊载商业广告，盘活社会经济，满足公众的消费需求，对个人经济行为产生重大影响。社会经济生产规模的扩大势必导致大量商品的激烈竞争，而商业广告是实现市场经济制度各种目标的重要途径。商业广告可以通过宣传增加商品的销售量，实现生产的集约化，还能通过刺激商品种类对产品优胜劣汰，指引经济生产活动的合理进行。与此同时，个人的消费活动也能在大众媒介的不断指引下趋于理性。

广告的引入不仅使媒介获得了财政和市场支持，而且使媒介的内容本身成为有利可图的事，从而能够以一种产业的方式融入整个社会经济的运行和发展之中，可以说，没有广告提供经济支持，媒介将难以生存。

以大众媒介为核心建立起来的现代社会的信息产业，越来越成为一个现代国家国民经济重要的组成部分。大量媒介产品的生产、开发很大程度上带动了消费市场，媒介产业成为重要的经济增长点。例如，在美国，大众传媒在国民经济中位列第10大产业。在我国，大众传媒所带动的经济增长在国民经济中所占比重也越来越大。

近十几年来，随着社会主义市场经济制度的逐渐确立，我国的大众媒介也经历了一个市场化的进程，媒介经济体制、经营方针、运营模式都发生了极大的转变，由以前的政府财政拨款变为独立自主、自负盈亏，成为市场经济活动中的主体。报业集团的出现就是我国大众媒介产业化过程的标志性举措，具有重要的创新意义。长远地看，我国大众媒介的产业化改革不仅对增强我国传媒产业的实力有着重要的意义，还会对我国的社会主义市场经济产生重大的深化作用。

综观大众媒介形成发展的历史，经济目的、对利润的追求是其产生、发展并获得自治的重要因素。媒介技术的开发者、技术主体对利润的追求为其提供了创新的源泉，广告的介入又使大众媒介成为社会经济活动中的重要影响因素，形成了大众媒介经济化的运作模式。

总之，大众媒介对社会经济生活的各个方面都能产生巨大的影响和作用。随着大众媒介的进一步发展和应用，这些影响和作用将会不断增大。

第四节 大众媒介与文化

一、大众媒介与大众文化

人类社会发展至今，产生了多种多样的文化形态，可以从地域、民族、社会阶层等诸多层面去划分。自从进入大众传媒时代，文化领域讨论最多的，莫过于大众文化这一文化形态了。正是由于大众媒介的迅速发展，大众文化在整个社会层面迅速扩张，成为当代社会重要的文化现象。

"大众文化"英译为"popular culture"或"mass cuture"，也称为"通俗文化"或"流

行文化",是在西方进入资本主义社会后形成和发展起来的,其发展的典型形态是 20 世纪的"文化工业"。

"文化工业"是德国法兰克福学派中阿多诺等学者对现代资本主义社会大众文化的总称,其含义在于,指出大众文化的生产、传播、消费与工业商品生产相似,因而是一种标准化的被大批量复制的同一性文化,其目的是为了大众消遣而不是像真正的艺术那样给人以震撼和思考。由此,他们质疑现存社会制度的合理性,达到社会革命的目的。因此,大众文化是使大众产生欢乐幻象的麻醉剂,从本质上说,是为统治阶层服务的。在其背后,统治集团的经济利益是最终的驱动力。

应该看到,法兰克福学者们对大众文化的批判虽然深刻,但带有很大的片面性。对于任何一种文化现象,我们都应当对其进行全面客观的考察,析其利弊,这样才能对我们的生活有借鉴意义。

大众文化是社会经济快速发展、社会文明综合进步的结果。大众文化的产生有赖于三个基本条件:一是商品经济的相对发达,这是经济条件;二是言论出版自由的有力保障和社会观念的普遍开放,社会的民主化程度提高,这是政治条件;三是科学技术的快速发展,各种通讯技术手段为大众文化提供了物质条件。这三方面因素的综合作用,导致了社会生活的巨大变化,以前地区之间、国家之间的壁垒被打破了,人与人之间的交往、联系日益紧密,大都市出现了众多"无名"的人群,公共场所成为大众的交流场所。

大众文化包含在主流文化之内,是以消费为中心,以市场流行为走向,以文化时尚为内容,以社会大众为对象,又与传统文化核心内容有直接传承关系的文化形态。它能反映社会中最大多数人的文化心理和取向,具有最为广泛的群众基础。商业性、通俗性、流行性、丰富性和多变性是大众文化的基本特征。

商业活动催生了大众文化的生产。由于要满足大多数社会公众的需求,而社会公众的文化层次又必然是低下的,这就要求大众文化的内容应当通俗易懂,符合大众流行口味。这与传统的严肃、高雅、为少数人所享用的精英文化形成了鲜明的对照。大众的组成极为复杂,来自社会不同的阶层、团体,其口味又总是处于变动之中,这就要求大众文化的内容应当是丰富的,跨越年龄、性别、职业、阶层、地域等界限,雅俗共赏,以适应不同需求;还应当是多变的,以适应现代社会生活的不断变动。

文化的传播和交流总是通过一定的渠道和方式进行的。大众媒介无疑是大众文化的最佳载体,它通过信息的传播,在人与人、部门与部门、社会阶层与社会阶层之间建立了广泛而紧密的联系,为大众文化的形成建立了坚实的基础,还通过在构筑社会信息环境的同时,构筑了大众文化的氛围和环境。传媒与人类文化的交往互动空前紧密。

因而,大众媒介与大众文化是互为依存的。有了大众媒介,大众文化才真正地在人类社会中作为主导的文化现象出现;大众文化则为大众媒介提供了重要的内容和文化氛围,人类的文化生活也因此而更加丰富多彩。

二、大众媒介的文化影响

大众媒介反映大众文化，代表大众文化，引导大众文化，进而塑造大众文化。大众媒介能够及时捕捉社会生活中的焦点、热点问题，反映社会公众的情趣、追求，在很大程度上满足了主体意识越来越强烈的现代人，使他们在一天的忙碌之后，能够在这些轻松的节目和娱乐中得到松弛和满足。大众媒介作为社会的公共领域，为社会大众提供了可以进行公开讨论社会问题、参与政治决策、共建社会生活的极佳的论坛。作为人类精神文明和物质文明的大众文化，不经过大众传播，就得不到继承和发展。

大众媒介引导、塑造大众文化体现在大众传媒是形成大众文化的重要手段和使者。大众媒介受到来自社会多方面——政治、经济等——的影响，能够有效地塑造各种各样的亚大众文化形态。例如，很多经济集团、商家为了推销自己的商品，便与大众媒介联合，制造出各种各样的流行文化，如电视文化、音像文化、摇滚文化、电影文化、网络文化等，这些文化还可以进行细分。这种引导和塑造主要是通过大众媒介的议题设置功能得以实现的。

大众媒介对于凸显大众文化品格、丰富大众文化的内涵、提升人民群众文化生活水平、提高全民族的审美素质和精神文明水平等诸多方面起着不可替代的作用。然而，另一方面，大众媒介又可能降低大众文化的品格与趣味，使其内容流于空泛和低俗，长此以往，会对人类发展造成严重的负面后果。这正是法兰克福学者们所担忧的。

大众媒介、大众文化与商业活动、经济利益有着密不可分的连生关系。大众媒介时常会为经济利益所驱动，使所有的文化资源都有可能被大众文化形态纳入市场，在新的包装之后变为大众文化的消费品。如在高雅艺术中加入流行的元素，对传统艺术经典作品的反讽、戏拟，使其成为畅销、流行、通俗的商品。

在利润最大化原则驱动之下，大众传媒的内容变得肤浅，显示出享乐倾向和游戏特征。这些粗制滥造的文化垃圾无助于人类精神境界的提高和心灵世界的升华，相反会造成文化的媚俗低级倾向，严重地败坏了大众的品位和文化修养水平，使人们更多地依赖大众媒介，接受其信息，成为现代社会畸形的单面人。

大众文化在现今时代被大大渲染了其娱乐功能和消遣功能，这符合了人们追求轻松享受的天性。大众文化以众多的视觉影像元素，加上时尚潮流的包装，充分激发了人的感官享受的欲望。此外，大众媒介传播文化的功能主宰了人们认知的世界，选择性地建构了社会知识环境，通过提倡社会中占主流地位的价值观念、意识形态，对金钱、物质的过度鼓吹在深层把人非物质的精神活动降格为庸俗的物质活动，从而慢慢扼杀了人的自由天性，腐蚀了人的理想追求。

总之，大众媒介对社会的最大威胁在于：削弱了文化的社会功能并可能造成了人的异化。文化的一个重要特征是超越现实，给人们提供一个理想目标，即包含有否定现实的异端因素。文化的这种否定功能随着大众文化的产生而逐渐削弱甚至消失。这是因为大众文化的载体大众媒介所宣扬的必定是社会主流的意识形态和价值观念，为维护现存社会秩序服务。大众文化所具有的文化批判功能必然会大大减弱。由于大众文化取消对现存秩序的质疑和超越，力图把人变成为经济的、物质的、顺从的、思想平庸的人，取消人自由、超越、想象、创造的一面，长此以往，人类很难不被异化，迷失方向。

因此，当代大众媒介，既不能无视大众文化的作用，更要看到精英文化的重要性；既要给大众文化以广阔的发展空间，又要以着力建设精英文化，使精英文化肩负起价值引导的职能：一要对大众文化的作用进行评估、监控，使之趋利避害，健康发展；二要以高品位的文化品格教育、熏陶大众文化的主体，使之脱离低级趣味，不断提高自己的文化品味。

在我国，大众媒介的文化建设任务尤为艰巨。一方面，要建设社会主义精神文明，为社会主义经济建设服务；另一方面，大众媒介应当大力弘扬本国本民族的特色文化，抵制外国不良文化的浸染。这就要求大众媒介应坚持以马克思主义为指导，以培养有理想、有道德、有文化、有纪律的公民为目标，发展面向现代化、面向世界、面向未来的，民族的科学的大众的社会主义文化，引导文化朝着积极的、健康的、和谐的、大众化的方向发展。

思考与练习

1. 大众媒介在社会系统中是一个怎样的部门？发挥着哪些作用？
2. 大众媒介对社会政治的促进作用表现在哪些方面？
3. 大众媒介对社会经济有怎样的促进作用？
4. 大众媒介与大众文化是怎样的一种关系？大众媒介如何引导大众文化的健康发展？

第九章　大众传媒受众心理

第一节　受众心理产生的条件和受众心理功能

一、媒介刺激与受众心理

受众的心理活动随时存在，但是与新闻有关的心理活动却必须是由媒介刺激引起的。这包括两个方面：一是媒介内容对受众心理有一定的影响，二是不同的媒介形式也会对受众产生一定影响。

1. 媒介内容对受众心理的影响。媒介内容是影响受众心理之源，受众大部分时候讨论的都是媒体提供给他们的内容。比如，孙志刚事件发生后，在社会上造成了强烈的影响，大部分表达意见的受众谈的都是这件事本身所折射出来的中国现行制度的不合理之处，表达的是对这件事进展的关注。这些就是由媒体内容所造成的刺激。媒体内容对受众心理的影响有时候有效果，有时候没有效果，这跟媒体在传播时所具体采用的手段和方法有关。同时，媒介内容对受众心理的刺激，也有一定的社会伦理的评价问题。比如，现在有学者抨击媒体传播内容低俗化，导致快餐文化盛行等，或者由于暴力、色情内容的泛滥而引起的青少年暴力事件增加和诱发性犯罪问题就属于此类。

2. 媒体形式对受众心理的影响。不同的媒体形式也会对受众的心理产生不同影响，阅读年代的人的心理状态和读图时代的人的心理状态和行为方式存在不同。同一条新闻，用不同的媒体进行报道，所取得的效果也是不同的。关于媒介对人的影响问题，最著名的是加拿大学者麦克卢汉的相关媒介理论，这里我们就不再赘述。

二、受众主体的内在因素：需要、动机、兴趣

传播媒介的刺激是受众心理产生的一个很大原因，但是受众主体的需要、动机、兴趣及个性心理特征等则是受众心理产生的基础。

受众的需要就是指受众对新闻信息的需求愿望，它主要包括下面几个方面：

1. 求真心理。受众接触媒体都希望通过它能得到一种真实的信息，了解周围的变化。这是由人的生存本能决定的，同时也反映了人类的理性和认识世界的愿望。而对于媒体来说，满足受众的这种愿望，也是媒体得以生存的基本原因之一，也就是发挥了媒体的环境监测功能。

2. 求快、求短心理。受众一般都对新闻的时效性有一定要求，所以新闻要抢时间。受众对新闻产生求快心理的主要原因主要有：首先，受众较早地获得信息，可获得传播的主动权和优先权，能在变化中较快地调节自己的心理和行为，适应环境；同时，在个人心理上，存在着一种传播优越感，希望自己能比别人早一点得到相关信息，在对别人的传播中，处于主动和优势地位。至于有求短心理，则主要是求快心理的伴随物，并且消息越短，也越容易理解，节省精力。

3. 求新心理。这种心理来自人们的好奇心，似乎是人们天性。但产生的具体原因，似乎还没有特别明确的答案。但就由于这种天性的存在，使得"新鲜"成为新闻中一个必不可少的价值取向。

4. 求近心理。这是指受众对于自己周围发生的或与己有关的新闻更容易注意的心理。这是由于人们无论是从认知上还是情绪上都更容易与熟悉的东西产生共鸣。这也就是为什么现在都市报以及本地新闻兴盛的原因。《廊桥遗梦》是好莱坞拍的经典电影，但是在上映时，却出现过比较极端的两极分化现象：中年人大多很感动，热烈追捧，认为该片表现了在人们在婚姻生活中的一种无可奈何的现状；年轻人则不然，他们对这部片子中的男女主人公的故事不能理解，并且认为，该片缺少俊男靓女，不够有吸引力。其实这就是求近心理在起作用，"事无两样人心别"。

所以说，新闻媒体要想使自己生产的新闻产品在受众心中产生一定的共鸣，就必须考虑到受众在接受信息时的心理需要。

三、受众心理功能

受众的心理状态会对他们的信息接收活动产生一定的影响，主要表现在对新闻信息的选择和认同上，这主要是通过以下几个心理过程进行的。

首先是选择性注意，也成为选择性接触。所谓注意就是心理活动对一定事物的指向和集中。一般包括有意注意和无意注意两个方面。受众必须先注意到某个媒体产品，然后才会有下一步的行动。一般来讲，是否能引起受众的注意，主要取决于两方面的原因。一个是传媒本身的刺激，比如版面、标题、内容、节目的形式等是否具备较为抢眼的要素，这个主要是要刺激受众的无意注意；另一个是由受众本身的需要决定，如果新闻产品中有他所需要或者感兴趣的内容，也会刺激受众的注意力，这主要是有意注意。

接下来是选择性理解。受众每天接触的信息很多，但并不是每一条都会进入他的头脑，进而影响他的心理和态度甚至行为模式。大部分的信息都被过滤掉，只有少部分才会进入受众头脑，并且按照自己的经验和偏好进行理解。比如说，我们每天在大街上都会看到很多广告牌，但是很多都仅仅是一闪而过，不会留下什么印象，只有少部分会去解读它的内容。影响选择性理解的因素主要和受众自己的个人知识基础、价值观念以及生活的环境有关。同样的事物，由于以上因素的不同，不同的人会得出不同的解读。比如我们经常提到的地域文化差异就是如此。在2008北京奥运会吉祥物的竞选上，中国龙的落选就是一例。龙在中国享有无上威严，在西方国家里却是会喷火的怪兽，是邪恶的代表。正是这些不同文化背景的冲突，导致了人们对同一事物的理解。所以，在新闻作品的传播中，一定要考虑到传播对象的知识背景和文化环境问题，不然很难取得良好效果。

最后一个环节是选择性记忆。只有真正记住的东西，才会在人们的头脑里长久保留，并再现出来影响到他们的态度和行为。这也是信息传播的目的所在。影响记忆的因素主要有下面几个方面：认知事物刺激强度的大小，刺激越大的记得越久；人善于记住对自己有利的东西（事件或观点），同时也不容易忘记明显反对自己的观点；感兴趣的东西记得较为长久；反复接触的东西也容易让人印象深刻。这几个容易让人记忆深刻的因素，可以给媒体在如何加深受众对自己产品的印象上产生启发。

当然，受众心理状态不仅仅是在他们选择接受信息时产生影响，同时，他们的反馈也会给新闻产品的生产带来不可忽视的作用。

第二节　受众的群体心理

社会由不同的群体组成，每一个社会人都是作为群体中的一员出现的。他们的生活、思想都会受到群体的影响。同时，当每一个个体处在一定的群体中时，他们还会出现一些与他们单独存在时不同的心理现象。我们主要探讨新闻受众在接受信息以下几方面的群体心理。

一、接受暗示心理

所谓暗示，就是指在无对抗的条件下，用含蓄、间接的方法对人们的心理和行为产生影响，从而使人们按照一定的方式去行动或接受一定的意见，以达到使其思想、行为与暗示者的意志相符合的目的[①]。这里的暗示者可以是他人，也可以是自己。

心理暗示是一种被主观意愿肯定了的假说，不一定有根据，但由于主观上已经肯定了它的存在，就会促使其心理尽量趋同于主观假说。一个人生病，查不出病因，如果自己怀疑是癌症，那么，他很可能认为自己得的就是这个病，即便是别人的一些玩笑话，或者是一些不经意的举动，他也会从自己已经患病的方向来理解。再如我们平时说的算命，如果自己本身很相信，那么，如果有人说你的某天运气好，当天发生的很多事情你都会把它当成好运的表现，而其实这些可能在平时都是很平常的事。

暗示的形式可以用语言、行为、信誉等完成，一般来讲，暗示越含蓄，效果越好。这是因为，人都有自尊心，都愿意保持自己的独立性，不愿受别人的干涉和控制。

---

① 时荣华：《社会心理学》，上海：上海人民出版社，1986年，第216页。

在新闻信息的传播中，新闻传播对受众的影响或导向有明示、也有暗示。表现在其中的暗示就是：在"客观报道"的原则下报道新闻，把作者的态度与观点隐藏在所叙述的事实中，让受众在接受事实的同时，不知不觉地接受作者的观点和态度。主要采用的方式有文字、语言、画面、版面编排等。由于新闻报道从外观上来讲，必须保持一定的客观立场，因此，在新闻产品中主要是向受众暗示传播者的态度和感情。这种暗示也是报道的外在态度越客观，暗示越含蓄，效果越好，所谓"润物细无声"就是如此。传播者为了加强传播效果还可以利用有权威的人来增加暗示效果，如为宣传某种态度，可以请相关领域的权威人物发表观点等。

二、从众心理

所谓从众就是个人在社会团体的压力下，放弃自己的意见，而采取与大多数人一致的行为的心理。产生从众的心理的原因，主要是外界的压力，这是其与暗示的主要不同之处。暗示是自觉的行为，而从众则主要是作为社会群体中的一员的个体，为了害怕自己与其他人不一致而遭到惩罚而进行的妥协。比如，在某些较为敏感的话题上，如果自己所处的团体大部分人意见都跟自己不一致，只要这个人独立性不是那么强，一般而言会选择跟大家表达一致的看法。另外，有时候当外界情况不明时，个人为了保证安全性，也容易选择跟大家保持一致。比如，一群人在外面游玩迷路了，遇到一个岔道口，这时假如多数人倾向于走其中一条的话，另外的人一般而言会认同，这是因为在这种情况下，大家会觉得跟群体在一起会较有安全感。这就是为什么我们在一些突发事件发生时，会出现几个人跑然后带动一群人跑的现象。

在新闻活动中，受众的从众行为主要表现在面对强大的社会舆论压力，或者由这种舆论引起的人际关系的强大压力下，自觉或不自觉地在社会认知、态度和行为方面表现得与新闻舆论一致。这里引起受众从众行为的压力主要来自于新闻舆论所引起的社会舆论。比如今年来在社会上引起很大反响的"刘涌案"，由于民众本来就对一些社会问题不满，当有媒体旗帜鲜明地提出某法院对刘涌这样的涉黑头目不判处死刑，是绝大的不公时，立即在社会上引起了强大的社会舆论，法院在这种情况下，不得不几次更改审判结果，最后由最高人民法院提审了结。

在这里，我们不能绝对地说新闻媒体引起社会舆论到底是好是坏。但是我们要意识到，新闻在引导舆论，然后影响受众行为方面的威力是很大的。所以，对于媒体来讲，一定要注意自己的舆论导向问题。

三、逆反心理

新闻受众在接受信息时，会受到传播者很大的影响，但是并不是说新闻媒体就可以为所欲为。某些不当的行为还会引起受众反弹，这就是我们说的受众的逆反心理。它主要指当新闻报道同受众需要不相符合时，产生的具有强烈抵触情绪的社会态度。

受众产生逆反心理的原因既有媒体的原因，也有受众本身的因素。其中，传播者本身的行为是主要因素。比如说，新闻报道失实、失真或宣传过度，引起受众厌烦、不注意技巧，让受众难以接受等。从受众方面来讲，个人性格、价值观、好奇心的不同，产生逆反心理的后果也不一样。

受众的逆反心理不一定都是有道理的，应该区别对待。比如，对于积极的逆反心理，应该善加利用，如媒体设立纠错热线，加强监督等。但是对于一些消极的逆反心理，则不能一味迎合。比如，由于过去媒体过于强调了艺术的高雅性，导致现在一部分民众出现了追捧低俗文化的风潮，有可能影响社会主义精神文明的健康发展。这时电视应正视这种逆反心理的存在，进行改革，不能完全迎合，而应该进行一定的引导。

四、受众的心理承受力

这是指受众对新闻在报道与其态度不相一致的问题，或报道受众自己没有认识或不理解的问题时，能否接受的主观感觉[①]。

受众的心理承受能力，不是一概而论的，带有较为鲜明的个人特点，有些人强，有些人弱。同时，心理承受能力还有一个时间段的问题，有些事情在某个阶段可以被受众接受，有些时段则不可以。

新闻媒体在进行新闻传播时，必须考虑到受众的心理承受力问题。否则就达不到良好的传播效果，更严重的是容易引起社会的混乱。比如说，很多较为敏感的话题，在媒体上的出现都是循序渐进的。比如同性恋话题，在2005年之前，媒体是很少涉及这个话题。在2005年，很多相关媒体都作了报道，甚至还有好几个电视台请来了当事人出镜讲述自己的故事，比如天津卫视的"沟通"节目，凤凰卫视的"鲁豫有约"栏目等，在一种互相沟通的氛围内，社会民众没有出现什么大非理性反映。等到2006年，李安的电影《断背山》在奥斯卡获奖，同性恋话题再次受到关注，这时候，刚好是两会召开的前夕，国内著名社会学家李银河，在自己的博客上公布了要向人大提交"同性婚姻"的议案后，各大媒体纷纷进行报道，一时间同性话题和李银河成为当时国内舆论关注的焦点，这时候，网络上、传统媒体上都出现了激烈的争论，甚至李银河的博客也成了众多较为激烈的反对者大肆辱骂的场所。

受众心理承受力的问题是客观存在的，即便媒体认为自己所报道的事情是正确的，也应该考虑这方面的反应。受众心理承受力低的原因，一方面是由于受众本身缺乏相关事物的经验，另一方面则是媒体在报道的时机上没有把握好，或者在报道的量上没有把握好适

[①] 刘京林：《新闻心理学》。武汉：武汉大学出版社，2001年，第212页。

度的原则。所以,新闻媒体在对待一些受众较为生疏的题材时,应该在报道上逐步而行,给受众一些心理准备和过渡期,同时,在量的控制上应该好好把握。

第三节 影响受众态度改变的因素

新闻受众的态度是指新闻受众对于新闻活动、新闻媒介和新闻报道的内容较为稳定的内在心理倾向。主要由认知成分、情感成分和行为意向三个方面组成。受众的态度会影响他们对新闻报道的社会认知的判断和接收新闻信息的效率。受众的态度主要是在后天的社会生活环境中通过学习形成的,其中家庭、成长背景等的因素非常重要,不同生活背景的人,对新闻产品的兴趣就会不同。但是,新闻受众的态度还会改变,这主要是指受众原有的态度受媒体的影响而发生了变化。作为媒体来讲,影响受众的态度是传播信息追求的重要目的。

一、传播者

传播者身上所具备的影响受众态度的因素有权威性、喜爱性、可信性和睡眠者效应。

1. 权威性。所谓权威性就是受众心目中传播者的资历、地位、专业知识、阅历等。这对于传递的信息的可信度有很大的影响。细分来说,权威性还分为由其所受教育、专业训练和所从事的社会职业及所具备的专业身份权威性(比如,一个知名经济学家在经济领域内就具备这样的权威性),以及由地位、声望、知名度、年龄、阅历、个性等形成的社会身份的权威性(比如我们在生活中经常会说的某个人由于为人公正、有远见而形成的"威望")。传播者能在传播信息时形成权威性的原因,一是由于受众具备慕名心理,会比较佩服和认同地位高、资历深的人,另外也是由于一般受众认为有权威性的传播者传播的信息比较可信。比如,同样一条关于比较敏感的社会新闻,由地区级报纸和中央媒体来报道,效果就明显不一样。

正因为如此,媒体为了让自己传播的信息更具有说服力,就必须注意提高自己的权威性。如何做到这一点呢?一方面,可以在表述相关问题的时候,引用一些相关领域权威人士的观点,比如谈到经济问题,引用吴敬琏的观点,谈到预防艾滋病问题,引用高耀洁的观点等。另一方面,作为媒体还应该注意树立自己的"媒体人格",在每一个报道中,树立自己公正、客观、可信的形象,以达到树立自己媒体权威性。比如《焦点访谈》、《南方周末》等,就在老百姓心中具备很强的权威性,在传播信息时,自然也就比较容易取得受众的信任。

2. 喜爱性。所谓喜爱性就是传播者所具备的能够吸引受众喜欢的特征。如何才能让别人喜欢,这是一个很难以明确列出条件的问题,毕竟人与人的爱好并不一样,但是,我们还是可以归纳出大概的两个方面,一个是外貌方面的,一个是内在精神方面的。外貌在人与人初步交往中占有很重要的地位，但是，决定以后人际关系的最终因素还是人的内在精神和气质。受众对于媒体的选择也是如此，刚开始的时候是否接触可能是看这个新闻产品的包装和形式是否符合自己的口味，但是能不能进一步地接受，就要看该产品的内容和质量了。

对于媒体来讲，如何让自己吸引受众，也应该从这两方面着手。一个是在外在方面，应该重视产品的形式和外在包装，选择受众喜欢的主持人、记者等。另外最重要的，还是提供受众感兴趣的、贴近生活的栏目，切实提高自己的新闻产品质量和内容等。总的来说，只有重视内外两方面，才能抓住受众。

3. 可信性。传播者所具有的可信性就是指他在受众心目中被信赖的程度。传播者是否可以信赖，除了前面提到的其本身具备的权威性外，受众认为的传播者的动机也有很大的关系。在社会认知中存在这样的现象，假如受众认为传播者的观点与传播者自己的观点、利益矛盾时，就会觉得比较可信。比如说，一个铁杆烟民以身为例，公开发表言论，说吸烟的确有害健康，那么，这样的话就会比一个不吸烟的人出来发表类似观点容易得到信任。另外，当受众认为传播者是在不经意间说出某些话，或者这些内容是他无意中听到的，这样的信息也比较容易获得信任。再例如，当一个人在我们面前夸奖自己，我们可能会认为他是出于礼貌或者什么别的目的。但是一旦我们无意中，听到他在别的场合向别人夸将自己，我们则往往会认为他这时说的话比较发自内心。或者中国人比较相信的"酒后吐真言"也是如此。

那么，媒体应该如何利用受众的这种心理，来增加自己的可信赖程度呢？一方面"借他人之口"，传播自己要表达的观点，因为他人跟自己要表达的利益关系总要远一点，比较可信。另一方面"借敌人之口"，利用人认知时的特殊心理。比如我国媒体在报道抗美援朝战争时，最喜欢用的美国五星上将奥玛尔·布莱德尔的著名论述："是在一个错误的时间，在一个错误的地点，与错误的敌人，进行一场错误的战争。"就属于此种情况。

4. 睡眠者效应。这也被称为"休眠效应"。意思是说，在信息传播的开始，传播者的形象对于信息的可信度影响很大，但是随着时间的推移，信息的内容比信息源更能够给受众留下深刻的印象，因此也更容易改变受众的态度。

比如说，我们现在看到很多明星的娱乐绯闻事件，也许在事件刚开始发生时，由于它的来源只是网络上的论坛、博客等一些不具备什么传播权威性的地方，很多人并不会怎么相信，但是时过境迁，当以后再提起这个某位明星的某些旧闻的时候，很可能就会有很多人忘记了这些新闻的出处，而只记得这个事件了。这样的话，本来的不可信的消息，由于消除了原来不可信的信息源这个因素，反而会变得可信了。

产生这种现象的原因主要是以下几点：首先是从受众接触媒体的动机来看，本质上受众毕竟是为了获取信息而不是为了看信息源才接触媒体的，所以，在刚开始的时候，他们可能会由于信息源的原因，而对某些信息的接收度产生影响，但随着时间的推移，信息本身的内容对受众而言才更具有影响力。另外，信息源本身的因素对信息可信度的影响，很大一部分带有强烈的感情色彩。比如，很多人可能是由于喜欢、信赖或讨厌、不信任某个媒体，进而相信或不相信它传达的一切信息，但是随着时间的推移，这些情绪会慢慢变淡，所以，信源对某些信息的接收自然也就会影响力减弱。

对于存在于受众中的这种现象，传播者应该注意什么问题呢？首先，我们经常强调新闻产品的外观和形式要好，但是，假如在没有办法的情况下，只要传播的内容有利，其实一时也可选些不太受欢迎的人充当信息源，时间一长，他所带来的负面影响也是可以消除的。从另一个方面来说，则要防止反对者利用睡眠者效应，对受众进行信息渗透，因为短时期内，受众可能不会相信一些言论，但是时间一长，却会形成"众口铄金，积毁销骨"的后果，所以，在进行宣传的过程中，一定不要轻视反对者的言论对原来支持自己的受众的影响。

二、新闻信息自身的传播方式

新闻信息对受众的影响，虽然主要由信息的内容决定。但是，信息传播的形式，还是会对受众的态度有影响。

1. 态度差异。态度差异是指新闻信息所维护和支持的观点与受众的原有态度之间的差异程度。

一般认为，信息传播的态度与受众原有的态度不一致时，总会引起受众在心理上的一定程度的紧张情绪，同时产生是否要改变原有态度的压力。比如说，在对待教育升学问题上，如果一个受众原有的态度是认为读书无用的，这时假如他看到大部分的媒体却说的是"知识改变命运"，这时候，在他心中就会形成一种压力，思考自己原来的态度是不是错了，要不要改变自己的看法。而他是会不会改变这种看法呢？一般认为，媒体态度和个人态度之间的差异上存在着一个节点，这个节点就是受众所能承受的心理压力的最大极限。如果差异在这个节点以内，媒体影响受众改变态度的效果较好，而一旦超出这个节点，受众由于从心理上一时无法作出太大的调试，反而会变得贬低传播者，不相信它所说的话，在态度上出现抗拒。还是上面说的那个例子，如果媒体强调的是知识能够开阔人的视野和生活，激发人的斗志和智慧，所以能够改变人生，这时受众可能能接受。但是，假如媒体不断强调的是，通过读书可以飞黄腾达，过上幸福的生活等，则不一定会得到受众的理解和接受。

所以，媒体在报道某些关系比较重大的问题时，一定要考虑到受众的心理承受能力，特别是某些敏感问题的报道，所持的态度最好不要超出大部分受众的心理承受能力，不然就有可能被视为天方夜谭不被接受，或者引起更强烈的反应。

2. 唤起恐惧。这是传播说服方式的一种，是说传播者有时候为了说服受众，而采用带有较强恐惧性情绪色彩的信息去说服受众的一种方法。也被叫做"恐惧诉求"。比如说，我们日常生活中，某些推销人员为了推销美容产品，会故意把你的皮肤、发质说得很糟糕，仿佛你不用他们的产品的话，就会一无是处。

关于这种方法的效果，一直是心理学界的热门话题，也曾经有很多心理学家做过不同的实验进行论证，但得出的结论不尽相同。但大部分的结论还是倾向于认为：同态度差异一样，在唤起恐惧中也存在一个心理承受力的节点问题，在这个节点以内，唤起恐惧的确能够起到增强传播效果的作用，但是一旦超出这个节点，则效果就不会太明显了。比如说，电视相关栏目要宣传保护牙齿要勤于刷牙这个主题，假如它展示要是不刷牙，牙齿会变黄、患龋齿等，一般人会接受。但是要是他进一步说不刷牙会引发整个口腔溃烂、甚至患上口腔癌等，受众就有可能认为他在危言耸听，而不相信它所传递的信息。所以，媒体在采用这种手段对受众进行说服时，也必须注意到一个适度的问题。

3. 单面论证和双面论证。这也是说服中的一个技巧性问题。所谓单面论证是说在宣传自己的观点时，只提有利于自己的观点。双面论证则是说，在宣传中，不仅提有利于自己的观点，同时也提不利于自己的观点，当然，他的最终目的还是为了让受众接受自己的观点。

这两种方法哪种的说服效果更好呢？众多研究者的研究结果表明，不同人群适用于不同的方法。单面论证由于直接、理解简单，比较适用于受教育程度比较低的群众，并且由于它的论题明确，也比较适用于不太有主见的人群。而双面论证由于看起来比较客观，较为适合独立性比较强的人自己得出结论。同时，由于它的论证主体相对而言不太清晰，也就比较适用于受教育程度较高的人群。另外，他们在说服中是否有效，还跟被说服者原有的态度有关。假如受众原有态度跟传播者一致的话，单面论证更容易坚定他们的信心。假如受众原有态度跟传播者不一致的话，用双面论证则更容易给他们以客观的印象，促使他们进一步思考。所以，媒体在进行宣传之前必须先对受众的个性、教育背景和原有的态度进行了解，然后再确定使用什么方法。

4. 结论的引出与得出。所谓结论的引出是指把观点直接表露于事实材料当中，让受众一目了然。而结论的得出则是传播者并不表达自己的观点，受众主要通过分析传播者提供的材料，自己得出传播者的观点，领会传播者的意图。

从宣传效果上来讲，这两种不同方法也是适用于不同的人群。结论直接引出，观点清晰、结论明确、容易引起注意，比较适用于文化低的人群。但是这种方法因为是直接亮出观点，对于一些独立性和自尊心较强的受众来说可能并不太好接受，同时，由于观点是由传播者自己主动亮出来的，受众没有经过自己的分析，所以说服效果不太稳定。而结论的得出则刚好相反，因为它是由受众自己分析材料得出结论，所以说服效果较稳定，但是由于他的主旨不太鲜明，所以必须要求受众有一定的分析能力，所以较为适用于文化程度较高的人群。

一般在新闻作品中，评论性文章用的一般是结论的引出这种方法，而其他的体裁则多用的是结论的得出这种方法。

5. 信息呈现秩序先后。这是指传播信息时，信息出现的不同秩序，对于传播者而言会有不同的效果。我们前面谈到的"首因效应"和"近因效应"就是如此。这在我们向受众传达自己的态度时也很有用，比如到底是先说有利于自己的信息好，还是先说不利于自己的信息好，这些都可以借鉴上面说的两种效应，这里就不详细说了。

三、新闻受众自身的因素

新闻受众本身的一些因素也会影响到它对所接受的信息的态度。

1. 心理免疫。又称为"预防灌输"或"接种效果",指的是当受众对某些问题的反面观点事先有了思想准备,甚至还能进行一定程度的批驳时,当该问题的更大压力出现时,这样的受众因为事先有了一定的思想准备,因而能够坚持固有的正确态度[①]。在新闻信息的传播过程中,除了有己方观点外,往往还有反对者的观点,在这种情况下,如果一味地封锁反对者的消息,虽然在一时是比较有利于自己态度的宣传,但是一旦反对观点被受众接触到,由于它们之前没有相关的心理准备,反而会出现不知所措的不理智行为。而如果之前就让他们先接触过相关的反对意见,并进行一定的引导,受众心理会有一定的准备,即便后来遇到大规模的反对意见,他们也能正常面对。这就是为什么在刚刚改革开放的时候,连一些服装上的装扮,都被视为洪水猛兽,引起很大的混乱,但随着大家视野的逐渐打开,再多的新鲜事物袭来也能泰然处之的原因。这对于媒体在执行宣传功能,或维护社会的稳定性上有很大的启发作用。

2. 受众本身的人格变量。受众本身的人格因素也是影响他们对所接受信息产生不同态度的原因。一般说来,主要由自尊心、智力、气质性格方面。一般来说,自尊心较强的人,比较难以被说服,改变自己的态度,而自尊心弱一点的人则比较容易被说服;智力高的人不容易受不合逻辑的论证影响,而智力低的人则比较不容易被复杂的论证所影响,因为他们不太容易理解。独立性性格的人,比较坚持己见,难以听得进去别人的意见,顺从性性格的人则更容易听从他人的意见。

四、新闻传播的情境

同一个条新闻信息,在不同的情境中进行传播,取得的效果也不一样。

1. 群体规定的情境。在同样的情况下,如果受众处于一个有压力的团体当中,迫于群体的压力,会更加乐于接受某些信息,改变自己的态度。比如说,一个原来在家很任性的小孩,不接受父母的劝告,挑食严重。但到了班级里,却很有可能变成一个乐于听从大家意见的孩子,这就有群体的压力在里面起作用。

2. 事先预告的情境。一个人如果事先知道,在他特别关心的某个问题上他将遇到反对的信息,他抵制这个信息的能力就会被调动起来,使传播者难以奏效。这其实就跟我们前面说的"心理免疫"效果很相似。但是,这种抵抗效果并不是绝对的。

3. 分散精力的情境。在受众接受信息时,干扰他对信息的注意程度,那么传播者对说服效果的抵御就会减弱。这种情形我们在生活中经常见到,比如上课时,如果附近的同学不断地找你说话,你必然就比较难以集中精力听老师讲课,自然也就不能很好的接收到他

---

① 刘京林:《新闻心理学》,武汉:武汉大学出版社,2001年,第234页。

给你传播的信息,并集中精神进行批驳,在态度方面自然也就比较容易被说服。但是,有时候过度分散精力,却会让他难以接受到传递过来的信息,就更难以被说服了。

4. 信息重复的情境。信息多次重复容易让人记住,所以,也就比较容易让人印象深刻,有利于理解和接受。但是,为了加强记忆而重复信息的刺激必须把握好度,否则还是很容易让人起逆反心理。比如,在电视上某些广告在一两分钟内不断重复连续出现,这时它的传播效果不见得会很好。

第四节　网民心理

一、网络媒体分析

1994年以来,随着互联网在我国的迅速推广和普及,社会影响日益深刻。网络也早已从最初单纯的聊天工具、简易的电子社区(bbs)发展到各种功能不断开发、成熟;电子商务大行其道,网游火爆,博客四处开花,网络电视逐渐发展,网络虚拟社区日渐成熟,开始对现实社会形成巨大影响等。网络已经深刻的融入了我们的生活,成为我们生活的一部分。而在网络蓬勃发展的同时,也有很多出离于传统规范的事件和行为层出不穷:网络侵权、网络恶搞、网络示丑等现象也成为社会关注和争论的焦点。网络作为新媒体,已经不同于传统大众媒体处于一个较为主动的传者地位,而是一个更为平等和开放的信息平台。在这种情况下,网民的行为和心理特点也呈现出跟传统媒体不同的特点。

传统的大众传播是一个信息流通的单向过程,媒体作为传播者居于主导地位,虽然也有相关规范的受众反馈渠道,但是那毕竟是非常有限,而且滞后性严重,在很大程度上,受众处于相当被动的接受信息的地位。同时,受众的反馈相对于传播者本身的传播行为来讲,基本属于弱势地位。而网络则不一样,网络与其说是哪一家媒体发表自己言论的自留地,毋宁说是给大家提供发表言论的平台。最具备这个特点的是网络论坛和博客、播客。网络论坛是一个虚拟的电子社区,大家都能够在里面针对一些大家感兴趣,或者社会热点问题发表看法,用网络语言来说就是"发帖"和"回帖",形成舆论,具备一定的公民议事雏形。国内比较著名的天涯社区、凯迪社区、猫扑论坛、西祠胡同等,经常聚集着几万到几十万人在线,就一些事情进行讨论,甚至产生了一些非常轰动的事件,对现实产生很大影响。

而博客以及播客则是一个个人化的信息发布平台,只要建立了相关的个人主页,每一个人都可以成为各种信息的发布者,发布自己想给别人传播的文字、图像或声音画面信息。无需再依赖传统媒体作为唯一的信息发布渠道。甚至,由于博客或播客发布信息的程序相当简单,门槛又低,有时候博客或播客上发布的信息比专业媒体的还要快。比如美国前总统克林顿的性丑闻事件,就是由一个公民首先在自己的个人博客上发布的,后来才牵动了世界各路媒体的关注。国内博客的发展主要是从 2005 年开始，其中尤其以新浪名人博客的建立更加瞩目，也引发了无数吸引眼球的事件，催生了一批网络明星。播客则主要是从 2006 开始兴起，主要进行视频或音频发布。

当然，在网络媒体的信息发布中，还是有相关的信息把关者，在论坛里主要是版主，在博客和播客里则是提供相关平台服务的网站。但是由于网络本身的开放性，互动性等，很难像传统媒体一样进行严格的新闻把关，所以，在网络上，只要不是明显违背公共道德，相关法律政策的信息，一般都能得到发布。新闻控制的困难是形成目前信息来源渠道多元化的一个原因，同时，也是假新闻泛滥、各种网络恶搞、示丑现象频发的一个原因。

传统媒体的传播方式大多是比较单一的。报纸主要用文字和图片进行传播，主要用来阅读。广播主要用声音进行传播，主要用来收听。电视是声音和画面的结合，但是受众却是较为被动的接收者，而不能进行交流互动。而网络却集合了文字、声音、画面等以前所有媒体用来进行传播的符号和手段，以及触觉等方式（敲击键盘、鼠标），让网民可以充分调动自己的多种感觉器官进行信息接受和发布。这种多媒体的信息传输方法让网民可以充分参与到媒体的传播以及虚拟的生活过程当中去，发布更多以前传统媒体时代没有办法传播的东西，比如自己创作的艺术作品、关于自己生活的视频资料，分享自己喜爱的媒体资料等。当然，这也为知识产权的保护带来困难，并为网络恶搞提供技术支持。

多媒体技术的发展，还充分调动了网民在虚拟社会中的角色扮演欲望，比如游戏的高度参与性，就让很多人沉迷其中。

传统媒介的活动一般局限于特定的国家和范围，但网络传播则是在全球范围内进行信息共享。信息来源出现了前所未有的多元化特征，信息控制和管理更加困难。同时，信息沟通的技术障碍减小，也带来了生活在各个地区、文化氛围中的人的沟通、理解的增加。娱乐、文化、思维方式的流传和模仿更加便捷。

二、网民使用网络的心理需求

美国著名人本主义心理学家马斯洛曾把人类的需要分为三大类别、七个层次[①]。一，基础性需要，包括：生理需要、安全需要；二，心理性需要，包括：归属和爱的需要、自尊需要、认知需要、审美需要；三，自我实现的需要。参照这样的分类，有的学者把当今网民使用网络的心理基本可以分为满足心理性和自我实现的需要。[②]这其中有理性的、建设性的看法和观点，同时也充斥着非理性的个人情感宣泄。具体看来，网民在使用网络时的心理如下：

1. 归属和爱的需要——寻找现实中缺少的心灵需求。这主要表现在网民在网络上交友、

[①] 孟昭兰：《普通心理学》，北京：北京大学出版社，2001 年，第 370-371 页。
[②] 刘冰：《从网民心理因素看网络非理性舆论的调控》。

网恋等。每一个人在现实生活中都有一定的交际圈子，但是并不是所有人在现实中都能找到最符合自己志趣的同类。网络这个庞大的交流空间，提供了各种各样的空间让人们找到自己志趣相投的朋友，比如各类 bbs 的分类话题讨论区，分主题的聊天室等。这样一些空间的存在，很容易让人在网络中寻找到自己在现实生活中找不到归属感。网恋形成的原因也差不多，在网络中寻找情感安慰的人，有些是想在现实之外寻找一份新鲜的感情经历，有些则是期望能实现自己在现实生活中实现不了的感情。一般而言，都是为了满足自己的好奇心以及潜藏在内心深处的归属和爱的需求。

2. 自尊需要——寻找自我价值、自我肯定。这主要表现为网民的一些舆论领袖倾向，以及个人炫耀性行为。比如，在每一个话题领域，总有一些网民希望在众多的网民中脱颖而出，成为大家瞩目的焦点，从而达到自我肯定的需要。比如，在国内一些较大型的网络论坛，都有一批所谓的网络名人，他们就各种话题发表看法，赢得其他网民的喝彩，甚至拥有自己的"粉丝"（fans）。网络内也如同现实社会一样，网民有时候甚会为了某些虚拟的人际关系的问题，形成冲突。比如 2006 年天涯社区"煮酒论史"版的"明月门"事件就是如此。一个网友以"当年明月"为网名，在"煮酒论史"版发表自己的原创性文章《明朝的那些事儿——历史应该可以写得好看》，引得大量网友的追捧，称为"明矾"，帖子点击率一时达到几百万。后来发生了所谓的点击率造假事件，版主进行调查，但是，事情并没有平息下来，由于对版主行为表示不服，明矾发动了"暴力倒版"事件，一时成为包括传统媒体在内的各路媒体报道的焦点，最后事件以"当年明月"从天涯出走，落户新浪博客落幕。这个事件之所以引人注目，就是由于这是第一次大规模的由网民自发形成的对网络舆论领袖的保卫活动。其实，"当年明月"的真实身份不过是广州的一个普通的公务员，在平时的生活中根本不可能成为网络上那样一呼百应，崇拜者如云的英雄，但是借助网络这个平台，他却把自我价值提升到了一个新的高度。网络似乎是一个为个人提升自我价值而存在的良好平台，很多人可以在上面展现自己在现实生活中被埋没的才华和价值，表现个人的另外一面，网络在这一层面上，成了很多人实现梦想的圣地。

3. 认知需求——通过网络，认知环境。网络上的信息量十分巨大，信息来源又非常多元化，因此，对于很多网友来说，网络就成了一个获取信息、开阔眼界的好地方。在网络上浏览新闻，成了很多网友的习惯举动，甚至很多网友已经把获取信息的渠道从传统媒体直接转移到了网络。同时，网络的互动性，又让很多网友之间互相模仿、互相学习，成为了大家互相交流学习经验的地方。比如前面提到的煮酒论史版面，很多网友到那里去的目的就是进行历史知识扫盲，扩展知识面。而其他的一些专业性论坛也是如此，很多行业中人都通过讨论，提高自己对专业知识的认知。

4. 审美需求。这主要表现在网民通过网络满足娱乐性爱好。比如，很多人通过网络欣赏喜欢的文艺作品：电影、电视剧、音乐、文学作品，或通过网络收集自己喜爱的明星作品、形象等。在传统媒体中，粉丝们很难与自己所欣赏的偶像进行交流。网络时代则不一样，他们很容易在网络上寻找到自己偶像的痕迹，或找到志同道合的爱好者进行分享和交流。甚至，由于博客的存在，粉丝们还可以直接跟自己的偶像进行交流。而现实社会中的各路偶像，在网络上基本都有自己的崇拜者自发组建的交流空间，比如百度的贴吧。满足自己的审美需求，这也是很多网民使用网络的原因。当然，除了一般意义上的美之外，现在网民还有一定的审丑心理存在，看别人出丑，看热闹等，这些都包括有一定的娱乐消遣因素。

5. 显示"本我"——情感宣泄的需求。人积累了心理能量总要找到宣泄的出口，进而带来情绪上的解放。网络舆论的主体是普通的社会成员。现代社会人的压力越来越大，他们可能会遭遇各种挫折，对现实环境状况心存愤恨不满，或由于自身认识的局限性而对社会问题缺乏科学判断。BBS、ICQ、EMAIL、BLOG 等网络舆论阵地恰巧为这些人提供了一个情绪发泄的空间。网络的虚拟性和匿名性无疑让很多人找到了展现本我的平台。很多人在平时的生活中，由于各种原因，可能表现得非常平凡，但是却有可能在网络上表现自己不同凡响的一面。有些人在平时的生活中，受很多道德规范的束缚，所以希望能在网络世界中扮演自己一直向往的无拘无束绝对自由的形象，这也是网络示丑现象层出不穷的原因。在现实社会中，每个人都受到一系列有形或无形的约束，很多时候不能表现真实的自我，网络的宽容却让他们找到了情绪宣泄的渠道，虽然很多时候显得过激，但是更多却像是平时压抑情绪的一个反弹。比如"芙蓉姐姐"、"石榴哥哥"等的层出不穷，都把是示丑作为博取大众眼球的一个手段，达到自我心理满足的目的。现在网络上存在的严重语言暴力倾向、出现职业骂客的现象，其实也与网民把网络作为一个宣泄压抑情绪的空间有关。

三、网民接受信息的心理特点以及舆论控制的应对

1. 大多数网民在接受信息时有"先入为主"的心理。

认知心理学有关注意的信息选择性原理告诉我们，人的大脑皮层上有一种叫"注意神经元"的特殊类型的神经元，也叫"新异特探测器"。该神经元将外来的刺激进行分析、处理，在新异内容的刺激下，"注意神经元"对有关信息进行选择和过滤，舍弃旧的、与己无关的信息，以便有效地加工重要信息。这在信息的接收过程中，主要表现为受众对"第一次"出现的报道有浓厚兴趣。所以，在网络中，就会出现网民对最初的信息较易相信，而对后来的信息不容易接受的情景。比如，在论坛的帖子中，我们经常会看见这种现象：一位网民发帖表述他的某种意见，如果这个帖子的水平较高又基本符合大众的审美和道德规范的话，一般会吸引其他的网民跟帖发表看法，虽然可能会有人发表不同意见，但是一般来说，大家都还是从出于相信发帖者的角度来讨论的，而一旦有人出来指责发帖者在撒谎或者有什么别的什么目的的话，原先跟帖的网民一般会对发帖者进行回应。这种先入为主的心理产生的原因，应该跟人的自尊心有关。之前既然已经相信了一种说法，那么，在没有特别有力的证据出来之前，人们一般来说不愿意轻易更改自己的想法。比如在哈尔滨

宝马车撞人案中，网上流传肇事司机是省里某高官的儿媳妇，虽没有任何实证，但网民纷纷引用，一时舆论大哗，后来该官员亲自出来辟谣，但是还是有很多人不相信，而宁愿相信网上最先的传闻。当然，这件事情中网民的反应还跟很多现阶段社会上出现的不公正事件有关，但是，先入为主还是起着很大的作用。再如曾引起很大轰动的黄静案也是如此，大部分网友一边倒地相信黄静家人的控诉，而对犯罪嫌疑人方的申辩不予理睬，这当然是大众锄强扶弱心理在起作用，应该也跟黄静家人先出来发布信息有关。

网民在接受信息时存在的这种心理现象，对于有效进行舆论控制有很大的挑战，但同时也有很大的启发，这就是：在网络高速变更的信息流中，信息发布部门要及时发布相关信息，赢得主动。如果事件发生后，特别是一些较为敏感的事件发生后，信息发布者失语或信息延迟，就很容易为各种负面的、不负责任的信息传播创造条件，这时再出来澄清为时已晚，为以后扭转网络舆论方向增加困难。

2. 网民在接受信息过程中有情绪宣泄倾向。

很多网民把网络作为了情绪宣泄的一个窗口，在网络中寻求一种解放的快感，因此，很多人都会在网络中表现出与现实人格不相符的一面。这通过网民使用的网络语言就能看出端倪。一般来说有两种倾向：一种是可爱化、低龄化，比如把我称为"偶"，把东西称为"东东"，女孩叫做"MM"、男孩叫做"DD"等。另一种则有着明显的暴力倾向，在网络中肆无忌惮的谩骂、歇斯底里的攻击。应该说，这两种倾向都跟人们平时的生活中的形象是不一样的。在现实生活中，低龄化的"童语现象"是不太可能在整天背负着巨大社会压力的人身上出现的，因为可爱化往往也就意味着不成熟，是一个弱者，这对于一个要在严酷社会中生存的人来说是非常致命的。而在现实生活中，你也很难看到一个人一碰到不同意见就歇斯底里地谩骂。所以说，由于网络的匿名性，在一定程度上可以反映民众的一些真实心理，但这并不绝对。很多时候民众的一些反映只是为了达到一种情绪宣泄的目的，比如我们说的职业骂客就是如此。所以，作为负有舆论引导责任的媒体来说，一方面要重视通过网络了解网民的心理感受，但也要分清哪些是真正的反馈，哪些只是一些没有什么实际意义的情绪反应。同时，由于在网络上，人们不太控制自己的情绪，处于一些群体讨论的环境下，情绪更容易被感染和刺激，所以，媒体在报道某些负面新闻时，也要注意相关新闻报道的力度，不要一味追求报道阴暗面，从而刺激大众情绪。

3. 部分网民的"意见领袖"欲增强。

网络是一个开放性的信息平台，每个人都可以在比较大宽容的尺度内进行信息传播，或为他人提供建议和观点，扮演传者的角色。部分网民，在网络中寻求的是一种自我价值的实现，希望得到别人的尊重和认同，他们就会格外注意就某些问题发表看法，对他人施加影响。如果他们本身又具备了一定的个人修养、学识、或表现出某些人格上的魅力的话，就很容易成为一定区域内的意见领袖，网络上的众多"名人"就是如此。成为意见领袖之后，他们的观点和看法往往能在一定程度上影响很多网友的思考和判断，比如一些著名论坛上的名人就是如此。

这些意见领袖的存在，一方面给媒体直接向受众进行态度说服带来难度。因为根据"两级传播理论"，传媒发布的信息一般要先传递给意见领袖，然后再由他们传递给受众，在态度的影响方面更是如此。而且意见领袖对一般受众的影响往往要比大众传媒来得有效。所以，一旦意见领袖对某件事产生消极态度，有关部门再想进行舆论扭转就很困难。但另一方面，也可以给网络上的舆论管理带来启发，那就是：吸引高端群体参与网络评论工作。也就是吸引领导者、管理者、资深专家教授和学者等高端群体以普通网民的身份参与网络评论工作。一般来说，他们大多社会阅历和资历丰富、思想成熟，思辨能力强，对网上言论具有较强的辨别能力，也具有全面、客观、理性的思维和眼光。他们如果上网发言的话，是很容易成为意见领袖的。如果经常邀请他们以网民的身份与网友进行讨论，这对于整合论坛上杂乱无章的信息，让主流、权威、真实、可靠的声音占领公众意见市场，引导网络非理性舆论有着重要的意义。

4. 网民有传播"轶闻趣事"的心理趋向。

按照弗洛伊德精神分析理论，本我是人格中最原始的部分，包括以性冲动和侵犯冲动为主的本能冲动。本我由"求乐原则"支配，追求享受。接受与传播媚俗化信息的欲望正是由这个因素导致。而网民乐于在网络中接受和传播"轶闻趣事"，也是网民在传播信息时的一大倾向。轶闻趣事一般在形式和内容上都比较能够吸引网民的眼球，能抓住人们寻求快乐、自我表现的本能。网络还提供了一个能够让人们尽情表现自己的舞台，满足了参与者的自我表现欲望和引人注目欲望，甚至于不少网民群体式娱乐，以"语不惊人死不休"的网络生存方式寻求逞口舌之快。

追求"轶闻趣事"虽然是人的本能，但是一味满足部分网民"轶闻趣事"的心理偏好，传播势必走向媚俗化。而一味强调文化要高雅，势必容易出现传播范围有限的困难局面。如何在曲高和寡和一味媚俗之间走出一条行之有效的通俗化道路，仍然是需要各方人士共同探讨的重大命题。

综上所述，网络传播有着自己的特点，而作为其参与主体的网民也有着与以往传统媒体受众不同的心理特点。传媒工作者只有充分了解网民心理，才能理解目前网络上存在的各种新鲜和新奇的事件，也才能针对网民的心理需求，不断调整自己的传播策略。

思考与练习

1. 现在电视节目形式经常出现一地创新，全国跟风的现象，比如"选秀"类节目的泛滥就是如此。请根据新闻受众的需要心理，对这一现象进行分析。

2. 典型人物报道在我国有较长的历史，也取得很大的成就。但另一方面，也存在报道模式僵化，脱离实际等问题。请结合本章所讲的影响受众心理和态度的因素，思考新时期典型人物报道应如何改进才能取得较好宣传效果？

3．面对网络媒体的强势竞争，传统媒体的生存面临很大压力。请问，传统媒体应如何应对？

4．网络文化是现今社会文化的重要组成部分，而网络示丑现象的频繁出现，"骂客"的不断涌现，又让很多人担心会加速社会主流文化走向低俗化。你对这种情况怎么看待？

5．国家有关部门为了加强网络管理，在2005年推行网络实名制。但这一举措却引起社会各方激辩，赞成者认为"没有规矩，不成方圆"，反对者认为，这一举措是言论自由的倒退。你如何看待？

附录　中外新闻事业史

第一节　新闻报刊的出现及我国两次办报高潮

一、近代报刊的出现

（一）近代报刊出现之前的新闻活动

新闻信息和信息传播活动是自有人类起就客观存在的。中国的报纸开始出现于唐朝，唐代"进奏院状"，是一种原始形态的政府公报。

宋朝开始出现了统一管理下发行的官报，称为邸报。宋真宗咸平2年（公元999年）宋王朝对邸报制定了定本制度，该制度是我国新闻史上有文献可查的第一个新闻检查制度。宋代出现了中国最早的民间报纸，民间称之为"小报"。

元代，邸报制度中断，明代又得以恢复。明代统治者控制邸报很严格。报房大约产生于明朝中期。16世纪中期左右，报房出的报纸叫"京报"，是民间报纸。除发行邸报外，清代的提塘官们还曾经发行过一种小报，又称小抄。京报是中国历史上最早有报头的报纸。

（二）近代报刊的出现

鸦片战争前，清政府严禁传教，英国传教士便转往东南亚一些华人聚居地区活动。第一个到中国的基督教传教士，是英国伦敦布道会的马礼逊。1813年，伦敦会又派传教士米怜（1785－1822）来华协助马礼逊工作。1815年，米怜在马六甲出版了中文月刊《察世俗每月统记传》，这是第一家中文近代报刊。

1833年8月1日，由传教士郭士立创办的《东西洋考每月统记传》在广州创刊，这是在中国境内出版的第一份近代中文报刊。以后，在中国境内出现了很多种报刊，都是商业报纸，以刊载商情为主。

1841年，香港成为英国的殖民地，大量英国移民开始涌入香港，这在客观上为报刊的发展创造了有利的条件。香港报业率先发展壮大，成为外国人在华办报的第一个重要基地。这些报纸当中发展最快的是英文报纸，除个别例外，几乎都是商业性报纸。

当时，香港有名的英文四大报是1881年创的《香港纪录报》、《德臣报》、《孖剌报》与《中国之友》，它们在香港树立了牢固的地位，成为香港地区历史悠久的著名报纸，并一直出版延续到民国成立后。

1853年8月1日，香港的第一份中文报刊《遐迩贯珍》创刊，这份报纸开登载广告的先河，是中国境内出版的第一家铅印中文报纸。

鸦片战争后，上海成为外国侵略者的租界和通商口岸。外国人在租界里出版了大量报刊，使得上海很快就成为中国近代报业的中心。

1872年4月30日，《申报》由英商美查在上海创刊，大量报道社会新闻，1874年6月至1877年4月，《申报》对发生在浙江余杭的"杨乃武冤案"进行了连续报道，轰动朝野。发挥了舆论的作用。除了发表评论文章，《申报》还增加副刊内容，创办文艺杂志，运用商业化运作手段，取得了很大的成功。1874年1月30日，《申报》第一次刊载了英国内阁改组消息的"伦敦电"，成为用电讯手段发布消息的先驱。《申报》的创办与飞速发展，标志着我国中文商业性报纸发展到了成熟的阶段，《申报》成了我国商业性报纸的一个成功典范。上海的商业性报纸在19世纪80年代形成了《申报》、《字林沪报》、《新闻报》三报鼎立的格局。

外国报纸在中国的发展，给中国近代社会发展的影响很大。外人在华办报是一种殖民主义文化侵略活动，但客观上外报的发展又促进了中西文化交流。外报的实践有助于中国民族报业的发展，在印刷技术和设备上，为中国人创办报刊准备了物质条件。

二、第一次办报高潮

（一）早期中国人的新闻思想

鸦片战争后，西方新闻思想随着他们所办报纸开始传入中国，林则徐和魏源可以说最早接受西方新闻思想的人。

1839年3月，林则徐到广州禁烟时，最早注意到外报，他组织翻译外报材料，这些翻译涉及当时政治、军事等方面的时事报道。魏源发扬了林则徐的译报思想，编著成《海国图志》一书。在这本著名的书中，他提出了"师夷长技以制夷"的观点。

太平天国的洪仁玕是中国人中最早提议创办近代报刊的。洪仁玕（1822－1864）是洪秀全的族弟，他提出的治国纲领《资政新篇》带有资本主义性质，而他的政治思想也相对比较系统。洪仁玕在《资政新篇》中曾提出"开设新闻馆，准卖新闻篇；准许民间办报；兴各省新闻官；昭法律，别善恶……"。洪仁玕强调了新闻官的独特地位，并论述过新闻馆的作用，这可以说是中国人对民族近代新闻事业的第一次热情呼唤。

（二）王韬和《循环日报》

进入19世纪70年代后，香港的一些中国人，开始创办或盘进了一批中文报刊。中国人在香港出版的近代报刊中最有影响的是《循环日报》，它的创办人是王韬。

1849年王韬到英国传教士麦都思主办的墨海书馆担任中文编校工作，此后一直工作了13年。1861年冬天，王韬回家乡探亲，化名给太平天国的地方长官献计献策，后来遭到清政府的追捕。清政府的通缉，使得王韬于1862年流亡于香港。王韬曾经两次到法国对西方资本主义社会进行考察，1874年，王韬的《循环日报》在香港创刊，这是我国近代第一份宣传资产阶级改良主义思想、公开鼓吹变法的报纸之一。在新闻业务上，《循环日报》对我国近代报业发展的最大贡献，就是开创了一种以刊登政论为主的报纸，开我国政论报纸之先河。

（三）国人的第一次办报高潮

1895 年甲午战争以后，帝国主义掀起了瓜分中国的狂潮，一部分中国人为了挽救国家于危难之际，大力宣传自己的主张，创办报刊就成为最主要的宣传手段。当时，中国资产阶级的变法维新运动达到了高潮，同时，也掀起了一次办报高潮，据不完全统计，从 1895 年到 1898 年，全国出版的中文报刊有 120 多种，其中 80% 是中国人自办的。在这些国人创办的报刊当中，以资产阶级维新派以及与它有联系的社会力量创办的报刊，数量最多，影响最大[①]。

1895 年，甲午战争情势危急的时刻，康有为联合很多举人进行了"公车上书"，提出了变法维新的主张，提出办报的建议，把办报看成是维新变法的重要内容之一。同时又创办报刊、组织团体，积极推动维新运动的开展。

康有为（1858—1927），名祖诒，字广厦，号长素，广东南海人，是早期维新思想家，著名报刊政治家。1891 年，他在广州创办万木草堂，开始讲学，很多学生才华出众，梁启超就是其中一个。

梁启超（1873—1929），字卓如，又字任甫，号任公，又号饮冰室主人，广东新会人。曾用笔名饮冰、中国少年等 40 多个，是晚清最为著名的报刊政论家，资产阶级启蒙宣传家。

1895 年 8 月 15 日，康有为、梁启超等人主办的《万国公报》在北京创刊。1895 年 11 月，资产阶级维新派在国内建立了强学会，这是中国资产阶级维新派创立的第一个具有政党性质的政治团体，同时将《万国公报》改名为《中外纪闻》，作为机关报于 1895 年 12 月 16 日出版，该刊新闻只有二三页，大部分篇幅是翻译西方的著作。1896 年 1 月 20 日，强学会遭到了清政府查禁，《中外纪闻》被迫停刊。《中外纪闻》从创刊到停刊，仅仅存在了一个月零五天。1896 年 1 月 12 日，上海强学会的机关报《强学报》创刊，其政治色彩比《万国公报》、《中外纪闻》更为鲜明，影响也比前二者大。《强学报》大力强调变法维新的重要性，明确提出维新派的政治主张。1896 年 1 月 25 日，《强学报》被迫停刊，仅仅出版了 3 期，存在了 14 天。

随着维新运动的继续发展，康有为、梁启超等人于 1896 年 8 月 9 日在上海又创办了《时务报》，梁启超在《时务报》上发表了数十篇政论，其中最为著名、最为有影响的是《变法通议》。梁启超大胆而新颖的言论使得朝野大为震动，他所翻译的外报文章开阔了读者眼界，因而非常受读者的欢迎。《时务报》的发行量大增，最好的时候发行量达到 17000 份，创造了当时报刊发行量的最新纪录，同时也成为维新派最重要的、影响最大的机关报。

康有为、梁启超的办报实践及其理论成为当时维新运动时期的典范，同时也影响了以后的一代一代的报人。戊戌变法时期，在维新派的带动下，国人自办报刊如雨后春笋般地

[①] 曾宪明：《中国百年报人之路》，呼和浩特：远方出版社，2003 年，第 46 页。

在各地涌现，使得中国人创办的报刊成为社会舆论的中心，形成了国人创办报刊的第一个高潮。

第一次国人办报高潮有几个特点，一个是报刊数量大。近代中国人自己创办的报刊，从1873年到1895年大约20多年，总共才30多种，但是维新运动以后，特别是"百日维新"期间，仅仅只有两年多的时间，国人自办的报刊就达到了70多种，比70年代以来国人自办报刊总数的两倍还要多。另一个特点是涉及的地区广。国人办报不仅在上海等外报比较多的地方发展，而且还深入到长沙等内地中小城市进行发展。除此之外，这次办报使得报刊品种增多。除了一些以政论性报纸见长的综合性报刊之外，还出现了专业类报刊和文艺娱乐性报刊，其中不少是我国第一次出现的报刊类型。这次国人办报高潮的主流，始终是维新派主办的，以宣传变法维新为主旋律的政论性报刊。

三、第二次办报高潮

（一）辛亥革命时期的新闻事业

中国资产阶级革命派成立了兴中会以后，在最初的几年里，一直没有创办报刊进行宣传，只是到处进行一些演说，或者印刷一些宣言传单、翻印一些小册子进行宣传。

《中国日报》1900年1月5日由陈少白创刊于香港，这是兴中会创办的第一个机关报，同时也是中国最早宣传资产阶级民主革命的报纸。继《中国日报》之后，革命派又在香港创办了很多报刊。

1905年8月20日，中国资产阶级革命派的联合组织——中国同盟会在日本东京成立。同年11月26日，中国同盟会机关报《民报》在日本东京创刊，这可以说是革命派报刊进入一个新的发展阶段的主要标志。《民报》是一份大型政论时事性月刊，总共设有论说、时评、谈丛、记事等等多种栏目。到1910年2月停刊，一共出版了26期，主编有胡汉民、汪精卫、陈天华、章太炎、苏曼殊等。《民报》的办刊宗旨就是宣传孙中山在《民报》的《发刊词》中提出来的"三民主义"的政治纲领，第一次将其革命主张概括为民族主义、民权主义、民生主义。《民报》宣传以排满为中心的民族主义，以建立共和政体为中心的民权主义，大量地报道和介绍世界各国的资产阶级革命运动和民族解放运动，西方的新文化和新思潮。《民报》的出版与宣传活动，受到国内外同盟会成员和同情革命的知识分子的热烈欢迎，各期不得不再版。创刊号再版了7次，仍然供不应求，最高的发行量达到了17000份，其中半数都是在国内秘密发行的。[①]

戊戌政变后，康有为、梁启超等维新派人士逃亡日本，他们成立了保救大清皇帝会，积极开展办报活动进行大量的宣传，创办了一大批报刊。在这些保皇派报刊中，最有影响的是《清议报》和《新民丛报》。《清议报》是戊戌政变后保皇会在海外办的第一个机关报，

---

① 方汉奇等：《中国新闻传播史》，北京：中国人民大学出版社，2002年，第115页。

1898年12月23日在日本的横滨创刊,主编是梁启超。1901年12月21日,《清议报》出版第100期,一场大火焚烧了报馆,报纸就因此停刊了。1902年2月8日,梁启超在日本横滨又创办了一份保皇派报刊《新民丛报》,它总的倾向依然是鼓吹保皇立宪,1903年前的《新民丛报》比较适应时代的潮流,大受读者的欢迎,销量很高。但是1903年底,梁启超奔赴美洲游历考察,回来以后就宣布不再谈革命,从此以后,《新民丛报》的言论变得没有特色,在读者中的威信江河日下,后来在和《民报》的论战当中惨败,在1907年8月悄悄停刊[①]。

(二)《民报》与《新民丛报》的论战

中国资产阶级革命派和改良派的报刊大论战,在中国辛亥革命时期的新闻事业史上写下了绚丽的篇幅。《民报》创刊前,就已经开始与改良派的报刊进行过论战,《民报》创刊以后,为了使革命的观念更加深入人心,从一创刊,就以"主帅"的身份开始了论战。《民报》在其第一期创刊号上,发表了汪精卫的《民族的国民》、陈天华《论中国宜改创民主政体》等的文章,指名道姓地批判了君主立宪的主张,这可以说是在批判改良派的主张,于是《新民丛报》起而迎战。1906年4月,《民报》第三期发表了汪精卫撰写的长篇政论,对《新民丛报》文章的观点,逐条地加以批驳。《民报》第三期还以《号外》的形式,公布了胡汉民撰写的《〈民报〉与〈新民丛报〉辩驳之纲领》,将《民报》与《新民丛报》存在的重大分歧问题归纳为了12条,从而拉开了两报之间的大论战。

这次论战围绕四个问题展开,一是要不要进行民族革命、推翻"满清"统治。这是论战中一个十分尖锐的问题;二是要不要进行民权革命、建立共和政体;三是要不要实行土地国有、平均地权;四是革命会不会引起帝国主义干涉,使中国招致瓜分。这场大论战一直持续到1907年冬《新民丛报》停刊,持续了一年半的时间,最后以《民报》的大获全胜告终。这次论战不仅使资产阶级民主革命思想得到了广泛传播,也使孙中山的三民主义逐渐深入人心,还为辛亥革命作了组织上的准备,许多原来支持改良派的人转变了立场,纷纷退出了保皇会而加入同盟会。[②]

(三)清政府对报业的控制

中国历代封建王朝对言论、出版钳制非常严格,到了清代,对言论、出版的限制更为严酷。1900年八国联军入侵,清政府为了维护其封建统治,采取了很多的方法。1901年,逃往西安的慈禧太后,再回到北京以后,宣布实行"新政",清政府开始着手进行近代新闻法制的建设。在"新政"全面展开以后,清政府开始允许民间办报。1906年7月清政府颁布了《大清印刷物专律》,这是清政府制定的第一部有关报刊出版的专门法律。1907年,清政府的民政部又制定颁布了《报馆暂行条规》10条。内容基本上和《报章应守规则》相同,只是在内容上更为具体,操作性更强。1908年,《大清报律》颁布施行,这是我国新

[①] 方汉奇等:《中国新闻传播史》,北京:中国人民大学出版社,2002年,第118页。
[②] 方汉奇等:《中国新闻传播史》,北京:中国人民大学出版社,2002年,第121页。

闻史上第一个新闻法规,标志着中国近代新闻法律制度在封建统治的末年开始初步形成了。

（四）国内革命报刊的出现与"苏报案"

1901 年,清政府举办"新政"、开放"报禁"后,中国资产阶级革命派,也开始在国内积极开展办报与宣传活动。在国内有章士钊创办的《国民日日报》和《苏报》、林白水办的《中国白话报》、蔡元培办的《警钟日报》、陈仲甫办的《安徽俗话报》等。在国外创办的报刊有檀香山的《隆记报》、新加坡的《图南日报》、《仰光新报》、旧金山的《大同时报》,留日学生还办了《开智录》、《译书汇编》、《国民报》以及各省同乡会办的《江苏》、《浙江潮》等报刊。

随着资产阶级革命活动在上海的出现与发展,早在第一次国人办报高潮中就已经在上海问世的《苏报》,开始在 1902 年转向革命立场。《苏报》1896 年 6 月 26 日在上海创刊。1902 年 11 月,上海革命团体办了"爱国学社",《苏报》成了该社的宣传阵地,爱国学社的成员写评论,都发表在《苏报》上。1903 年 6 月 9 日和 10 日两天,《苏报》连续刊登了章太炎《革命军序》等三篇来介绍或评价《革命军》的文章,这使清朝政府大为恼火。1903 年 6 月 29 日,《苏报》又在显著位置刊登了章太炎撰写的《康有为与觉罗君之关系》,批评慈禧和光绪皇帝,特别是其中以蔑视口吻,直接称呼光绪皇帝为"载湉小丑",更使清朝官吏上下大为难堪。6 月 29 日,租界当局派出巡警到报馆捕人。6 月 30 日,章太炎被捕,邹容在 7 月 1 日自动投案。章太炎和邹容被捕以后,清政府向租界当局交涉,不惜出卖沪宁铁路的筑路权为交换条件,要求将章太炎和邹容交给清政府审判,但是遭到了租界的拒绝。经过三次审讯,1904 年 5 月 22 日租界判决章太炎有期徒刑 3 年,邹容 2 年,《苏报》于 1903 年 7 月 7 日永久停刊。[①]

（五）国内改良主义报刊的再生和发展

清政府宣布举办"新政"以后,在政治上倾向于改良主义的报刊也乘势而起,在国内各地出现,其中大多数报刊是由君主立宪派创办的。在这些报刊当中,影响较大的有《大公报》、《京话日报》和《东方杂志》、《时报》等等。

《大公报》1902 年 6 月 17 日创刊于天津法租界,为 1949 年以前影响很大的资产阶级民营报纸,目前,《大公报》仍然在香港继续出版,成为中国新闻事业史上出版时间最长的中文日报。纵览整个发展过程,按主持人来分《大公报》可以分为四个阶段,1902—1916 年英敛之时期；1916—1926 年王郅隆时期；1926 年—1949 年新记《大公报》时期,也叫吴胡张时期。1949 年至今,中国共产党领导下的人民报纸。其中,吴胡张时期是《大公报》最为鼎盛、最重要的时期,吴胡张可以说是新记大公报的三驾马车。吴鼎昌任社长,在新记大公报时期,他担任总经理兼副总编辑,为《大公报》的复兴花费了不少的心血。胡政之不但是一位办报的里手,而且是一位杰出的经营家。1918 年他以《大公报》记者身份采

---

① 方汉奇等:《中国新闻事业通史》第一卷,北京:中国人民大学出版社,1992 年,第 495 页。

访巴黎和会,是采访巴黎和会的唯一一个中国记者。张季鸾是总编辑兼副总经理,在三个人中处在很重要的位置,张季鸾笔力雄健,笔锋犀利,是《大公报》社评的主要撰稿者,读者都很折服。《大公报》在1926年复刊的第一天,就在报纸的显著位置刊登了这张报纸的"不党、不卖、不私、不盲"的四不方针,宣布了自己的"中立,公允、超然于党派之上"的办报宗旨。"四不"方针是"三驾马车"办《大公报》的立报之本。在三驾马车的努力下,《大公报》在业务上有很大发展,报馆的规模也在不断扩大。

(六)第二次国人办报高潮的形成

1901年"报禁"、"言禁"开放后,中国新闻事业进入了一个蓬勃发展的时期,报刊数量年年递增,1906年清廷宣布预备立宪后,近代报刊的发展步子进一步加快,形成了中国新闻事业史上的第二次国人办报高潮。资产阶级革命报刊是第二次国人办报高潮的主流。上海、武汉是资产阶级革命派在国内的两大办报基地。

在上海,资产阶级革命派创办的比较著名的报刊有《中国女报》、《神州日报》和"竖三民"报。于右任主办的"竖三民"报,是同盟会在东南八省进行革命宣传的重要言论阵地。秋瑾于1907年1月创办的《中国女报》,是第一份把提倡女权和宣传民族民主革命相结合的报纸,出版了两期就被封建统治者查封。

《神州日报》是于右任创办的第一家报纸,也是革命派在国内创办的第一家大型日报,1907年4月2日在上海创刊,宗旨是"有闻必录",及时揭露一些社会黑暗,政府内幕,很受读者欢迎。出版没有一个月,发行量就赶上了老牌的报纸《申报》和《新闻报》。可惜的是同年5月报馆遭火灾,设备被烧毁。1909年5月15日,于右任重新集资在上海公共租界创办《民呼日报》,自任社长,报刊的名字取意"大声疾呼,为民请命",大量揭露贪官污吏的罪行。由于被人陷害,于右任被捕,9月8日报馆被查封,于右任也被逐出公共租界。1909年10月3日,距离《民呼日报》被封仅仅20天,于右任又在上海法租界创办《民吁日报》。英国租界不让办报,他又到法租界办报,创刊后由于得罪了日本政府,在11月19日被查封,只出版了48天。1910年10月11日,于右任又创办起《民立报》,刚从日本回国的宋教仁担任了《民立报》的主笔,文章抨击清政府的各种行为,政论笔锋矫健,深受读者欢迎。创刊不久,就发行2万余份,是当时国内发行量最多的一家日报,也是当时国内影响最大的一家革命报纸。① 《民呼日报》、《民吁日报》、《民立报》三报一脉相承,有"竖三民"之称。

在武汉,资产阶级革命派创办的比较著名的报刊有《商务报》、《大江报》等。武汉地区在辛亥革命之前,已经成了革命报刊宣传活动的又一个中心,詹大悲主持的《大江报》是当时武汉地区知名度最高的报纸。《大江报》是1911年1月3日创刊的,詹大悲任总经理兼总编辑,黄侃、宛思演等参与了编纂工作,该报以新军士兵和下级军官为主要读者对象,用大量篇幅反映新军士兵的疾苦,维护他们的利益。这是该报的一大特色。报社在湖

---

① 方汉奇等:《中国新闻传播史》,北京:中国人民大学出版社,2002年,第115页。

北新军各标营中设立分销处,并对营队免费分发。许多新军士兵踊跃集资订阅。该报旗帜鲜明、敢发惊人之语。传播革命思想,并且通过刊载的消息,揭露清政府的腐败。最使《大江报》享有盛名的,是1911年7月17日发表的时评《亡中国者和平也》和7月26日发表的《大乱者救中国之妙药也》。这两篇文章,一针见血指出中国社会已经病入膏肓,认为只有革命才能够救中国。文章发表后,湖广总督极为震怒,派军警于8月1日查封了《大江报》馆。逮捕詹大悲、何海鸣。《大江报》事件发生后,舆论哗然,纷纷指责湖广总督摧残言论的暴行,最终,使当局轻判了詹大悲和何海鸣。[1]

国人办报第二次高潮的特点有以下几点,一是办报的主角已经由资产阶级改良派变成了资产阶级革命派。同盟会成立以后,革命派报纸大大发展,不但在数量上超过了改良派,而且在舆论上占据了主导地位。二是各派报刊在激烈的政治斗争中发展壮大,报刊的战斗作用得到了充分发挥。特别是革命派报纸创办以后,将宣传机关、指挥机关、联络机关结合为一体,是最为重要的特点。三是办报地区有所扩大。维新运动前后,很大一批报刊都是在海外或者在沿海地区。这个时期,办报活动从海外到内地,甚至到了内陆一些比较偏远的地区,以前没有办过报纸的地区都已经开始办报了。四是读者面大为扩大。以前看报纸的都是官员、上层知识分子等,到了这个时期,中层知识分子包括一些底层的商人等都开始了看报纸,这个时期的报纸也是通俗易懂,有的地方已经出现了完全的白话文报纸。[2]

第二节 民国时期的新闻事业

一、民国初年的新闻事业

(一)新闻事业的短暂繁荣

1912年,中华民国临时政府成立,中国资产阶级开始创建自由新闻体制。1912年3月11日颁行的《中华民国临时约法》中将言论出版自由的原则载入国家的根本大法之中。3月17日,孙中山应上海日报工会的邀请,下令交通部核减新闻邮电费,以利于报业的发展。颁布有利于新闻事业发展的法律、法令,促进新闻事业的繁荣。南京临时政府颁行的上述法律、法令,确立了以言论出版自由为本的新闻法制原则,标志着自由新闻体制在中国的建成。自由新闻体制的确立,对中国新闻事业的发展是一个极大的推动力。顷刻之间,新闻事业呈现出前所未有的繁荣景象,有人把武昌起义后的半年称为"报界的黄金时代"[3]。

据戈公振《中国报学史》记录,武昌起义半年后统计,全国报纸由十年前的一百多种,陡增近五百种,其中1912年从2月12日清朝皇帝宣布退位到10月22日的8个月内,向

---

[1] 方汉奇等:《中国新闻传播史》,北京:中国人民大学出版社,2002年,第136页。
[2] 方汉奇等:《中国新闻传播史》,北京:中国人民大学出版社,2002年,第140页。
[3] 方汉奇等:《中国新闻传播史》,北京:中国人民大学出版社,2002年,第148页。

北京民政部进行登记的报纸，就多达 89 种。新创办的报纸多数集中在京、津、沪、广州、武汉等地，绝大多数是政党报刊。①

和清朝末年比较起来，民国初年的新闻界确实发生了很大的变化。新闻界的变化体现在三点，一是各级政权的机关报大量出版，很多新建政权的政党报刊和各级机关报取代前清官报，以发布法令、发表政治时事为主，是主管当局的喉舌，大量出版。二是大量不同种类报纸出现，鼓吹"实业、教育救国"的经济类报刊、教育报刊以及要求女子参政的妇女报刊的大量出版。三是通讯社兴起，通讯社在 1912 年至 1918 年间，有了较大发展，新创立的通讯社不下二十家，其中以邵飘萍主办的东京通讯社、新闻编译社影响最大。

议会制、多党制是资本主义民主政治的主要特征。民国成立前后，在建设民主政治的口号下，中国社会刮起了一股结党结社风，短时间里就骤然出现了 300 多个政党和团体。出现了许多的党营报纸。一些小政党、政治团体和个人也办起了不少报刊。各政党主办的报刊，无不站在自己政党的立场上讲话，常常引发论争。多数政党报纸成为政客争权夺利的工具而已，两派报纸彼此对立，相互攻击，在很多情况下，是乌烟瘴气的党同伐异而已。争论之余，双方还互相进行人身攻击，互相揭老底，人身攻击还不够，又开始实施暴力。民国初期出版的政党报刊，在中国近代史上并没有起到多少进步作用，反而造成政局的混乱，在人们的心目中地位不高。

（二）袁世凯对自由新闻体制的扭曲与"癸丑报灾"

中华民国成立后不久，袁世凯就窃取了辛亥革命的胜利成果，当上了临时大总统。他一上台，就对孙中山确立的自由新闻体制进行大肆的扭曲和破坏，使得民国初年的新闻事业的短暂繁荣局面一下子停止了。

一方面利用权力钳制舆论，一方面紧锣密鼓创办御用报纸，袁世凯出钱网罗了一些卖身投靠的文人，这些文人创办了一批吹喇叭的报纸。1913 年二次革命失败后，袁世凯对新闻出版界大规模摧残，北京、天津等地的国民党报刊全部封禁；租界内的报纸被明令禁止售卖；其他反发表过反袁言论和同情过国民党的报刊也受到残酷迫害。到 1913 年底，全国继续出版的报纸只剩下 139 家，该年是癸丑年，故称"癸丑报灾"。

1916 年袁世凯死后，北洋军阀效法袁世凯，通过法律手段扭曲自由新闻体制，钳制和迫害新闻事业。出版报纸要向警察部门登记，大样也要送警察部门检查。一旦发现有违反军阀的消息，军阀们就用暴力干涉报纸和报人。据统计，从 1916 年到 1919 年"五四"运动前的四年当中，全国至少有 29 家报纸被封，17 名记者遭到枪杀或判刑。历届北洋军阀政府还炮制出不少新的钳制性法规，更为严格地控制报人，摧残新闻事业。文艺副刊和黄色小报泛滥成灾，为了明哲保身，存在下去，很多的报纸开始刊登一些无关紧要的文章，很多报纸都取消了社论和论说栏目。②

（三）民国初年的几位著名记者

---

① 方汉奇等：《中国新闻传播史》，北京：中国人民大学出版社，2002 年，第 151 页
② 方汉奇等：《中国新闻传播史》，北京：中国人民大学出版社，2002 年，第 161 页。

以袁世凯为首的封建军阀的反动的、混乱的统治，严重地限制了新闻事业的发展，但是也给当时的记者提供了施展自己的才干和本领的机会，记者以获得独家新闻为能力，新闻竞争日益加剧。因此各个大报不惜花费重金聘请记者常驻北京，以专电的形式独家报道中央的政治新闻。

在民国初年这一段时间，涌现了一批以擅长采写北京政治新闻而成名的有特点、有影响的新闻记者。这时期有名的记者有黄远生、邵飘萍、林白水、刘少少等人，各有所长，各有成就。

黄远生是民国初年出现的名记者中最杰出的代表，戈公振《中国报学史》中称他为"报界之奇才"。黄远生中进士后，到日本留学。期间，他经常以一些国内和国际的问题为题目，给北京、上海的报刊撰写稿件。辛亥革命后，黄远生专门从事新闻工作，先后创办和主编《少年中国》周刊，写了不少思想进步的文章，如有名的通讯《外交部之厨子》。后来又编辑过梁启超主办的《庸言》杂志等。黄远生以撰写新闻通讯见长。他的主要贡献在新闻业务上，他是我国新闻通讯文体的开拓者，是第一个因采写新闻通讯而负盛名的记者，被誉为中国新闻通讯的奠基人。黄远生不仅新闻通讯出色，在新闻思想方面也有不少的独到的见解。他提出的记者"四能"对后世极具影响。[①]

邵飘萍是北洋军阀统治时期声名显赫的专业新闻记者，是我国新闻界不可多得的全才。他既办通讯社，又办报纸，既精通采写业务又善于经营管理，既从事新闻实践又从事新闻教育。邵飘萍独立开办新闻事业，开始于1916年7月办的"北京新闻编译社"。这是当时北方声名最大和最有影响的通讯社。随后，和北京大学校长蔡元培，教授徐宝璜等人创办了"北京大学新闻学研究会"，这是我国学校新闻教育的开端。研究会创立不久，邵飘萍独立创办了他一生中最后的，也是最有影响的报纸《京报》。他苦心经营这张报纸八年。1926年，40岁的邵飘萍被奉系军阀张作霖逮捕，以宣传共产主义为罪名，在北京天桥被枪决[②]

林白水和邵飘萍是同时代的著名报人，并且在同一年惨死在反动军阀的屠刀下，从这些方面来说，林白水与邵飘萍一起被人称为"萍水相逢"。林白水撰写的新闻和评论，挥洒自如，辛辣尖刻，积怨于军阀。1926年，他在《社会日报》刊发的时评，激怒了军阀张宗昌的心腹政客，被张宗昌枪杀于北京。另外，还有名记者如刘少少、徐彬彬、胡政之、张季鸾等[③]。

这时期新闻研究活动也开展起来。1918年10月14日北大成立"新闻学研究会，翻译了日本松本君平的《新闻学》，美国休曼的《实用新闻学》。邵力子、徐宝璜出国学新闻，当时北京大学增设了新闻学课程，请回国的徐宝璜主讲。

---

① 方汉奇等：《中国新闻传播史》，北京：中国人民大学出版社，2002年，第161页。
② 曾宪明：《中国百年报人之路》，呼和浩特：远方出版社，2003年，第235页。
③ 曾宪明：《中国百年报人之路》，呼和浩特：远方出版社，2003年，第242页。

二、"五四"时期的新闻事业

（一）《新青年》与新文化运动

辛亥革命以后，1915年9月15日，陈独秀创办和主编的《新青年》在上海创刊。《新青年》是一本大型的综合类学术期刊，从形式上说，封面上有新闻纸类的字样；从内容上讲，它有与当时形势密切配合的评论，还设有"国外大事记"、"国内大事记"、"通信"等专栏，还有类似于报纸副刊的小说和诗歌等。陈独秀一生创办过五种报刊。1915年，他从日本回国，在上海创办《青年杂志》，二卷以后改名为《新青年》；1918年12月，主编《每周评论》。

《新青年》共出版9卷（54号），1922年7月停刊，6本为一卷。两次迁移发行地点，一次是1917年初，陈独秀到北大任文科学长，将刊物迁到北京出版；一次是1920年9月1日，杂志被改组为中共上海发起组的机关刊物，又迁回上海。它的主编有陈独秀、李大钊、胡适、钱玄同、刘半农、鲁迅、沈尹默等，主要撰稿人有鲁迅、周作人、高一涵等，形成了一个新文化运动宣传的统一战线。《新青年》的创刊，是中国新文化运动兴起的标志。《新青年》在创刊的时候就明确了自己的宗旨。第一卷《青年杂志》刊登其宗旨是"盖改造青年之思想，辅导青年之修养，为本志天职，批评时政，非其旨也"。

《新青年》一创刊，就高举民主与科学的大旗，发动了一场以反对旧道德、提倡新道德，反对旧文学、提倡新文学为主要内容的波澜壮阔的新文化运动，并且在这场新文化运动中始终成为主要阵地。在新文化运动中，《新青年》的主要宣传内容有以下三个方面，一是提倡自由民主，反对封建礼教，开展批孔运动；二是提倡科学，反对迷信，其专门介绍自然科学知识的文章不多，主要是倡导用科学的观点来看待社会和人生，反对偶像崇拜、迷信盲从、主观武断和一切黑暗愚昧的现象；三是发起文学革命运动，这包括文学的内容和形式方面的改革，简单说就是提倡新文学，反对旧文学，提倡白话文，反对文言文。1920年5月，上海共产主义小组首先成立。9月，中国共产党上海发起组把《新青年》月刊从八卷一号起改组为自己的机关刊物。①

（二）《每周评论》的创办

第一次世界大战结束以后，中国民众，特别是青年，对即将召开的关系到国家利益的巴黎和会，以及涉及到国家前途的国内外各种大事都非常关注。这些都迫切要求报刊加强时事政治的报道和评论。《新青年》因为周期长，已经不适合这个时期的宣传了，陈独秀、李大钊决定由《新青年》的一班人马另外创办一个小型的报纸，和《新青年》一起互相配合，做好宣传，将新文化运动推向一个新的发展阶段。

1918年12月22日，《每周评论》在北京创刊，这是一份小型的政治时事评论报纸，4开4版，《每周评论》重在批评事实，把思想文化斗争和政治斗争紧密结合起来。加强反帝反封建军阀的政治时事报道评述，把报道和评论结合起来。陈独秀在《每周评论》创刊词中提出《每周评论》的宗旨是"主张公理、反对强权"。《每周评论》从创刊开始到1919

---

① 方汉奇等：《中国新闻传播史》，北京：中国人民大学出版社，2002年，第177-179页。

年8月31日被北洋军阀政府查禁,一共出版了37期,陈独秀主编了前25期,李大钊、周作人等都是主要的撰稿人①。

(三)毛泽东、周恩来的办报活动

1917年4月1日,毛泽东写的文章《体育之研究》发表在《新青年》三卷二号上。这是毛泽东在公众媒体上发表意见的首次尝试。1917年夏天,毛泽东游历了湖南5个县,了解社会情况,并且把沿途访问的材料写成通讯,寄给《湖南通俗报》发表,这是他正式给报刊写文章。1918年8月,毛泽东到了北京,参加了"北京大学新闻学研究会",和当时的著名报人、研究会老师邵飘萍等人进行了一些近距离的接触,加深了他对新闻学的认识,这是毛泽东一生中唯一的一次正规地学习新闻学。

1919年7月14日,毛泽东主编的湖南学生联合会的机关报《湘江评论》创刊。《湘江评论》共出版了四期。《湘江评论》是一张4开4版的小型周报,它的新闻、评论都是用白话文写作的,非常精彩,在当时是一个思想性、战斗性很强的报纸,在湖南甚至全国都产生了广泛的影响。《湘江评论》的《本报启事》和毛泽东撰写的《创刊宣言》说明了该报的宗旨是"本报以宣传最新思潮为主旨"。根据他的宗旨,《湘江评论》大张旗鼓地进行了反帝反封建的宣传鼓动,阐发了"民众大联合"的思想,热情奔放地歌颂了俄国十月革命的胜利。1919年8月上旬,遭到了湖南军阀的武力查禁。

此后,毛泽东接办湖南湘雅医学专门学校的周刊《新湖南》。他接编了《新湖南》以后,《新湖南》就表现出了与以前不同的面貌,这个刊物只出了十期左右,又被张敬尧查封了。1919年9月到1922年年底,毛泽东一直给湖南《大公报》写文章②。

周恩来于1913年秋天到天津南开学校读书,亲自主编了学校的《敬业》杂志,这是他报刊活动的第一步,使得这份刊物成为"全校之冠"。在南开学校读书期间,周恩来还曾经担任校刊《校风》的纪事类主任和总经理,为该刊写了许多"纪事"和一些论文。

1919年7月21日,周恩来创办并主编了天津学生联合会的机关报刊《天津学生联合会报》。这是周恩来早期报刊活动中最重要的报刊,一共出版了一百多期,和《湘江评论》南北呼应。该报1920年遭到了北洋军阀政府的查禁而停刊。1920年1月20日,由周恩来主编的《觉悟》刊物创刊。1920年11月,周恩来赴法国勤工俭学。他把勤工俭学情况和斗争情况、欧洲各国的情况和工人运动情况写成通讯,寄给国内的新闻单位。从1921年3月到1922年5月,他给天津的《益世报》写了"旅欧通讯"50余篇。③

三、大革命时期的新闻事业

(一)中共早期报刊

1920年7月中俄通讯社在上海创立,简称为中俄社,1921年5月5日起,改称华俄通

---

① 方汉奇等:《中国新闻传播史》,北京:中国人民大学出版社,2002年,第182页。
② 曾宪明:《中国百年报人之路》,呼和浩特:远方出版社,2003年,第163页。
③ 曾宪明:《中国百年报人之路》,呼和浩特:远方出版社,2003年,第170页。

讯社，简称华俄社，是我国第一家无产阶级通讯社。

1921年7月，中国共产党诞生。1922年9月13日，《向导》周刊在上海创刊。《向导》是中共中央第一个政治机关报，是一份时事政治评论性的周报。从1922年9月13日在上海创刊到1927年5月迁到武汉，7月停刊，共出版了201期。蔡和森、瞿秋白先后担任主编。《向导》一创刊，就集中宣传民主革命纲领——打倒帝国主义、打倒封建军阀、统一中国为真正的民主共和国。通过《向导》及其他革命报刊的宣传，反对"帝国主义"和"打倒封建军阀"很快成为广大群众的行动口号，深入人心。《向导》受到读者的欢迎，影响日益扩大，发行量从最初的二三千份很快超过万份，最高曾经达到10万份。除了国内各地发行外，还远销到越南、日本等国家。①

《向导》的第一任主编是蔡和森。蔡和森曾与毛泽东等人在长沙组织了"新民学会"。新民学会派蔡和森为第一批去法国勤工俭学的会员。在法国，蔡和森领导了两次留法勤工俭学学生的斗争活动，被囚禁，后被武装押送回国。1921年底，蔡和森回到上海，成为《向导》最主要的编辑者。从《向导》创刊到1925年他离任，每期的《向导》几乎都有他的文章。蔡和森主编《向导》达3年之久，成为党的著名报刊活动家。1931年牺牲，时年仅36岁。

继《向导》之后，中共中央又创办了《新青年》季刊和《前锋》月刊。《新青年》季刊，是中共中央机关理论刊物。1923年6月15日在广州创刊，瞿秋白主编，1924年出版第四期后休刊，1925年4月复刊。1926年7月出版第五期后，因为中国共产党忙于北伐战争而自行停刊。《新青年》季刊以及它的不定期刊，以宣传马列主义理论为基本任务，基本内容可以概括为三个方面：一是介绍马列主义的有关著作和国际无产阶级革命运动的经验，出版共产国际号、列宁号、世界革命号等专号；二是从理论上论证中国共产党在民主革命中的纲领和主张；三是参加"科学与人生观"的讨论，发表陈独秀、瞿秋白等人的文章，批评唯心主义观点，宣传辩证唯物主义与历史唯物主义。

《前锋》月刊于1923年7月1日在上海创刊，为了转移敌人的注意，封面上假托在广州出版，1924年2月1日出版第3期后停刊。它的基本任务是通过对中国社会各阶级的分析，论证建立革命统一战线的必要性和可能性等。

(二) 中国社会主义青年团的刊物

《先驱》是团中央第一个机关报。在中共成立之前，各地方陆续建立团组织，有些地方团组织办起了面向青年群众的报刊，这是中国最早的团刊。在首批团刊中，《先驱》是出版时间最长的，也是唯一的由地方团刊转变为中央团刊的。1922年5月，中国社会主义青年团中央机构建立，《先驱》改组成为团中央第一个机关报。《先驱》出版第25期后停刊。

《中国青年》作为团中央机关刊物于1923年10月20日在上海创刊，是中共建党时期和第一次国内革命战争时期出版时间最久、最杰出的革命报刊之一。恽代英、萧楚女、李

---

① 方汉奇等：《中国新闻传播史》，北京：中国人民大学出版社，2002年，第198页。

求实等先后担任主编。经常发行 1 万多份，最多时 2 万份，1927 年 10 月停刊。

《中国青年》的主编是恽代英。恽代英"五四"运动后在武汉编辑《学生周刊》和《武汉星期评论》。1923 年当选为团中央委员，担任团中央宣传部长兼《中国青年》主编。他一生从事报刊宣传活动 16 年，主编和参与编辑的报刊有 10 余种，撰发报刊文章 500 篇，他具有丰富的报刊工作经验，对早期中共党报思想理论建设做出了贡献。作为《中国青年》的创办者、首任主编、主要撰稿人，他和萧楚女的作品代表了《中国青年》的文风。

萧楚女 1922 年去四川工作，应邀担任《新报》主笔，他几乎每天都以"楚女"之名发表文章。1923 年 6 月担任《新蜀报》主笔。该报每天刊出的政论或社论绝大多数出自萧楚女的手笔。他还经常给《向导》、《中国青年》撰稿。他的文章笔锋犀利，战斗性很强，矛头所向，连反动派所控制的报刊也不得不赞叹萧楚女的文章是"字挟风雷"、"声成金石"。1925 年在上海参加团中央工作，担任《中国青年》编辑，主持《新刊批评》专栏。1926 年协助毛泽东编《政治周报》，1927 年被国民党反动派杀害。

（三）国共合作后的新闻事业

1924 年 1 月，国民党"一大"召开，国共统一战线正式建立，全国出现了革命高涨局面，随之，革命报刊也有了新的发展，并在五卅运动和北伐战争中达到了高潮。国民党改组以后，进一步加强报刊宣传工作。共产党人毛泽东担任国民党中央代理宣传部长，主持全面整顿国民党报刊宣传系统工作，共产党人参加了国民党报刊和通讯社活动。一批由共产党人主持，以国民党机关报名义出版的统一战线性质的报刊，在广大的群众中影响很大。

1925 年 12 月 5 日创刊于广州的《政治周报》是国民党中央机关报，由国民党中央宣传部主持出版。《政治周报》名为国民党的机关报，实为中共掌握的革命报刊，是毛泽东以个人身份加入国民党，创办的第一份统一战线的报纸。毛泽东在《〈政治周报〉发刊理由》一文中提出了"为了革命"的报刊思想。第 5 期起，沈雁冰、张秋人接任主编。它注重用事实说话，通过大量事实报道和评论，揭露国民党右派勾结帝国主义和军阀势力的阴谋活动，揭示右派分裂的必然性，反击敌对新闻工具的反革命宣传，为维护国共合作的统一战线和巩固广东民主革命基地，发挥了重要作用。每期发行数达 4 万份，共出 14 期。除了这份报纸以外，还有很多报纸，也是由共产党创办的，以国民党名义出版。在上海、广州、南昌都出版的报纸《民国日报》，都是国民党的机关报，也都有共产党员参与工作。①

国共合作期间，中共及其领导下的共青团继续坚持出版《向导》、《中国青年》等中央报刊，随着党团地方组织的建立，又独立创办了一批地方党团报刊，初步形成了从中央到地方的中共党团报刊网络。党的地方组织创办的报刊、团的报刊、工人、农民、妇女报刊也随之迅速发展起来，成为这一历史时期新闻事业前进的一个重要方向。在工人报刊中，最重要的是《中国工人》。《中国工人》1924 年 10 月创刊于上海。这个时期，农民报刊兴起，是大革命时期报刊发展的一个突出的现象，这在中国新闻史上也是前所未有的现象。另外，这个时期，妇女报刊也逐渐增多，学生报刊也很快地在各地出现。

---

① 方汉奇等：《中国新闻传播史》，北京：中国人民大学出版社，2002 年，第 203-204 页。

1925年"五卅"运动爆发后，罢工、罢课、罢市斗争很快在全国发展起来。为及时报道这些消息，鼓舞人民斗志，中国共产党决定创办《热血日报》，由瞿秋白主编。《热血日报》无情揭露和批判帝国主义的武装威胁、政治威胁和欺骗，被国内外反动派视为洪水猛兽。从创办到被查封，前后不足1个月，只出版了24期。该报和《向导》是党领导五卅运动的指导报刊。"五卅"运动在全国引起强烈的反响，形成全国的反帝怒潮。许多城市在斗争当中出版了报刊，其中影响最大的是省港大罢工运动中出版的《工人之路特号》，从1925年5月31号出版一直到"七·一五"政变前被迫停刊，是第一次国内革命战争时期工人报刊中出版时间最久的一家日报。

北伐战争前后，涌现出一批军队报，是新闻事业发展的一个突出现象。从国民革命军建立到北伐一年中，新办的和原有的军队报刊大约有30多种。其中影响比较大的是《中国军人》、《军人日报》。《中国军人》1925年2月创刊于广州，王一飞担任主编。

这一时期，在北京，成舍我开始创办自己的事业——《世界日报》。1923年秋，成舍我加入了李次山创办的北京联合通讯社，担任编辑。1924年4月到1925年10月的一年多时间里，成舍我创办了《世界晚报》、《世界日报》、《世界画报》，从此，他真正涉身到自己开办的新闻事业，开始了他终生致力的报纸工作。

在上海，历史悠久的《申报》、《新闻报》的发行量都突破了10万大关。这个时期，他们的资金雄厚，开始向着现代企业化方向发展。《申报》的总经理史量才和《新闻报》的经理汪汉溪，都致力于经营报业，取得了显著的成绩。《申报》增辟了多种副刊，加强了同上海读者的联系；《新闻报》以经济报道、广告业务、经营管理等见长，很快就成为工商界具有广泛影响的报纸，使得《新闻报》成为全国闻名的"柜台报"。这几家大报的动向表明，中国报纸在努力创造自己的风格与特色。他们的办报经验可以供后人借鉴。

中国的广播事业最早是由外国人创办的。1923年，美国人奥斯邦创办的中国无线电公司与英文《大陆报》合作，办起"大陆报——中国无线电公司广播电台"。该台呼号ＸＲＯ，发射功率是50瓦，这是外国人在中国设立的第一座广播电台。[①]

1924年8月，北洋政府交通部公布了《装用广播无线电接收机暂行规则》，规定允许民间装设收音机。1926年10月1日，哈尔滨广播电台开始广播，呼号ＸＯＨ，后改名为ＣＯＨＢ，这是中国政府自办的第一座广播电台，每天播音2个小时。1927年，天津、北京等地的广播无线电台开始播音。民营商业电台在这时也开始出现了，1927年3月，上海新新公司广播电台开播，主要播送唱片，也转播南方的戏曲，以推销无线电器材。同年，北京燕声广播电台开播。早期中国广播事业，规模很小，设备简陋，收听的范围也很狭窄，再加上收音机价格昂贵，所以只有华侨、官僚、买办、富商等才买得起，广播的影响在当时是非常有限的。[②]

[①] 方汉奇等：《中国新闻传播史》，北京：中国人民大学出版社，2002年，第213页。
[②] 方汉奇等：《中国新闻传播史》，北京：中国人民大学出版社，2002年，第213页。

据统计，1926 年中国有通讯社 155 家，其中，影响比较大的有两个：一是国闻通讯社，1921 年 9 月在上海成立，胡政之任社长。1926 年新记公司成立以后，实际上成为《大公报》的附属机构。二是申时电讯社，1925 年初成立于上海，是由当时上海比较出名的报纸《申报》、《时事新报》的部分人联合创办的，主持人是当时担任《申报》的总经理的张竹平。[①]

20 世纪 20 年代，是中国高等新闻教育奠定基础的时期，一些大学在这个时期办起了新闻学系或者是新闻学科。在北京，1923 年北京平民大学设立报学科，首任系主任是徐宝璜，教授有邵飘萍等。1924 年，北京燕京大学设立报学系，就是以后的新闻系，美国人白瑞华担任系主任，以后逐渐成为国内外比较有影响的新闻系。北京的民国大学、法政大学也曾一度开办报学系或者开设新闻学课。在上海，1924 年，复旦大学首先在中文系开设新闻学讲座，1925 年，南方大学设立报学系，1926 年扩充为新闻学组，1929 年正式组建新闻系。此外，上海国民大学、光华大学、大夏大学等也开始设置新闻系。

同新闻教育的发展形势相比较，新闻学研究的进步较为缓慢。据不完全统计，从 1922 年到 1927 年出版了十六种新闻学著作和译本，其中包括任白涛的《应用新闻学》(1922 年)；邵飘萍的《实际应用新闻学》(1923 年)、《新闻学总论》(1924 年)。[②]

1927 年戈公振的《中国报学史》出版，第一次全面系统地叙述了中国新闻事业发展的历史，被公认为是中国新闻史研究的奠基之作，曾经很多次重印、再版。

四、十年内战和抗日救亡运动中的新闻事业

（一）国民党的新闻网络

国民党建立了全国性的官方机构《中央日报》、中央通讯社、中央广播电台，国民党利用这三大新闻中心垄断了新闻的发布权和发言权。

《中央日报》是中国国民党中央机关报，1926 年在广州开始筹办，1927 年 3 月 22 日创刊于汉口，由国民党中央宣传部部长顾盈余兼任社长，曾为国民革命做积极的宣传，但"七一五"反革命政变后，反共拥蒋。武汉"分共"后该报停刊，出版不到半年。1928 年秋，国民党中央颁布《设置党报办法》，规定在首都设置中央直属党报。上海《中央日报》于 1929 年 2 月 1 日迁到南京出版。《中央日报》当时属国民党中央宣传部党报委员会领导，由国民党中央宣传部部长叶楚伧兼任社长。1932 年 3 月 1 日，《中央日报》改行社长制，直接对国民党中央宣传部负责，首任社长程沧波。

中央通讯社是中国国民党所创办的台湾官方通讯社，简称"中央社"，英文缩写 CAN。该社 1924 年 4 月 1 日创立于广州，1927 年 5 月 6 日迁到南京，由国民党中央宣传部主管，1932 年改组建立总社，肖同兹任社长。中央社在各大城市和省会城市设立分社或通讯员办事处，基本上建立了覆盖全国的通讯网，垄断了国内新闻来源。到 1936 年，中央社先后在

---

① 方汉奇等：《中国新闻传播史》，北京：中国人民大学出版社，2002 年，第 213 页。
② 方汉奇等：《中国新闻传播史》，北京：中国人民大学出版社，2002 年，第 215 页。

上海、汉口等各大城市设立了 11 个分社，在昆明、西宁等省会和重要城市派驻通讯员 30 余人，初步形成了一个全国通讯网络。同时，中央社又与路透社、哈瓦斯社、合众社等签订互换新闻的合同，从而垄断了国际新闻来源。

中央广播电台，1928 年 8 月 1 日开始在南京播音，全称为"中国国民党中央执行委员会广播无线电台"，主要为国民党空中声音服务。

（二）共产党的新闻网络

1927 年 10 月 24 日，中共中央在上海创办了理论刊物《布尔塞维克》，这是中共中央政治理论机关刊物，由瞿秋白任主任组成编委会。为了躲避国民党的查禁，《布尔塞维克》采用了伪装封面和目录，用化名出版，1932 年出至第五卷第 1 期停刊，共出 52 期。1928 年，中共中央在上海出版了中央政治机关报《红旗》，1930 年 8 月与《上海报》合并，改出《红旗日报》。大革命时期共青团中央创办了《无产青年》，后改为《列宁青年》。各地下党组织也出版了自己的机关报。

根据地的新闻事业也在发展，红军的新闻宣传，由早期的传单、布告、简报等，发展成油印、石印小报，个别还用了铅印。《红军日报》是红军报刊中第一张、也是唯一的大型的对开铅印日报，1930 年 7 月 29 日创刊于长沙，共出版 6 期。1931 年 11 月 7 日的瑞金时期，共产党成立了第一个通讯社"红色中华通讯社"，其主要任务是出版报纸。当时党办的报刊大概有 30 多种，长征时期，中央级的报纸几乎全部停刊，只剩下《红星》报继续出版。到了延安时期，1935 年 11 月 25 日《红色中华》复刊，1937 年《红色中华》改为《新中华报》，成为中共机关报。1931 年 11 月新华通讯社成立于江西瑞金，1937 年 1 月，"红色中华通讯社"改为"新华通讯社"。1937 年 4 月 24 日，中国共产党创办了中共中央政治理论机关刊物《解放》周刊。

（三）"九一八"事变后，中国新闻界的变化

1931 年"九一八"事变后，日本帝国主义加紧侵略中国。中国共产党的新闻事业站在抗日救亡的最前列，积极宣传团结御侮，一致对外。在革命根据地，《红色中华》等报刊登载共产党和苏维埃政府有关抗日的决议、宣言，反映人民群众的抗日呼声。在国民党统治区，共产党的新闻宣传活动迅速恢复，地下党组织在北平创办一批报刊。为了开展海外的宣传工作，共产国际中共代表团根据中共中央指示，创办了《救国报》，进行海外宣传。① "九一八"事变后，一些以前趋于保守的报纸纷纷加入到抗日救亡运动中，积极刊载反对日本侵略、主张抗日的报道，但是，主张抗日的舆论却没有得到国民党支持，蒋介石要求《大公报》主张"缓抗"。国民党的党办报刊一方面报道日本帝国主义的侵略罪行，另一方面又企图把人民的抗日呼声压下去。抗日救亡的宣传经历了 1931 年和 1932 年的迅猛发展而遍及全国，但从 1933 年至 1935 年上半年受到压制。"一二·九"运动爆发后，抗日救亡宣传随之出现新高潮。

---

① 方汉奇等：《中国新闻传播史》，北京：中国人民大学出版社，2002 年，第 232 页。

民族危亡的严酷事实和救亡运动的爱国激情，使史量才认清了蒋介石对日妥协和"攘外必先安内"政策的危害，毅然赞同团结抗日的主张。《申报》纪念60周年时，推出了一系列的革新活动，迅速报道"九一八"国难，呼吁民众猛醒奋起，全力报道支持"一·二八"淞沪抗战。这些措施的施行使申报馆成为一个以报纸为中心的庞大的文化事业群体，《申报》和史量才的变化为社会所瞩目，但是这些成就在国民党看来脱离了它的控制，直接导致史量才被杀。

1935年5月4日，《新生》周刊发表了艾寒松化名"易水"写的一篇文章《闲话皇帝》，泛论古今中外的君主制度，其中说到现阶段日本的天皇空有其名而无实权。日本驻沪总领事向国民党政府提出"强烈抗议"和惩办主办人主编杜重远、作者易水等无理要求。国民党政府开庭审理了《新生》案件，当即查封《新生》周刊社，判处主编杜重远徒刑一年零两个月。国民党中央还电令其各级党部及新闻出版界，加紧查禁抗日言论，取缔抗日运动，这事在国内外都有影响，这反而宣传了《新生》周刊，教育了全国人民，推动了全国的抗日高潮①。

（四）邹韬奋的报刊活动

邹韬奋1926年2月接办中华职业教育社和机关刊物《生活》周刊，担任编务，1932年创办生活书店。次年参加中国民权保障同盟，当选为执行委员，杨杏佛遇刺后，他被迫流亡国外。1935年8月回国，参加抗日救亡运动，先后在上海、香港等地主编《大众生活》周刊、《生活日报》、《生活星期刊》，并担任上海各界救国会和全国各界救国联合会的领导工作。1936年与沈钧儒等在上海被捕，抗日战争爆发后获释，先后在上海、武汉、重庆主编《抗战》、《全民抗战》等刊物，1941年各地生活书店被国民党政府查封，邹韬奋辞去参政员职，出走香港，复刊《大众生活》，1944年7月24日在上海病逝。

邹韬奋是我国著名的出版家，对我国新闻事业的发展和新闻理论的建立作出了重大的贡献。他一生出版了6刊1报，并且在刊物上形成了优良的作风，这些作风表现在以下几个方面：一是密切联系读者，热心为读者服务。他办的刊物上都有"读者信箱"专栏，他亲自阅读读者来信，用多种方法回答读者提出的问题，立志新闻改革，工作精益求精；二是办报作风，他有顽强的工作精神和强烈的事业心，不屈不挠地坚持办好抗日报刊和生活书店；三是不屈不挠的斗争精神②。邹韬奋毕生从事新闻出版工作，他既担任主编，又是主要作者，还要管理经营，积累了丰富的报刊工作经验。他还提出了许多卓有见地的办报主张，特别是主编《生活》的一系列论述，构成了一套较为完整的报刊思想。他的报刊思想和实践经验有着鲜明的特色，这就是"韬奋精神"。

（五）范长江、斯诺等的新闻活动

范长江1934年首次用"长江"笔名在《北平晨报》署名发稿，并担任该报特约通讯员，

---

① 曾宪明：《中国百年报人之路》，呼和浩特：远方出版社，2003年，第289-290页。
② 曾宪明：《中国百年报人之路》，呼和浩特：远方出版社，2003年，第273-276页。

这是他从事新闻生涯的起点。1935年范长江以天津《大公报》特约通讯员身份到中国大西北采访，沿途追踪观察了解红军北上的动向和考察西北社会的历史和现状，采写了数十篇通讯，发表在《大公报》上。不久，汇集出版了《中国的西北角》一书，第一次真实、公正、客观地报道了红军长征的行踪和影响，数月内连印7次。这些通讯揭露了日本帝国主义侵略的危机，国民党的腐败、黑暗与各族人民的痛苦生活，是范长江成为名记者的代表作。

西安事变发生以后，他奔赴西安，进入事变中心采访。从西安再到延安，采访结束后回到上海，在《大公报》上发表了《动荡中之西北大局》，介绍了西安事变的真相和中国共产党关于建立抗日民族统一战线的主张，在国统区引起很大震动，又接连发表了《西北近影》、《陕北之行》的系列通讯，后来这些通讯和其他通讯汇集出版为《塞上行》一书。

范长江西安、陕北之行的系列通讯，出色地向全国公开报道了西安事变的真相，传播了中共和平解决西安事变的方针，以及抗日民族统一战线政策，反映了陕北根据地红军和人民的生活，描绘了共产党领导人物的风貌，受到广大读者、各阶层爱国人士的重视和欢迎。范长江当时是从白区进入延安，向全国采访报道红色区域情况的第一个中国记者[①]。

美国记者埃德加·斯诺（Edgar Snow）1928年来中国，在上海一家报纸担任助理编辑，曾在很多报纸上发表文章描绘中国人民的苦难生活。1936年6月，由英、美几家报刊出版社资助，斯诺悄悄进入陕北苏区保安县采访。斯诺是第一个到苏区采访的外国记者，4个月后，斯诺悄悄返回北平。不久，斯诺在上海《密勒氏评论报》、《大美晚报》和北平的《民主》杂志等英文报刊上，刊发延安访问报道，在中国文化知识界引起轩然大波。《西行漫记》一书比较系统地展示了当时的中国共产党和中国共产党所领导的红军、陕甘宁边区的情况，为当时的人们，也为后人了解当时的红色中国提供了宝贵的材料。

1937年到1939年，斯诺采访、见识了很多中国共产党的高级干部。1941年皖南事变发生时，斯诺在香港，从香港向美国报刊发稿件，报道皖南事变真相。同年2月，国民党政府取消了斯诺的记者特权，他被迫回到美国。后来在美国担任记者，采访过很多国家。1949年新中国成立以后，他三次访问中国，写了很多文章、出版著作，热情介绍中国的建设成就和新面貌。1972年，斯诺在瑞士病逝，毛泽东在唁电中给予高度的评价，根据斯诺的遗嘱，他的骨灰一半安葬在北京未名湖畔，另一半安葬在美国纽约哈德森河畔。

五、抗日战争和解放战争时期的新闻事业

（一）抗日战争时期的新闻事业

抗日战争时期，解放区新闻事业的发展很快，1939年中共创办了《共产党人》、《八路

[①] 方汉奇等：《中国新闻传播史》，北京：中国人民大学出版社，2002年，第242页。

军军政杂志》、《中国妇女》等，1940年创办了《中国工人》、《中国文化》、《边区群众报》等。据不完全统计，在华北、华中两个主要敌后解放区，约有小型报刊七百余种。

抗战爆发后，新华社发稿范围逐渐扩大，信息量加大，每天发稿量也由原来的一两千字增加到四五千字，从1938年起，逐渐在几个大的敌后抗日根据地建立分社。抗战时期，新华社从只有10几个人，发展到总社就有100多人，并在各抗日根据地共拥有9个总分社和40多个分社，成为一个统一的独立的通讯社。①

中央人民广播电台是我国的国家广播电台。它的前身是延安新华广播电台，1940年12月30日在延安创办，这是中国无产阶级广播事业的开端，是中国共产党新闻事业发展史上的一个里程碑。1940年12月30日，延安新华广播电台在延安开始试验播音，周恩来任广播委员会主任，1949年12月5日改名为中央人民广播电台。

由于日本、国民党反动派封锁延安，大肆侵略，4开的《新中华报》已经不能适应形势的需要，中共决定将4开4版的《新中华报》与《今日新闻》合并，于1941年5月16日出版大型中共中央机关报《解放日报》，它是在抗日民主根据地出版的第一份铅印对开大型日报，也是抗战到解放战争初期革命影响最大的报纸，该报在整风改革中走在了新闻界改革的最前面，发挥了重要作用。《解放日报》的第一任社长是博古（秦邦宪），以后是廖承志，历任总编是杨松、陆定一、余光生。

从1942年开始，中国共产党在全党范围内进行了整风运动。1942年4月1日《解放日报》为整风改革进行改版，《解放日报》在整风改革中，发表了一系列关于新闻工作的文件、社论和署名文章，这些文章在宣传中共的中心工作，联系群众、联系实际方面向前迈进了一步。"全党办报"是由《解放日报》在改版的基础上发展起来的中共党报理论的一个概念，为了在组织上保证"全党办报"方针的贯彻执行，《解放日报》配合发表了题为《党与党报》的重要社论，比较全面、准确地阐述了全党办报的思想，即强调党报必须由全党来办，不是依靠几个报馆同人来办，党报工作者必须认识到自己是整个党组织的一分子，自觉地把自己融于党的集体之中，不允许与党唱对台戏。②

在国统区，当时全国有上海、武汉、重庆、桂林四个报刊中心。《中央日报》分布全国，有11个社30个版；《民国日报》有13个版；《扫荡报》有50多个版；《阵中日报》有11个版，复兴社注册的报刊有273家，这些报纸的新闻千篇一律。

《新华日报》1938年1月11日在武汉创刊，是中国共产党在国统区公开出版的机关报，周恩来任董事长，社长是潘梓年，总编辑先后是华岗、吴克坚、章汉夫，总经理是熊瑾玎。《新华日报》围绕着反对新闻检查，反对封锁新闻来源，争取言论出版自由方面，与国民党展开了长期的、艰苦的斗争。皖南事变发生以后，《新华日报》上刊出了周恩来为皖南事变写的两个题词与国民党的自相残杀作斗争，同时《新华日报》报社采取了很多种方

---

① 方汉奇等：《中国新闻传播史》，北京：中国人民大学出版社，2002年，第253-254页。
② 方汉奇等：《中国新闻传播史》，北京：中国人民大学出版社，2002年，第257页。

法来抵制国民党的发行政策。《新华日报》为了开拓销路,除派工作人员上街发行外,专门组织了自己的发行队伍,最高发行量达5万份,自创刊直到1947年2月28日被国民党封禁为止,在国民党统治中心英勇战斗了9年1个月又18天。毛泽东说它如同八路军、新四军一样,是党的又一个方面军。

在沦陷区,新闻事业遭到了空前的打击。上海成为了当时日伪新闻的中心,新闻事业更是在孤岛上发展如履薄冰,形成当时独特的孤岛报刊和"洋旗报"。日本帝国主义、汉奸控制的报刊,由宣传作战第一,改变为掌握民心,仅1942年下半年统计日寇办的报有197种,杂志94种,日本人和汪精卫利用通讯社一手控制新闻,大量制造新闻。

(二)人民解放战争时期的新闻事业

抗战胜利后,国民党凭借其权力,抢先接收了收复区的新闻事业,并于1945年9月,颁布《管理收复区报纸通讯社杂志电影广播事业暂行办法》。根据这一暂行办法,国民党统治集团在接收收复区原敌伪新闻事业的基础上,推行"党化"新闻事业的政策,力图在短时间内建起一个庞大的国民党新闻事业网。

中国共产党利用国共合作的历史形势,针对国民党抢收政策迅速办起自己的报刊。中共首先在上海创办了《新生活报》、《时代日报》等党报,地下党组织也创办了一些学生刊物。这些刊物广泛宣传抗战胜利后共产党的立场,揭露国民党的政治阴谋。

抗战胜利后,《大公报》立即在上海、天津等地复刊,成舍我在北平恢复出版了《世界日报》、《世界晚报》,此外,天津《益世报》、广州《大光报》等也都纷纷复刊,并乘势在各主要城市建立分报馆。中国民主同盟先后创办了《民主星期刊》、《民主报》、《民主生活》周刊、《平民》周刊等,《文汇报》于1945年8月18日在上海复刊,上海《周报》、广州《人民报》、成都《民众时报》、桂林《民主星期刊》等报刊的创办,大大促进了民主报刊的发展。

抗战胜利初期,国民党一方面玩弄"和谈"阴谋,一方面又实行严格的原稿送审制度和战时新闻检查制,因此,国统区进步新闻工作者为争取新闻自由,掀起了一次又一次争取新闻自由的浪潮,其中以1945年八九月间发起的"拒检运动"声威最大。1945年8月7日,重庆国讯书店在其他进步出版机构的支持下,不顾国民党当局审查而自行出版了黄炎培撰写的《延安归来》一书,揭开了"拒检运动"的序幕,重庆16家杂志社签名发表声明。拒检声明一发表,立即得到了整个文化界的支持与响应,9月1日记者节这天,重庆《新华日报》发表社评《为笔的解放而斗争》,此后,由重庆出版界发起的拒检运动扩展到成都,并由出版界扩展到新闻界。拒检运动的兴起与发展,使国民党当局陷入被动局面,1945年10月1日,国民党中央被迫宣布废除新闻检查制度,撤销战时新闻检查机构。

随着国共军事冲突加剧,国统区新闻界围绕和平民主还是内战独裁为题展开了激烈的论争。1945年11月20日,重庆《大公报》发表《质中共》的社评,把内战的责任推给共产党。次日,11月21日,《新华日报》发表《与大公报论国是》的社论予以反驳,社论列举国民党军队进攻解放区、破坏和谈协议的事实,说明内战的责任完全在国民党方面。社论还指出,《大公报》实际上是小骂大帮忙,对国民党的次要问题上批评,一旦涉及到重要问题的时候却还是帮国民党说话。《大公报》短暂沉默后,1946年4月16日,上海《大公报》发表《可耻的长春之战》的社评,说苏军撤离长春后,中共军队在与国民党争夺长春之时,"常常是用徒手的老百姓打先锋"。4月18日,《新华日报》针锋相对,发表社论《可耻的大公报社论》,痛斥国民党破坏停战协议,拿美国的枪炮,杀自己的同胞,人民军队发起的是自卫反击战,《大公报》却替反动派开脱罪名,真正可耻。这场论战,共产党有力地揭发了国民党发动内战的罪行。①

抗战胜利后,解放区的面积迅速扩大,解放区的新闻事业也得到了较大发展,晋察冀解放区的《冀中导报》、《晋察冀日报》等也纷纷复刊和改组。1945年8月24日,张家口新华广播电台开始播音,呼号为XGCA,有功率500瓦的中波发射机一部和10千瓦短波发射机一部,首播天气预报和商品信息。新华社作为中共中央主要喉舌,改组后在全国建立起庞大的通讯网络,并形成一个坚强的领导核心,锻炼了一大批杰出的新闻工作者。1948年4月16日进行了改组,成立管理委员会,廖承志任主任委员,编辑出版《参考消息》、《各地来稿》等刊物。

解放区新闻媒介不仅宣传人民解放战争,而且还广泛报道了农村土地改革。1947年6月起《晋绥日报》认真检查了新闻报道工作中右的倾向和存在的新闻失实问题,采用在报纸上公开进行批语与自我批评的方式,发动群众揭露假报道,维护新闻真实性原则,掀起了反对"客里空"运动。"客里空"是苏联卫国战争时期的剧本《前线》中一个捏造事实、品质恶劣的战地记者的名字,他从来没有上过前线,而是通过想象和听取汇报来编造假新闻,所以以后新闻界就将"客里空"作为一切不真实新闻和弄虚作假的新闻记者的代名词。反"客里空"运动一开始,《晋绥日报》便广泛发动群众踊跃揭发,并向读者公开进行批评与自我批评,连续刊登检查出的失实报道。广大读者热情拥护此项举措,踊跃向报社投递揭发材料。9月1日,新华社发表社论《学习<晋绥日报>自我批评》,后来各个解放区的新闻界普遍展开反对"客里空"的运动。②

解放战争即将胜利之际,中共中央开始制定城市新闻业发展的政策,以适应新闻工作的历史性转变,进城之前,各级新闻单位着手培养专门的经济记者,加大对工矿企业的报道力度,发展工人通讯员,帮助被接管的新闻单位从业人员转变立场,同时中共中央各级党报相继建立。1949年3月15日,华北《人民日报》迁至北平出版,8月,改为中共中央机关报;3月25日新华通讯社、新华广播电台也迁入北平;6月16日,中国民主同盟机关报《光明日报》在北平创刊;7月15日,中华全国总工会机关报《工人日报》在北平创刊;此外,共产主义青年团、全国妇女联合会、全国少年儿童工作委员会的机关报也纷纷迁到北平出版或在北平创刊,北平成为全国新闻事业中心。

---

① 方汉奇等:《中国新闻传播史》,北京:中国人民大学出版社,2002年,第301页。
② 方汉奇等:《中国新闻传播史》,北京:中国人民大学出版社,2002年,第317-318页。

1948年4月2日,在解放区新闻事业经历了反右和反"左"两条战线斗争后,毛泽东在山西兴县蔡家崖村接见了《晋绥日报》编辑人员,在听取报社工作汇报后作了重要谈话,即著名的《对晋绥日报编辑人员的谈话》,对解放区新闻事业经历的反右和反"左"两条战线的斗争进行了总结。1948年9、10月间,中共中央在西柏坡举办由华北人民日报社、新华社华北总分社的部分记者参加的学习班,10月12日,刘少奇在学习会上发表讲话,即《对华北记者团的谈话》,对新闻工作者适应新的形势、完成新的任务提出了明确的努力方向。①

第三节 新中国成立以后的新闻事业

一、改革开放以前的新闻事业

(一)《人民日报》的改版

1956年7月1日,《人民日报》正式宣告改版,当天的社论《致读者》阐述了改版的目的与重点,着重从三个方面改进工作:扩大报道范围;开展自由讨论;改进文风。通过这次新闻工作改革,中共广大新闻工作者的新闻观念得到了更新与解放,开始认真研究总结中国新闻事业的优良传统与经验,使新闻事业的社会主义内容与中国民族形式相结合,这次改革受到了广大读者的欢迎与支持。

(二)"左"倾错误指导下的新闻事业

反右派斗争的扩大化和"大跃进"违背经济规律的失误,给新闻事业带来了严重的冲击。那个年代,报纸由于身陷狂澜,在客观上推动了当时的社会运动。建国以后,特别是"文革"期间,我国的媒体出现"千报一面"的情形,传媒都是一个面孔,在内容上小报抄大报。当时我国的重要报刊有《人民日报》、《解放日报》、《红旗》杂志。

二、改革开放后的新闻事业的改革

(一)新闻事业的改革

1978年3月26日,《人民日报》第3版发表一组理论文章,其中一篇《标准只有一个》在编排上作了突出处理,文章提出"检验真理的标准,只有一个,就是社会实践",在当时引起强烈的反响,新闻界逐渐恢复了优良传统,新闻事业的面貌也有了显著变化。从1978年底至1989年底,新闻改革使新闻事业长足发展,新闻事业在日益深化的改革中欣欣向荣,形成了的报纸、广播、电视、新闻摄影、新闻纪录电影等多种媒体相互竞争,相互配合,共同发展的繁荣局面。

---

① 方汉奇等:《中国新闻传播史》,北京:中国人民大学出版社,2002年,第322页。

（二）社会主义市场经济条件下新闻事业的发展

随着改革的深化，社会主义市场经济条件下新闻事业规模继续扩大，传媒业走上集团化道路。中共十四大后，新闻界又一次掀起了办报高潮，报纸数量大幅度增长，报业结构改善，党政机关报占报纸数量比例有所下降，其他群众团体报、行业报、文摘报和生活类报纸占全国报业比例均有所上升。广播电视事业发展迅猛，全国各省、自治区、直辖市各电视台都办有多种频道，电视节目极大丰富，观众对节目的选择性大大增加。"村村通"工程的推进，使广播电视节目传播到全国的每一个角落。与此同时，报业、广播电视业开始筹建传媒集团，实现资源共享，增强竞争力。

三、网络媒体的兴起

（一）网络进入中国

中国于 1995 年 5 月向社会开放网络接入和提供全面服务，它的发展和应用速度极快，1996 年底，估计网民数量仅为 10 万。从 1997 年 10 月起，中国互联网络信息中心（www.cnnic.net.cn）每半年进行一次有关中国互联网络发展状况的全面调查，其中网络用户数量几乎每半年翻一番。正如世界权威调查机构 IDG 所做的调查显示，到 2005 年，我国就已经成为全球仅次于美国的第二大网络市场。

不少新闻媒体网站已不是将文本内容如报刊印刷版的内容照搬上网，而是在信息内容和形态上办出特色，提供网络多种服务功能，创意十足并且决心在网络空间扩展自己的影响力。新闻媒体网上发展的一个新景观，是地域内众多媒体跳出单打独斗的思路，联手建立有规模效益的传播平台。传统媒体网站在实践中深刻体会到，自身发展受到原有体制、机制的极大制约，实行公司化运作是传统媒体网站建设和经营的趋势和必然选择。

（二）专业化道路及多媒体传播

互联网"门户网站"的概念早已提出，从 1998 年下半年起，国内的一些著名商业网站及时跟进运作，不少商业网站涉足新闻（这里主要指国内外时政新闻）发布，有的网站干脆开辟"新闻中心"或"新闻频道"，将新闻发布作为自己的主打项目。随着中国网络用户的迅速扩大，有更多的人以各类网站作为自己的新闻来源已成发展趋势，同时应该看到，它对促进传统新闻媒体的改革及促进传统新闻媒体网站水平的提高，也是强有力的刺激因素。

如今已经从大的门户网站发展到今天风起云涌的专业频道、专业网站，以及为很多专业机构量身定做的网站。还有大家比较关注的 BBS，点对点，多点对多点，今天又有新的形态出现，更加值得我们关注。在网络形态媒体的发展中，使网络、手机与传统媒体之间形成互动。从媒体的传播方式来说，我们说网络媒体实际上走过的路和大众媒体、一般媒体走过的路不尽相同，也是从人际传播到大众传播，然后到分众传播。网络传播的功能首先解决了硬盘空间的共享问题，其次解决了计算能力的共享。

总的说来，网络媒体是一个高层阶段，进入了社会真正进步的层面。

电子政务就是网络传播与政务的结合,电子商务就是网络信息和商业、金融领域的合作。网络出版、网络新闻,实际上就是媒体功能和网络传播的结合。这样一些传播方式和传播功能,构建了我们今天所看到的新的虚拟空间和现实空间的融合,也就是信息社会。

(三)网络媒体对中国传播格局的影响

流动在因特网上的信息有十大特点:极大丰富、形态多样、迅速及时、全球传播、易于复制、便于检索、超文本链接、自由、交互,同时还造就了可以实现"一人一媒体"(指任何人只要具备一定的网络知识和技能便可通过建立网站、发行邮件出版物等网络功能,发布新闻传播信息,犹如拥有了属于自己的媒体)的基础。

伴随互联网在全球的发展,几乎所有的国家都认识到促进发展与进行管理应该并重。中国政府高度重视利用互联网进行新闻传播活动,总的来说,国家的政策是鼓励和促进这项工作,但同时进行规范和引导,使之健康发展。早在1997年5月,国家就明确了积极支持、促进发展、宏观指导、归口管理的方针,并授权国务院新闻办公室为归口管理机构。

2000年4月,国务院新闻办公室成立网络新闻管理局,负责统筹协调全国互联网络新闻宣传工作。其主要任务是负责规划国家互联网络新闻宣传事业建设的总体布局并实施;组织开展互联网络重大新闻宣传活动与开发重点信息资源;研究互联网络舆情动态,把握互联网络新闻宣传的舆论导向;拟定互联网络新闻宣传管理方针、政策和法律法规;对开办新闻宣传网站或栏目进行资格审核,组织搜索互联网络重要信息,抵御互联网络有害信息的思想文化渗透;组织新闻宣传网站开展国际交流与合作。在中央成立网络新闻管理局之后,各省、市、自治区也正陆续设立相应的管理机构。①

互联网对中国信息传播格局最大的冲击,主要表现在两方面:一是上网用户可以在第一时间得到各种新闻,内容无所不包,包括以往通过国内新闻媒体根本接触不到或很少接触到的新闻。二是在舆论方面,互联网的特性使以往在传统新闻传媒上无法实现的个人表达自由和言论自由得到空前的展现,任何人只要进入网络便可无所不言,畅所欲言,形成了言论的"自由市场"。

随着互联网络在中国的发展,尤其是随着宽带网络与多种接入方式及终端的普及,网络媒体在中国传播领域的地位及在中国媒体市场所占的份额都将进一步提升和扩大,从而对中国传播领域面貌的改变给予更深刻的影响。20世纪末,网络媒体在全球登场所显示的传播威力和魅力,只不过刚刚拉开序幕;而壮观的正剧正在21世纪上演——让我们拭目以待。②

---

① 海文兄:《中国网络媒体发展简史》, http://blog.sina.com.cn/u/40d652e9010009qk
② Penfei119:《中国网络媒体的发展、问题与管理》(下)
http://bbs.xilu.com/cgi-bin/bbs/view?forum=penfei119&message=27

第四节 欧洲、美洲的新闻事业

一、欧洲、美洲的新闻事业概论

（一）古代的欧美新闻事业

古代欧洲的新闻事业同样是伴随着人类的诞生就开始的，依据形式的演进发展，从最初的口头传播到手写信息，最后到印刷信息的传播。在古代新闻传播活动长期发展的基础上，16世纪的欧洲由于商品经济迅速发展而出现了手抄小报和新闻书。手抄小报首先发源于意大利境内的威尼斯，在1536年的时候，威尼斯已经有了专门的信息采集机构和贩卖报纸的人了。大致在我国宋代"小报"开始流行的同时，在西欧等地也陆续出现了一些不定期的新闻印刷品，这些印刷品多为书本形式，被称为新闻书。

进入17世纪以后，新闻书逐渐开始定期化。大约在1605年到1610年间，开始出现定期报刊，定期报刊的发源地有两个，一是德国，1609年，在德意志地区出现了两种周报：《通告—报道或新闻报》和《报道》，被史学界认为是世界上最早的定期报刊；另一个是尼德兰。可以说定期报刊的出现标志着近代报业，即近代新闻事业的诞生。在定期报刊增多的基础上，欧洲各国先后出现了日报。

（二）近代的欧美新闻事业

从世界范围来看，近代报业首先兴起于欧洲和北美，并且在这里发展壮大然后向其他地区扩散。近代报业诞生时，有过少量的封建报刊，后期也出现了无产阶级的报刊，但是从整体来看，资产阶级报刊是近代报业的主体。

在近代资产阶级报业的发展中，封建保守势力的压制与资产阶级的反压制，是贯穿整个近代资产阶级报业的基本矛盾。围绕这一矛盾，各国报业都有着相似的发展轨迹：资产阶级革命以前，资产阶级报刊受到封建统治者的压制；在资产阶级革命发动和进行过程中，资产阶级报刊大量兴起；资产阶级革命后，资产阶级报刊成了新的统治阶级的舆论工具；资产阶级革命后，各国都经历了一个政党报刊为主的时期；18世纪后期起，欧美国家开始了工业革命，在工业革命过程中出现了较早的商业报刊，工业革命后期，各国先后出现了面向社会中下层的通俗报刊，也称为"大众化报纸"。这种报纸的出现使商业报纸更加兴盛，逐步成为资产阶级报业的主体，并为其向现代报业演变奠定了基础。①

（三）现代的欧美新闻事业

在西方国家，一百多年里从近代报业逐渐演变成为现代报业，它大致经历了三个阶段：第一阶段是从19世纪末到第一次世界大战。这个阶段，商业性报纸逐步取代政党报纸取得重要的地位，报业开始从社会化向垄断的方向发展，近代报业开始转变为现代报业。第二阶段从第一次世界大战至第二次世界大战。这个时期，一城一报现象日渐普遍，报团数量

---

① 张允若：《外国新闻事业史》，武汉：武汉大学出版社，2000年，第17-18页。

和规模不断发展,先后形成了报业垄断的局面。第三阶段是指第二次世界大战以后。这个阶段最大的特征就是报业垄断加深,开始出现超级报团,跨媒介、跨行业垄断,跨国、跨地区垄断,报业出现多种垄断组织形式[①]。

二、欧洲的新闻事业

(一)德国的报业

德国是一个历史发展复杂的国家,自公元843年就一直处于分裂割据的局面。这种局面使德国人民对新闻传播事业有较大的需求,所以现代印刷术和新闻传播史上最早的定期刊物都诞生于德国,德意志的新闻传播事业也曾经一度走在世界的前列。

从手抄小报到不定期的新闻出版物,再到定期报刊。1609年德意志地区出现了世界上最早的定期报刊《通告——报道或新闻报》和《报道》,但是这两份周报内容都相当简单,通常只有一条新闻。1615年,爱格诺尔弗·莫尔在法兰克福创办了周报《法兰克福新闻》,每期刊登几条新闻,该报出版时间更长,在德国报业史上占有重要地位,是世界上第一份真正意义上的报纸。随着邮路的改进,世界上第一张日报,1650年莱比锡的一位书商创办的《新到新闻》也诞生在德意志地区。

17到18世纪,德国处在封建割据之下,报业的发展受到了极大的制约,长期落后于其他西方资本主义国家。18世纪,德意志一大邦国普鲁士王国迅速崛起,与另一大邦国奥地利展开了数年的争霸,德国报业在这样的环境下受到极大的限制,尽管曾经遥遥领先,但在这种情况下却举步维艰,发展极其缓慢。从18世纪末到19世纪中期,德意志经历了两次大的民主浪潮,一次是法国大革命,另一次是1848年的欧洲革命。欧洲革命导致了德国历史上第一次真正意义上的资产阶级革命,在德国资产阶级革命的推动下,德国报业有了新的起色,开始出现了资产阶级报刊。19世纪前期,随着资产阶级报刊的兴起,一些无产阶级报刊也开始逐步创办起来。

19世纪末20世纪初,德国政党报纸仍然占据重要位置,但是商业性的大众报纸正在迅速兴起,以这类报纸为基础的报业垄断组织也在出现,从而开始了向现代报业的演变。德国没有明显的廉价报纸时期。[②]

第一次世界大战德国是战败国,1918年柏林爆发了十一月革命,以工人、士兵为主的起义大军建立了共和体制,但是被资产阶级和容克地主篡夺了政权。1919年在魏玛召开了制宪会议,实行资产阶级议会制度,从此开始了魏玛共和时期。魏玛共和国是德国历史上第一个资产阶级共和国,魏玛宪法因为保障了一部分新闻自由,而为资产阶级报业发展带来了宽松环境。在以后的13年间,德国的报纸数量不断攀升,创造了德国报业史的高峰。时间不长,1933年希特勒上台建立了法西斯专政。希特勒上台后马上对报业进行全面控制,残酷迫害正

---

① 张允若:《外国新闻事业史》,武汉:武汉大学出版社,2000年,第92-93页。
② 张允若:《外国新闻事业史》,武汉:武汉大学出版社,2000年,第137页。

在茁壮发展中的德国现代报业，使其成为法西斯的宣传工具。在法西斯统治期间，德国的报纸数目锐减，到1945年时，甚至不到1000家，连魏玛时期的1/4都不到，而同时纳粹报刊却大肆发展，发行总量占全国82%。1945年德国战败后，由英、法、美、苏等盟军进驻，盟军规定原来的法西斯报刊一律停办，报刊创办前必须向盟军登记，经过许可后才可办报。

1949年9月20日，在英法美占领区成立了德意志联邦共和国，实行资本主义制度，新的宪法保障了人民的新闻自由，出版报纸不再需要特别许可证，报刊活动也不再受到干预和检查。联邦德国的报纸开头十年发展迅速，报纸数量上升到约1500种，其中政党报刊下降到20%，大大少与战前。六七十年代后，发展趋缓，并出现了明显的兼并集中趋势。80年代涌现出了施普林格报团等十大报团，当时这十家报团的发行量占全国总数的55.25%，仅最大的施普林格报团就占全国发行总数的30.21%。截至统一前夕，日报有1300多种，期发总数2525份。

1949年10月7日，在苏联占领区成立了德意志民主共和国，实行社会主义制度，并且不允许公民个人办报，截至1990年前夕，日报39种，总发行量900多万份。1990年7月，两德统一，民主德国归入联邦德国，实行资本主义制度。[①]

联邦德国至今没有全国性的报业中心，报纸绝大部分为商业报纸，比较著名的有德国最大的报团施普林格报团；还有几个主要报纸《法兰克福汇报》、《世界报》《南德意志报》、《图片报》、《明镜》等。

（二）英国的报业

英国引进印刷术后主要印刷书籍和小册子，随着宗教改革的发展，英国的封建统治者害怕印刷品中反封建思想的传播，于是特地制定了皇家特许制度等很多限制措施。1528年，英王亨利八世下令限制印刷业的发展，1538年正式建立皇家特许制度，规定所有出版物均须经过特许，否则禁止出版。1557年，玛丽女王下令成立皇家特许出版公司，规定只有经过女王特许的印刷商才能成为公司的会员，只有公司会员和其他特许者才能从事印刷出版。1570年，伊丽莎白女王将参议院司法委员会独立为"星法院"，星法院颁布特别法令，严厉管制出版活动，皇家特许出版公司有搜查、扣押、没收非法出版物及逮捕嫌疑犯的权力等。这些措施严格地限制了报业的发展[②]。

17世纪初，欧洲各国先后出现了定期报刊，英国1621年创办的《每周新闻》成为英国最早的周报。1640年，英国开始了资产阶级革命，在长达半个世纪的革命过程中，英国报刊逐渐增多，在英国革命过程中，人们开始提出了"出版自由"的口号。密尔顿是正式提出出版自由的主张并加以论述的人，他是英国资产阶级政论家和诗人，发表了许多文章和政论小册子，阐述"主权在民"的思想，1644年，他发表了《论出版自由》的演说，全面批评了出版检查制度的弊端，并且强调人民的言论出版自由是与生俱来的权利。

[①] 张允若：《外国新闻事业史》，武汉：武汉大学出版社，2000年，第141-142页。
[②] 张允若：《外国新闻事业史》，武汉：武汉大学出版社，2000年，第22页。

随着英国资本主义社会体制的建立和旧出版法案的废除，英国的报业开始活跃起来。1702年英国最早的日报《每日新闻》创刊，当时英国已经形成了两大政党，一是托利党，一是辉格党，两党为了争权夺利分别创办报纸，于是世界报业史上开始出现了第一批政党报刊。

由于英国的资产阶级革命是以资产阶级和封建贵族妥协告终的，所以统治当局继续用多种手段控制报业，征收印花税、运用法律制裁、实行津贴收买等，这些手段使得英国的报刊备受压抑。报界进行了长期反复的斗争，这是争取新闻出版自由的继续，也是新兴的工商资产阶级同封建势力斗争的一种反映。工商资产阶级用报刊作了很多的斗争，报纸集中在报道国会的问题和批评当权人物上采取主动，取得了很大的成就。

18世纪后期，英国开始了工业革命，工商业的进一步发展，给报业的发展提供了新的条件和活力，报刊的种数和销数不断增加。比较著名的报纸有《泰晤士报》、《北极星报》、《每日电讯报》。

19世纪末期，英国经济继续增长，随着工业资产阶级力量的增强，英国的报业也有了新的变化，在世纪之交出现了一批新的报刊，并且形成了早期的报团。《每日邮报》是英国现代报纸的早期代表，1896年由哈姆斯沃思创办。《每日邮报》是在廉价报纸基础上产生的，但是又有新的发展，在内容上，比一般廉价报纸有更多的重大新闻报道；业务上，提倡精编易读，文字简短。它的读者上层有企业界人士，下层有文化不高的大众；管理上改善经营管理，广揽广告，发展非常迅速。

英国最早的报团也是由哈姆斯沃思组建的。他最早创办了《回答》周刊，后来买下《新闻晚报》，积累了相当的办报经验，被封为北岩爵士，他的报团被称为北岩报团，是英国最早的报团。北岩爵士还创办了《每日邮报》、《每日镜报》，是英国现代报业的始祖、黄色新闻的始祖，他的北岩报团开始了英国报业的垄断化进程。

英国近期比较杰出的报团有：新闻国际公司（默多克集团的公司），镜报报业公司，快报报业公司，联合报业公司，汤姆林集团公司，观察家报集团。英国目前依然是世界上报业最为发达的国家之一，近期比较杰出的报纸有《泰晤士报》、《每日电讯报》、《卫报》、《金融时报》、《经济学家》、《新政治家》等。

《泰晤士报》是在报业独立化的趋势下创办的，是英国资产阶级非政党报刊的主要代表。发刊于1785年元旦，创办人为沃尔特。在经营上，割断和政府的联系，充分自立；报道上，大量刊登国内外要闻，有独家新闻；业务上，消息灵通，报道严肃，内容详尽，重视国际国内大事报道，重视采用新技术；言论上，标榜独立。《泰晤士报》无明确的政党背景，有自己的阶级立场和政治倾向，是工商资产阶级的代言人，影响英国政局的重要力量，读者对象主要在政界、工商金融界和知识界。《每日电讯报》是英国取消"知识税"后，廉价报纸兴起的最为成功、最有影响的廉价报纸。1855年创办于伦敦，长期由利维家庭经营，自称持"独立保守"的政治观点。后来在劳森经营时期得到了真正发展。劳森对报纸进行了革新，内容上扩大新闻报道面，重视报纸的趣味性，注意社会新闻；编排上改革版面，采用大字多行标题，使之鲜明醒目。该报一直是英国发行量最大的日报，劳森被尊为"英国报业之父",该报以廉价报纸的面目问世,但以后演变成了一份上层报纸,读者对象主要是中产阶级。《卫报》,1821 创办时为周报,后改为日报,该报重视言论,重视国际新闻。读者主要是政界、知识界和中产阶级。《金融时报》,1888 年创办,全国性经济金融报纸,主要报道金融、财政、工商业消息,在金融经济界拥有广泛读者。《经济学家》是英国最有影响的周刊,1843 年创办于伦敦。原为经济杂志,后办成政治时事周刊。《新政治家》,是工党左翼影响下的政治性周刊。

(三) 法国的报业

资产阶级革命前的法国,长期实行中央集权的封建统治。法国早期的正式报刊都是经国王特许发行的,第一张持续出版的周报是 1631 年勒诺多创办的《报纸》,实际上是官方的喉舌。第一张日报是 1777 年元旦创办的《巴黎新闻》,它是由两位实业家经官方批准创办的,一般不卷入政治斗争。[①]法国资产阶级革命前,出现了一批卓越的启蒙思想家,包括伏尔泰、孟德斯鸠、卢梭等。他们出版了许多具有重大影响的著作,直接推动了人们争取言论和出版自由的斗争。

1789 年资产阶级革命的风暴在法国兴起。革命风暴兴起之后,封建王朝对报刊出版的各种限令全告失效,各种报刊、传单、小册子纷纷涌现。1789 年 8 月,法国国民会议通过《人权宣言》,其中第十一条明确规定:"自由传达思想和意见是人类最宝贵的权利之一,因此,各个公民都有议论著述和出版的自由,但在法律规定的情况下,应对滥用此项自由负担责任。"[②]这是人类历史上第一个明确规定出版自由的正式文件,且正式写入法典。

法国资产阶级革命时期,各派报刊都很多,雅各宾派是法国大革命中最为激进的革命派,它们的报纸在革命进程中发挥了极为重要的宣传鼓动作用。雅各宾派几份主要的报纸有马拉的《人民之友报》、阿贝尔的《杜歇老爹报》、德穆兰的《法国及布拉班革命报》等。

1794 年热月政变结束了雅各宾派的统治,政权转入热月党人手中,热月党人建立了新的行政机关监督政府,督政府一面不断封闭反对派的报纸,一面又创办支持政府的报纸。与此同时,督政府重新建立了新闻检查制度,并仿效英国实行出版物印花税法,给报业套上了新的枷锁[③]。

1799 年 11 月拿破仑发动政变,建立起资产阶级的军事独裁政权,从而严格控制报业。他恢复了印刷出版经营许可证制,并且对各报馆派驻了新闻检查官。1814 年 3 月,波旁王朝的路易十八复辟王位,在报业方面仍然保持了出版许可制、预审制、印花税制。1830 年以后,政权又落到了资产阶级立宪派手里,这个政权新宪法里面规定了新闻自由的条款,法国报业暂时获得了较为宽松的环境。政党报刊增多了,廉价报纸兴起了,这一时期出现了两份著名的廉价商业报纸《新闻报》和《世纪报》。它们都是日报,同时于 1836 年 7 月 1 日创办于巴黎。《新闻报》是由资产阶级报人吉拉丹创办的,报纸大量刊登社会新闻和法院新闻;刊登

---

① 张允若:《外国新闻事业史》,武汉:武汉大学出版社,2000 年,第 53 页。
② 蒋相泽:《世界通史资料选辑·近代部分》(上),北京,商务印书馆,1983 年,第 124 页。
③ 张允若:《外国新闻事业史》,武汉:武汉大学出版社,2000 年,第 57 页。

生活常识方面的知识性、实用性材料；多刊登文学作品，开长篇连载的先河；其以改革报业经营方式，增加广告收入来降低报价，在法国是首创。《世纪报》由杜塔克创办，是独立经营的商业报纸，报道广泛，注重刊登社会新闻、法庭案件，率先刊登短篇小说，还组建广告公司。

1881年7月29日，法国议会通过了正式的新闻法律《出版自由法》。它是法国大革命以后新闻出版自由发展进程的全面总结，是法国新闻界为争取新闻出版自由而进行的长期斗争的成果。这一法律是《人权宣言》宣告的言论出版自由的具体化，对于法国、欧洲乃至世界的报业的发展有重要的意义[①]。

巴黎公社是人类历史上无产阶级专政的第一次尝试，由于公社内部存在着两派分歧，不少报纸卷入了内部斗争，造成很坏影响。公社领导的新闻政策失之过宽，《法兰西共和国公报》是巴黎公社时期最重要的报纸。

法国报业进入现代阶段的重要标志是商业性报纸日趋兴旺，19世纪末，在巴黎比较出名的四大日报是《小新闻报》、《小巴黎人报》、《晨报》、《新闻报》，实行商业经营，售价很低廉，四个报纸在巴黎的报坛上称雄争霸。

两次世界大战之间，报纸发展缓慢，但是也开始出现了报团。二战后，法国的报业结构有明显变化，巴黎的报纸比重下降，外省报纸比重上升；政党报纸明显衰落，商业性报纸开始上升至主体位置，形成了垄断化的格局。

从20世纪40年代后期开始到50年代初，法国较有实力的大报逐渐崭露头角。从50年代中期到60年代，法国全国性的报业垄断格局已经形成。70年代以后，一方面区域性的报业垄断继续加强；另一方面，开始出现了称霸全国的大的超级报团。

法国报纸按习惯分法分为巴黎报纸和外省报纸，巴黎报纸比较重视言论，外省报纸重视消息。总的来说，法国的杂志比报纸发展兴旺，法国目前比较重要的报纸有《世界报》、《费加罗报》、《法兰西晚报》、《国际先驱论坛报》。除了重要的报纸以外，法国的重要期刊有《快报》、《巴黎竞赛画报》、《鸭鸣报》。

三、美洲的新闻事业

（一）美国近代报业

美洲的新闻事业以美国为代表。北美东部地区从17世纪起成为英国的殖民地，随着经济的发展，北美逐渐有了印刷出版业，但是北美殖民当局对报刊采取了残酷的压制手段，使得报纸在未经殖民当局的同意情况之下夭折。1704年4月24日，北美殖民地第一份连续出版的报纸——坎贝尔创办的《波士顿新闻信》诞生。

北美殖民当局对报刊的兴办十分恐慌，它们承袭了英国本土上的做法加以压制，但是，殖民地大部分报刊开始强烈反对殖民当局统治，争取新闻出版自由的趋势也日益强烈了。

---

① 张允若：《外国新闻事业史》，武汉：武汉大学出版社，2000年，第62页。

当时北美报界反压制斗争的一个突出案例就是"曾格案件"。曾格是纽约市的印刷商,创办了《纽约周报》,因为发表了一系列批评总督的文章而被捕。后来,80多岁高龄的安德鲁·汉密尔顿出庭为曾格辩护,汉密尔顿指出:只有谎言才构成诽谤,每个公民都有陈述无可非议的事实真相的自由。最后陪审团不顾法官的阻挠,坚决裁定曾格无罪,这一案件在很大程度上鼓舞了北美人民争取新闻出版自由的斗争。

在殖民地时期的报业发展中,本杰明·富兰克林的办报活动有着非常重要的地位。富兰克林早年也是一个著名的报人,他在言论上采用平衡手法,用来对付殖民当局的干预。他的办报内容非常广泛,形式上又非常生动活泼,而且还善于经营管理。富兰克林的办报活动扭转了当时人们对报业的蔑视态度,提高了报业的社会地位,也提高了报人的社会地位。

1765年北美人民开始反对印花税斗争,进而反对英国的殖民统治,拉开了独立斗争的序幕,多数报刊进行革命宣传。当时北美殖民地共有家报30多家报刊,其中三分之二以上属于爱国派,即反英派。反英派创办了很多的报刊,这些报刊除了结合战争的发展作种种宣传外,还大量介绍欧洲资产阶级启蒙家的理论和学说,从思想上为北美人民提供了反英斗争的武器。

1776年7月,各殖民地代表参加大陆会议通过了《独立宣言》,正式宣告北美各州脱离英国而独立。在美国独立战争中,有过一些卓越的报刊活动家,其中最为著名的有亚当斯、托马斯和佩因,他们对独立战争的进程产生过重要的影响。

美国独立战争前后,资产阶级报业的发展同新闻自由思想的增长是互相促进的。著名的资产阶级政治家杰弗逊是当时资产阶级民主派的主要代表,也是资产阶级新闻自由的热烈提倡者和积极实践者。杰弗逊执笔起草的《独立宣言》是资产阶级革命的重要文献,是资产阶级民主政治理论的精辟概括,马克思称之为人类第一个人权宣言。经他为首的斗争,国会于1789年制定宪法修正案,即人权法案,共10条。杰弗逊的民主思想中,新闻自由思想占有重要地位,他率先提出并积极努力为新闻自由立法;正确指出了新闻自由在行使民主监督方面的作用;深刻阐述了新闻自由对探索真理的意义,杰弗逊的观点在新闻思想发展史上有着重要的地位和深远的影响[1]。

美国独立战争以后,建立了共和体制的资产阶级政权,资产阶级两大党派对峙,出现了壁垒分明的政党报刊的时期,政党报刊时期一直持续到19世纪中期,经历了70多年。这一时期报刊的内容侧重于政治问题,大量篇幅用于政治争论,国际新闻也很受关注。

进入19世纪以后,随着工业革命的兴起,美国经济发展迅速,二三十年代又出现了资产阶级民主改革的浪潮,社会中下层的文化程度逐步提高,他们的参政意识不断上升。在这种形势下,美国报业逐步向社会中下层发展。在发达的商业城市,首先出现了一批面向平民大众的廉价报纸,廉价报纸大多是民营的商业性报纸,发展很迅速,但是在最初的时候,美国报坛居主导地位的仍然是政党报刊。大致在南北战争以后,独立的民营报纸全面

---

[1] 张允若:《外国新闻事业史》,武汉:武汉大学出版社,2000年,第43-44页。

取代了政党报纸,确立了在报坛的主体地位。19世纪中期,美国著名的报纸都在纽约,其中最有代表性的有下面几个:

1. 纽约《太阳报》,是美国第一份成功的廉价报纸,本杰明·戴于1833年9月3日创办。《太阳报》坚持低价发行。内容主要是软新闻、地方新闻、社会新闻等,重视广告收入,取得了巨大的成功,为美国开了商业小报的先河。

2. 纽约《先驱报》

由詹姆士·戈登·贝内特于1835年5月6日创办。《先驱报》热衷于耸人听闻的题材,报道内容更加广泛,更重视全方位的新闻报道,注意刊登全国性信息和国际新闻,首创金融新闻栏,首创刊登社交新闻,率先提供体育新闻,1924年与《论坛报》合并为《纽约先驱论坛报》。

3. 纽约《论坛报》

霍勒斯·格里利于1841年4月10日创办。由于格里利在30年代的时候加入辉格党,所以《论坛报》同辉格党的政治活动常常是难解难分的。《论坛报》重视言论,宣传社会主义,提倡开发西部,要求打击投机商人,严惩贪官污吏等。《太阳报》、《先驱报》、《论坛报》三家报纸在当时并称为纽约三大"便士报"。

4. 《纽约时报》

1851年9月18日,由雷蒙德与二位同事合伙创办。该报摒弃了《太阳报》、《先驱报》的煽情主义作风,也排除了《论坛报》政治激进的态度,主张新闻翔实、言论平和。①

(二)美国现代报业

美国社会经济在工业革命和南北战争之后发展迅速,工业总产量在战后一下跃居世界首位。在这种情况下,19世纪中叶开始的报刊大众化趋势持续发展,报业出现了新的繁荣,报刊经营全面转上了商业化轨道,美国的新闻事业进入到了现代化的时代。在这个时期,出现了美国现代资本主义报业的早期代表。

1. 普利策和《世界报》

普利策是美国现代报业的奠基人。他1878年买下《圣路易电讯报》,开始办报生涯。1883年普利策买下了纽约《世界报》。《世界报》的业务活动分为两方面:一是注重热点问题,另一是采用煽情主义和耸人听闻的手段。新闻学者莫特把普利策的办报特点归结为:以国内外重大新闻为骨干,辅以轻松或有刺激性的新闻以吸引读者;发起社会运动,推动改革,扩大影响;重视社论,以支持新闻报道;篇幅多、报价低;广泛运用新闻图片;重视报纸发行,用各种奖励办法扩大销路。这种办报方式代表了当时美国报业的新潮流,因而被称为"新式新闻事业"。②

---

① 张允若:《外国新闻事业史》,武汉:武汉大学出版社,2000年,第51页。
② F.L.Mott:American Journalism , A History: 1690—1960,P.436——439,New York: The Macmillan Company,1962.

当时《世界报》影响广大,特别是《世界报》星期日版图文并茂,销路极好,星期日版有一个著名的连环漫画版,它的主人公是个穿着黄衣服的孩子,作者借着"黄孩子"东游西逛的行踪,讽喻世俗人情,滑稽而有趣,很多人因为黄孩子而购买《世界报》。

2. 赫斯特和《纽约新闻报》

威廉·赫斯特,1887年从父亲手里接办了《旧金山考察家报》,第一次开始了办报生涯。1895年在纽约买下一份濒于倒闭的报纸,改名字为《纽约新闻报》,开始和普利策的《世界报》竞争。1896年1月,赫斯特暗地里用高薪挖走了《世界报》星期日版的所有人马,出版了《纽约新闻报》星期日版。赫斯特把作者挖走后,普利策另请画家,于是两家星期日都有黄孩子的连环画。新闻界就称它们为黄色报纸,把两报惯用的煽情主义手法称为黄色新闻。19世纪末的美国,黄色新闻泛滥。新闻史学家莫特认为,黄色新闻是在煽情主义基础上发展起来的,但是另外还有一些特殊做法,比如使用大号的煽动性的大标题等。由于舆论的反对和指责,《世界报》后来逐渐摒弃了黄色新闻的做法。[①]

3. 奥克斯和《纽约时报》

阿道夫·奥克斯于1878年买下一家地方小报,经营很成功。1896年,接管了《纽约时报》,他摒弃刊登黄色新闻的做法,坚持严肃的办报方针,强调"刊登一切适于刊登的新闻"。该报新闻全面,内容详尽,对国际国内重要新闻都有充分报道,历史上独家刊登的重要文件非常多。奥克斯办报还善于经营管理,低价发行,该报篇幅浩大,版面严整,外观清秀,读者对象主要在政界、企业界和知识界。《纽约时报》成为美国严肃型现代报纸的先驱,为美国报业迈入现代阶段树立了另一个重要标志。

4. 斯克里普斯和早期报团

美国第一个报业集团是斯克里普斯报团。爱德华·斯克里普斯1878年自己创办《克里夫兰新闻报》,随后于1883年收买《辛辛那提邮报》,随后积极在中小城市发展他自己的报业,到1914年已经拥有了23家报纸,形成了第一个报业集团。

纽约始终是美国报业的中心,两次世界大战,美国的报业都没有受到重大的损伤,他它们随着自身的轨道与美国经济同步发展,形成了很多重要的报业集团。美国的报业是当今世界上最为发达的,无论是报纸还是杂志数量都在世界前列。

美国的报业从20世纪70年代以后开始运用新的传播手段,目前美国报业的垄断程度很高,据美国报业协会的资料,1998年日报发行量100万份以上的报团有13个[②],这些报团是甘尼特报团、奈特——里德报团、纽豪斯报团、时报镜报集团、道·琼斯集团、纽约时报公司、新闻媒介集团、斯克里普斯报团、赫斯特报团、麦克拉奇报团、论坛报公司、考斯克企业公司、汤姆森报团。

美国一些新闻研究机构作了民意调查,评选了最佳报纸和重要报纸,有《纽约时报》、

---

① 张允若:《外国新闻事业史》,武汉:武汉大学出版社,2000年,第111页。
② 美国报业协会网,http://www.naa.org,1999.9

《华盛顿邮报》、《洛杉矶时报》、《华尔街日报》、《基督教科学箴言报》、《今日美国》等。除了报纸以外，美国的杂志和期刊也是比较有影响的，比较重要的期刊有《时代》、《新闻周刊》、《美国新闻与世界报道》、《读者文摘》。

（三）美国广播电视业

美国广播电视发展较为迅速，美国西屋电气公司在匹兹堡办的 KDKA 电台最早获得营业执照，1920 年 11 月 2 日正式播音，这是美国和世界广播事业的开端。1926 年，美国无线电公司创立了全国广播公司，1927 年全国广播公司将拥有的两个联营性的广播网络命名为红色广播网和蓝色广播网，遍布美国各州。1927 年，16 家电台联合组成哥伦比亚广播公司。1943 年美国广播公司成立。从此，美国出现了全国广播公司、哥伦比亚广播公司、美国广播公司三足鼎立的局面。20 世纪三四十年代是美国广播事业成长的黄金时代，二战以后，美国广播的内容趋于对象化、专门化，电台更为地方化、小型化，数量继续增长。商业电台一直是美国广播业的主体。

美国在 20 世纪 20 年代后期开始电视播映的试验，二战以后一批电视台开始营业。美国广播电视长期实行私有私营体制，联邦通信委员会通过《联邦通信法》，这些为以后电话业、电脑业与电视业之间互相渗透开了绿灯，为美国广播电视业加速向多媒体方向发展铺了道路。美国大部分电台电视台实行商业化经营，并且通过各种方式连接成网络状态。目前美国最大的全国性商业广播电视网由全国广播公司、哥伦比亚广播公司、美国广播公司、福克斯广播公司为核心组成，它们都有直属台（直接经营）、附属台（签订合同）。

美国还有一部分非盈利性的广播电视台，它们的宗旨是为公众提供教育或服务。美国的公共广播起源于 20 年代的教育广播，1967 年国会通过了《公共广播法》。1969 年公共电视网建立，这些公共广播电视播出的节目内容都比较健康，深受各界的欢迎①。

70 年代以来，美国的有线电视发展很快，美国的有线电视业包括有线电视节目传输、有线电视节目供应。有线电视节目传输主要由有线电视系统的经营商在各地方自治机构批准兴建的有线电视系统组成，这种系统提供的节目有基本节目和付费节目。

美国开办最早而且颇有影响的有线电视节目公司"家庭影院"，主要提供电影和体育节目。1989 年时代公司同华纳公司合并后，它成为时代/华纳公司的子公司。目前美国影响最大的有线电视节目公司是有线电视新闻广播公司（CNN）。

进入到 20 世纪 90 年代，美国开始在广播电视方面和电脑网络联系起来，从而极大地提高了广播电视传播的效率和质量。

---

① 张允若：《外国新闻事业史》，武汉：武汉大学出版社，2000 年，第 305-315 页。

第五节 世界其他地区的新闻事业

一、概述

亚洲、非洲、拉丁美洲的新闻事业,除了日本以外,早期报刊多是由殖民者创办的,随着反殖民主义反封建斗争的开展,这些国家的民族报刊逐步发展成长,各国在取得独立以后,建立了自己的报业体系。一般说来,拉美国家报业发展不平衡,亚洲多数国家报业已有一定基础,非洲报业起步晚、基础差。

二、亚洲的新闻事业

亚洲的新闻事业发展有了一定的基础,在这里我们以日本的新闻事业为代表。

(一)日本近代报业

1868年明治维新使得日本从封建社会走向了资本主义社会,也是在这一时期,进入了日本的近代报业时期。和其他亚洲国家一样,日本早期的报纸也是伴随着外国入侵而出现的。1854年,由荷兰商馆收集的国外消息,日本人官方翻译机构翻译,名为《荷兰传闻书》,供统治集团内部读阅。1856年,幕府成立藩书调所,后来改为洋书调所,专门翻译西方著作。1862年,由藩书调所印刷发行《官版·巴达维亚新闻》,这是日本最早的官方译报。

1868年到1869年,明治政府提出了富国强兵、殖产兴业、文明开化等政策,实行了一系列改革措施,日本的资本主义迅速发展起来。1869年,明治政府颁布了《报纸印行条例》这是日本历史上第一个成文的新闻法规,在这一个背景之下,日本开始有了日报[①]。

1871年1月,日本首家日报《横滨每日新闻》创办。1872年3月,《东京日日新闻》发行,该报后来成为明治政府的喉舌。1874年《读卖新闻》发刊于东京,创办者为子安峻等人。1877年以后,日本民间出现了反对封建专制、争取资产阶级民主自由的自由民权运动。民权派对立面被称为官权派,很多报纸成为政论报纸。19世纪70年代至80年代初,许多报纸卷入了对立派别的交锋,这些政党报纸围绕着制宪和政治体制问题,进行激烈的争论。这个时期持续时间有十多年,被称为日本的政党报刊时期。

在政论报纸兴起的同时,日本也开始出现了通俗小报,这些适合于平民百姓的小报有1874年于东京发行的《读卖新闻》,1879年1月25日发行于大阪的《朝日新闻》。日本的通俗小报和欧美的廉价报纸相类似,但日本没有明显的廉价报纸时期,日本的通俗小报几乎是同政论报纸同时产、生平行发展的。

在政论报纸和政党报纸盛行时,有的小报也带有一定的政治色彩。在政党报纸衰落之时,这些小报在某种程度上取代了大报的位置,不仅发行量远远超过当时的大报,而且普

---

① 张允若:《外国新闻事业史》,武汉:武汉大学出版社,2000年,第87页。

遍增添了政治新闻的商情报道,分担了部分大报的功能①,这又是和欧美国家不同的。

(二)日本现代报业

19世纪末,日本人的经济发展迅速,日本近代报业很快就向现代报业挺进,其中最有影响的报纸有《朝日新闻》、《每日新闻》、《邮便报知新闻》等。

进入20世纪,日本逐渐走上了帝国主义道路。1929年以后,日本军国主义势力急剧发展,开始加紧对外侵略,这样,日本的报业被置于军国主义控制之下,并成为其宣传工具。军国主义统治时期,当局控制报业极其苛刻,这是日本报业的统制时代,是日本新闻史上最为黑暗的时期。

二战以后,日本的经济逐渐恢复并得到高速发展,目前,日本不仅是经济大国,而且也是报业大国。日本的报业基本上都是商业报纸,全国性报纸有五家:《读卖新闻》、《朝日新闻》、《每日新闻》、《产经新闻》、《日本经济新闻》。这些报纸面向全国发行,在舆论界居主导地位,五家全国性大报,已形成了五个全国性的垄断集团。它们都在东京、大阪以及其他主要城市设立分社,分别出报;除出版报刊外,还兼营广播电视、广告和其他文化事业的公司,是传播媒介集团;兼营大众传播以外的行业②。

思考与练习

1. 前报纸时代的中国新闻传播活动都有哪些特点?
2. 报章文体是怎样形成的?有何特点?
3. 第二次国人办报高潮的主要特点是什么?
4. 中国广播事业是怎样产生的?
5. 简要评述范长江西北采访的成果与意义。
6. 简要论述网络新闻的发展意义及其对现代传媒的影响。
7. 试论工业革命对近代报业发展的重要影响。
8. 试论美国广播电视高度商业化的利弊。
9. 《论出版自由》的意义是什么?
10. 国际新闻传播的发展具有哪些规律性的特点?

---

① 张允若:《外国新闻事业史》,武汉:武汉大学出版社,2000年,第90页。
② 张允若:《外国新闻事业史》,武汉:武汉大学出版社,2000年,第157-160页。

参 考 文 献

[1] 郭庆光. 传播学教程[M]. 北京：中国人民大学出版社, 2001.
[2] 胡申生. 传播社会学导论[M]. 上海：上海大学出版社, 2002.
[3] 雷跃捷. 新闻理论[M]. 北京：北京广播学院出版社, 1997.
[4] 李彬. 传播学引论[M]. 北京：新华出版社, 2003.
[5] 李良荣. 当代世界新闻事业[M]. 北京：中国人民大学出版社, 2002.
[6] 李良荣. 西方新闻事业概论[M]. 上海：复旦大学出版社, 1997.
[7] 刘冰. 从网民心理因素看网络非理性舆论的调控[J]. 新闻知识, 2006,（11）.
[8] 刘京林. 新闻心理学[M]. 武汉：武汉大学出版社, 2001.
[9] 陆云帆. 新闻采访学[M]. 长春：吉林人民出版社, 1983.
[10] 孟昭兰. 普通心理学[M]. 北京：北京大学出版社, 2001.
[11] 沙莲香. 传播学[M]. 北京：中国人民大学出版社, 1990.
[12] 邵培仁. 传播学[M]. 北京：高等教育出版社, 2001.
[13] 时荣华. 社会心理学[M]. 上海：上海人民出版社, 1986.
[14] 童兵. 理论新闻传播学导论[M]. 北京：中国人民大学出版社, 2000.
[15] 王益民. 系统新闻学理论[M]. 武汉：华中理工大学出版社, 1996.
[16] 虞达文. 新闻心理学[M]. 北京：新华出版社, 2001.
[17] 张隆栋. 大众传播学总论[M]. 北京：中国人民大学出版社, 1993.
[18] 张威. 比较新闻学：方法与考证[M]. 广州：南方日报出版社, 2003.
[19] 中国共产党新闻工作文件汇编[M]. 北京：新华出版社, 1980.
[20]〔加〕埃里克·麦克卢汉, 弗兰克·秦格龙. 麦克卢汉精粹[M]. 南京：南京大学出版社, 2001.
[21]〔英〕博伊德—巴雷特, 克里斯·纽博尔德. 媒介研究的进路[M]. 北京：新华出版社, 2004.
[22]〔英〕丹尼斯·麦奎尔, 温德尔. 大众传播模式论[M]. 上海：上海译文出版社, 1987.
[23]〔美〕卡斯柏·约斯特. 新闻学原理[M]. 北京：中国人民大学新闻系, 1960.
[24]〔美〕罗洛夫. 人际传播——社会交换论[M]. 上海：上海译文出版社, 1997.
[25]〔美〕塞弗林, 坦卡特. 传播学的起源、研究与应用[M]. 福州：福建人民出版社, 1985.
[26]〔美〕斯蒂文·小约翰. 传播理论[M]. 北京：中国社会科学出版社, 1999.
[27]〔美〕威尔伯·施拉姆, 威廉·波特. 传播学概论[M]. 北京：新华出版社, 1984.
[28]〔美〕约翰·菲斯克. 关键概念[M]. 北京：新华出版社, 2005.